宁波市文化研究工程·历史文献整理

王阳明年谱校注

WANGYANGMING NIANPU JIAOZHU

邓凯 ◎ 校注

宁波出版社
NINGBO PUBLISHING HOUSE

目 录

校注说明/001
绪言/003

【刻阳明先生年谱引】.. 001
【刻阳明先生年谱序】.. 002
【阳明先生年谱考订序】.. 004
【阳明先生年谱上卷】.. 005
【阳明先生年谱中卷】.. 083
【阳明先生年谱下卷】.. 145
【阳明王公《年谱》跋】.. 196
《阳明先生年谱》后录... 197
阳明先生年谱序..钱德洪 221
阳明先生年谱考订序...罗洪先 223
刻阳明先生年谱序...王　畿 224
刻阳明先生年谱序.. 226
刻阳明先生年谱序...王宗沐 228
论年谱书..邹守益 230
论年谱书（凡九首）...罗洪先 231
答论年谱书（凡十首）...钱德洪 236
王阳明年谱11种对校表.. 245
王阳明先生图谱序...王宗沐 267

王阳明先生图谱跋	瞿镜人	269
王阳明先生图谱跋	顾似基	271
阳明先生年谱后语	李贽	272
明王文成公年谱序	杨希闵	273
王阳明先生遗像识及按语	俞 嶙 刘原道	274
《阳明先生年谱》识	刘原道	275
《王阳明年谱传习录节本·序》	陈筑山	276
《明王文成公年谱节钞》卷二杨希闵评点		277

校注说明

1. 《王阳明年谱校注》以"隆庆本"为底本,此亦通行本,即上海商务印书馆缩印的明代隆庆六年(1572)谢廷杰刊本,收入《四部丛刊初编·集部》中的《王文成公全书》。

2. 参校本为"嘉靖本",即北京图书馆所藏的嘉靖四十三年(1564)毛汝麒刻本。此本未见学者进行过全面、深入阅读和研究,故而学界少有人知,更未曾引用,遑论全面的编校整理。纵观全书,嘉靖本里有不少散佚的阳明夫子诗歌作品、事迹史料和稀见语录。

3. 隆庆本、嘉靖本两者的内容差异之处颇多,如:嘉靖本《阳明先生年谱》里面的诗歌全不见于隆庆本;嘉靖本里较为写实而不利于神化王阳明的事迹均不见于隆庆本;嘉靖本中还存在不少隆庆本所无的王阳明语录,因其有编年,故特别具有学术价值。

4. 为方便阅读,凡嘉靖本有而隆庆本缺的内容,用【 】表示,且字体标为"楷体"。凡嘉靖本缺而隆庆本有的内容,用[ ]表示,且字体标为"仿宋"。其他情况则另为出注,注中两种版本引文体例为:先录隆庆本原文,再以"嘉靖本作某某"提示两种版本在此处文字之不同处。

5. 本次校注工作得到邹建锋先生及其治学团队的倾力支持,他所赠予的"北京图书馆藏珍本年谱丛刊"中有 10 种王阳明年谱资料,我们也作为参考资料,以表格的形式呈现校注成果。

6. 隆庆本、嘉靖本之外,我们所参考的 9 种《王阳明年谱》简称为:图谱本(《王阳明先生图谱》),李贽本(《阳明先生年谱》),集要本(施邦曜刻《阳明先生集要三编》中的《阳明先生年谱》),文钞本(张问达辑《王阳明先生文钞》中的《王阳明先生年谱》),节钞本(《明王文成公年谱节钞》），原道本（刘原道跋《阳明先生集要三编》中的《阳明先生年谱》），年纪本（《王文成公年纪》），节录本（《王阳明年谱节录》），节略本（《王文成公年谱节略》）。

7.由于校注者的学识、精力、时间等有限，此书中必定有不少遗漏和错误，还请前辈、专家与同好不吝指教，以便下次修缮、改进。

绪　言

为阳明先生作《年谱》，正如罗洪先所说为"千载之事"，钱德洪积多年之力为其师阳明作《年谱》而"犹弗自信"，他多方搜集资料、请正于人，最终《谱》成，通行天下至今，在诸多版本《王阳明年谱》中成为不可不看的一种。欲求阳明良知之学，又不可不知《年谱》，因此通过校注工作，得到一个较为全面、准确的《王阳明年谱》，就颇具价值。

一

本次校注所用底本为《阳明先生年谱》的"隆庆本"，即《王文成公全书》卷三十二至三十六的内容。这是隆庆二年（1568）以后钱德洪所增补的本子，上海商务印书馆缩印，收入《四部丛刊初编·集部》。隆庆本共有五卷，其中"《王文成公全书》卷之三十二"标为"附录一　年谱一"，《年谱》所记时段为阳明先生出生到 47 岁；"《王文成公全书》卷之三十三"标为"附录二　年谱二"，所记时段为阳明先生 48 岁到 50 岁；"《王文成公全书》卷之三十四"标为"附录三　年谱三"，所记时段为阳明先生 51 岁到嘉靖八年（1529）安葬墓成；"《王文成公全书》卷之三十五"标为"附录四　年谱四"，还有"年谱附录二"，所记时段为嘉靖九年（1530）到隆庆二年（1568）；"《王文成公全书》卷之三十六"标为"附录五　年谱附录五"，内容包括钱德洪、罗洪先、王畿、胡松、王宗沐为《年谱》所作的五篇序，以及二十首"论《年谱》书"（邹守益一首，罗洪先九首，钱德洪十首）。钱明先生介绍，钱德洪"在旧谱（即天真书院本）后附录了由程启源收集的诸《年谱序》和《论〈年谱〉书》（今《全书》本卷三十五之内容)"①,与我们"隆庆本"的情况不同(隆庆本将钱德洪所附录的"五篇《年谱序》、二十首《论〈年谱〉书》,都放在"卷三十六",而非"卷三十五"),不知是否因为所据版本有别。我们所谓"隆庆本"其实是《四部丛刊》本,而非原来的刻本。

值得注意的是,《王文成公全书》卷三十五的标注中突然冒出一个"年谱附录二",而其卷三十六又出现"年谱附录五",可推知此本原有至少五个"年谱附录",但是今本只保留两个。与此同时,我们也注意到,隆庆本所收录的胡松《刻阳明先生年谱序》中有言罗洪先为钱德洪所编《年谱》"删繁举要,润饰是正,而补其阙轶,信乎其文则省,其事则增矣,计为书七卷",嘉靖本收录同样一篇胡松的序文,但其中说"计为书四卷"。就隆庆本而言,突然出现"年谱附录二""年谱附录五"的标题,而且只出现了这两个,说明今本《王文成公全书》所收《年谱》,比原本又要少了许多,如按常理推算,至少还有"年谱附录一""年谱附录三""年谱附录四"。在这样的情况下,隆庆本中胡松《年谱序》所言"书七卷",或许也是当时本子的实际情况,而此本作为《王文成公全书》中的一部分被收入《四部丛刊》时,又经过删节,因此今本所见为五卷。

嘉靖本《阳明先生年谱》是我们这次校注工作最重要的参校本。这个本子刊刻时间约在嘉靖四十三年(1564)的四月,胡松、罗洪先、陆稳都在前一年(即嘉靖四十二年癸亥,1563 年)作了序、跋。嘉靖本《阳明先生年谱》开篇是周相的《刻阳明先生年谱引》(1564 年 4 月),其次是胡松的《刻阳明先生年谱序》(1563 年夏日),以及罗洪先的《阳明先生年谱考订序》(1563 年 7 月 1 日),接下来《年谱》的主体内容共分为上、中、下三卷,均标注"门人钱德洪编次　后学罗洪先考订"。嘉靖本的上卷所记时段为阳明先生出生到 46 岁,中卷为 47 岁到 53 岁,下卷为 54 岁到嘉靖八年(1529)十一月安葬,最后是陆稳所作的《阳明王公年谱跋》(1563 年 9 月

---

① 钱明:《〈阳明全书〉的成书经过和版本源流》,《浙江学刊》1988 年第 5 期,第 79 页。

2日）。与隆庆本相比，嘉靖本少的部分包括所记时段为嘉靖九年到隆庆二年的《王文成公全书》卷三十五，以及卷三十六中的钱德洪、王畿、王宗沐三人所作《年谱序》与二十首《论年谱书》。值得注意的是，我们所谓"嘉靖本"是指嘉靖四十三年（1564）明代毛汝麒所刊刻《阳明先生年谱》（北京图书馆藏），卷首载"门人钱德洪编次　后学罗洪先考订"，此本并非嘉靖四十二年胡松、王健所刻于杭州天真书院的本子。

嘉靖本《阳明先生年谱》有其独特价值，包括在相应年份条目下录存阳明是年所作诗歌，这可能是目前已知所有版本《年谱》中的"唯一"。又如隆庆本所记阳明问塾师"何为第一等事"，嘉靖本作："尝闻塾师以登第为第一等事，窃不谓然。尝曰：惟有为圣贤可耳。"此事，嘉靖本只有阳明一人之言，隆庆本则演绎为二人对话形式。从嘉靖本来看，当时未必有阳明与塾师之对话，嘉靖本中用词"尝闻""窃"与"尝曰"，显然是第三方口吻。《年谱》中有好几处内容，隆庆本与嘉靖本所安排的次序不同。如"五年庚午，先生三十九岁，在吉。升庐陵县知县"，此段内容，嘉靖本中排在《再过濂溪祠用前韵》诗之后，"冬十有一月，入觐"之前。即以"先生往过常德辰州，随地讲授。……瞻依多少高山意，水漫莲池长绿苹"一段，接在"升庐陵县知县"之后。另，嘉靖本所保留的阳明先生与王道论学的文字内容，隆庆本几乎全部删除。但钱德洪以王道为阳明弟子，谓王道正德七年（1512）来受业。束景南先生认为钱德洪《年谱》有误，他指出："王道学崇朱学，与阳明论学一向不合，卒至反目，不欢而散，以后与阳明再无往来，不得谓为阳明弟子也。"（《王阳明年谱长编》第611页）嘉靖本依然保留大量阳明与王道论学书信，这也是发生过的事实，可见其立场较为客观。

此外，我们有9种王阳明《年谱》的参校本，他们依次是：图谱本、李贽本、集要本、文钞本、节钞本、原道本、年纪本、节录本、节略本。图谱本，即《王阳明先生图谱》，共一卷，邹守益撰，民国三十年（1941）程守中影印本。此本的最大特点是配以大量阳明先生故事的绘图，这对于普及阳明文化是颇具作用的。武汉大学张昭炜先生所编注的《王阳明图传》（上海古籍出版社2017年版），也采用了"图谱本"内容，可参看。图谱本首先是王宗沐所作《王阳明先生图谱序》，我们所看到的影印本中此《序》文字有不少缺失。正文部分，基本上都是先配一幅图，然后以一段或多段文字，简洁地叙事，相对来说，涉及阳明思想的文字内容很少。此图谱本最后是瞿镜人1941年春所作的《王阳明先生图谱跋》，以及顾似基的跋。

李贽本：即《阳明先生年谱》，共两卷，分卷上、卷下，明万历三十七年（1609）武林继锦堂刻《阳明先生道学钞》本。此本字疏体大，颇便阅览，开卷均有李贽"谨案"二字，卷上所记时间段从阳明先生出生到五十岁，卷下从五十一岁到阳明先生逝世与安葬、"年谱后录"，以及"年谱后人"部分的嘉靖九年（1530）薛侃建天真精舍到嘉靖三十五年（1556）成守节重修"仰止祠"，最后是李贽所作《阳明先生年谱后语》。

集要本：即《阳明先生年谱》，共一卷，施邦曜清乾隆五十二年刻《阳明先生集要三编》本。此本天头处不时有评语，详见本书《王阳明年谱11种对校表》，且原本上还有点画、圈注符号，所记时间段从阳明先生出世直到嘉靖八年（1529），以及隆庆元年（1567）诏赠新建侯，谥文成，隆庆二年（1568）先生嗣子正亿袭封新建伯，万历十二年（1584）诏从祀孔庙。

文钞本：即《王阳明先生文钞》卷二十之《年谱》，共一卷，张问达辑（原题"后学江都张问达编辑"），清康熙年间刻本。此本所记时段为阳明先生出世到嘉靖八年（1529）十一月十一日安葬于山阴洪溪，叙事简洁，也少有按语。

节钞本：即《明王文成公年谱节钞》，共两卷，杨希闵节钞自钱德洪《阳明先生年谱》，题为"余姚钱德洪绪山原本，江右新城杨希闵铁佣节钞"，清光绪四年（1878）新城杨氏福州刻《四朝先贤六家年谱》本，福州吴玉田镌字。此本首先是杨希闵所作《明王文成公年谱序》，卷一所记时段从阳明先生出世到五十四岁，逐岁列出条目，即便此条目下没有记事或其他内容。书中以"闵案"及天头小字的形式，多有评点，详见本书《王阳明年谱11种对校表》。卷二从阳明先生五十五岁到嘉靖八年（1529）墓成，以及隆庆元年（1567）、二年（1568）事，接下来为《传习录》选段节钞，也时有"闵案"，详见本书"《明王文成公年谱节钞》卷二杨希闵评点"。

原道本：即《阳明先生年谱》，共一卷，刘原道编，清光绪三十二年（1906）中州方氏邵阳铅印《阳明先生集要三编》本。卷首有"王阳明先生遗像"一幅，续以"隆庆元年丁卯五月诰命"，以及"自公堂主人识"与刘原道的"志"（按语）。此本所记时段也是从阳明先生出世到嘉靖八年十一月安葬洪溪，以及隆庆元年（1567）、二年（1568）赠谥、袭封，万历十二年（1584）从祀孔庙之事，最后还是一段刘原道的"志"（按语）。此本《阳明先生年谱》的天头按语几乎与"集要本"相同，也有极少后加的，详见本书《王阳明年谱11种对校表》。刘原道（1865—1938），清末诗人。

年纪本：即《王文成公年纪》，共一卷，桐城陈澹然撰，清光绪年间石印本。此本从阳明先生出世记到安葬洪溪，又于隆庆元年（1567）、二年（1568）之事叙述详细。又继以黄绾所上《明军功以励忠勤疏》、"年谱后录"（嘉靖九年到嘉靖三十五年）之事。陈澹然（1859—1930），光绪举人。

节录本：即《王阳明年谱传习录节录本》，《年谱节录》共一卷，同时还有《传习录节录》一卷，陈筑山，民国二十二年（1933）中华平民教育促进会北平铅印本。此本为《修养集》第一种，开卷即有"王阳明肖像"一幅，次以陈筑山所作《序》，"目录"包括：（一）年谱节录，"自生至卒五十七岁中最要言行"；（二）《传习录》节录，分章自拟小标题，从第一章"心之本体"到第九十六章"立志说"。在我们《王阳明年谱校注》所涉及的11种《阳明先生年谱》中，节录本可谓最为集中地在《年谱》后附以《传习录》原文，可知《年谱》与《传习录》的密切关系，既表现在两者内容交叉上，也表现在学习方法的先后次序上。

节略本：即《王文成公年谱节略》，共一卷，佚名，民国间抄本，所记时段从阳明先生出世到嘉靖八年（1529）墓成，以及嘉靖四十五年（1566）刻先生《文录续编》成，明穆宗隆庆元年（1567）诏赠新建侯谥文成，隆庆二年（1568）先生嗣子正亿袭伯爵，明神宗万历十二年（1584）诏以先生从祀于孔子庙。

二

编定《年谱》的意义，钱德洪指出，阳明先生"身"明其道，而诸弟子"心"阐斯道，后世有志于阳明学者，通过《年谱》以知为道之"心身"。他在《阳明先生年谱序》（1563年5月）中，以"允执厥中，四海困穷，天禄永终"为"万世圣学之宗"，展开"执中"与"四海"的论述，回顾圣学源流中阳明之学的重要地位，针对当时阳明后学对师说出现不同理解、发挥，甚至出现"淆言乱众"的情况，钱德洪为此深感忧虑，因此他作《年谱》的一个核心目的是"征师言"。可知《年谱》之作，本质上还是要落到对阳明先生良知学思想的形成、发展及结论等问题，作《年谱》为取"信"于人，包括信阳明其人，信弟子其传，信学阳明之次序。这些问题触及阳明学的关键领域。因此，钱德洪前后花了三四十年在《年谱》编纂上，他自述最早与薛尚谦（薛侃）谋划三十六年之久而未成。其后，同门弟子、后学日渐稀少，避免错过"征师言"的最佳时机，邹谦之（邹守益）极力催促钱德洪尽早完成《年谱》，于是在史恭甫（史际）的嘉义书院集中半年之时间精力，完稿约半。当时邹守益又不幸去世，钱德洪与胡汝茂（即胡松，助刻《年谱》）去奔丧。此后，钱德洪多次与罗达夫（罗念庵）书信往来讨论《年谱》编纂的各种问题、细节（详见两人之间十九封《论年谱书》），也得到罗念庵的大力支持，直到1563年正月，在怀玉书院成书。以校勘、考订、披阅、刊刻等各种方式参与钱德洪编定《阳明先生年谱》工作的阳明弟子、后学人数很多，包括薛中离（薛侃）、王汝中（王畿）、张叔谦（张元冲，号浮峰）、王新甫（王宗沐）、周静庵（周道通）、何善山（何廷仁）、黄洛村（黄宏纲）、欧阳南野（欧阳德）、陈大宾、黄国卿、王健等。

罗洪先作为阳明后学核心人物之一，协助钱德洪考订《年谱》，他在1563年所作的《阳明先生年谱考订序》中回顾了此事。据其自述，钱德洪曾将阳明先生46岁至51岁（1517—1522）在江西的行事托付给罗洪先编纂，认为他"直笔不阿"。钱德洪编定《年谱》过程中，多次给罗洪先寄去稿本以征求意见。而在整个《年谱》编订过程中，罗洪先自述"手自更正，凡八百数十条。其见闻可据者，删而书之，岁月有稽，务尽情实，微涉扬诩，不敢存一字"，他的用意在于"传信"二字。胡松在《刻阳明先生年谱序》中也提到罗洪先为《年谱》"删繁举要，润饰是正，而补其阙轶，信乎其文则省，其事则增矣，计为书七卷"，尽管现存《年谱》并未见有"七卷"，但结合钱德洪答罗洪先的《论年谱书》中所言"六卷已后，尚得证兄考订"之语，那么此《年谱》原本有"七卷"为实情。

与钱德洪有所不同的是，罗洪先认为《年谱》与阳明学的关系是"人与影"的关系，他提出"善学者竭才为上，解悟次之，听言为下"的观点，学习阳明学，"必有得乎其人，而《年谱》者固其影也"。

王畿在《刻阳明先生年谱序》中认为，作《年谱》的意义在于"纂述始生之年，自幼而壮，以至于终，稽其终始之行实"，以"表其宗传，所以示训"。所谓"宗传"，他围绕《中庸》"未发之中"谈到阳明先生言"良知"，因其"有得于人心之同"，所以能够"确然自信"；而又因为"良知妙用"，使人"信"儒者有用之学，良知并非一句空言。在"示训"方面，王畿认为钱德洪所作《年谱》"于师门之秘，未敢谓尽有所发；而假借附会，则不敢自诬，以滋臆说之病"，他对于《年谱》本身的"可信"（无臆说之病）也非常重视。并且，王畿希望读者阅读《年谱》时"以意逆之，得于言诠之外"，可知他对《年谱》在阐发阳明思想上的作用，并非完全信赖。这与罗洪先视《年谱》为"影"，且"学必有得乎其人"的基本立场是相一致的。钱德洪希望通过《阳明先生年谱》"取信于人",而王畿认为所谓"信",一方面在于阳明所言良知能"得于人心之同"而生"信",另一方面在于良知的妙用使人"信"儒学有用。这大概才是王畿心目中的"师门之秘",而钱德洪所作《年谱》并非可以将此穷尽地展现出来。

作为阳明后学,胡松在《刻阳明先生年谱序》中首先将阳明定为人人所佩服之"全才",但对其学问、教人方面,有人持有疑义。对此,胡松总结阳明先生的学问与教人有"三变":从静坐反观,到知行合一,再到致良知。胡松还提出"良知即良心之别名"的观点,而阳明先生之功业、学问、教人,"皆其良知之推致而无不足"。他还提到钱德洪作此《年谱》所经时间很长,却不能"自信",所以请教求正于罗洪先等人,并邀胡松作序、刊刻。胡松《序》的重点在于论述阳明之"全才"出自学问,而他之所以对阳明学有"三变"的阐述,自然也得益于钱德洪编次的《阳明先生年谱》。与此相似,王宗沐在《刻阳明先生年谱序》中也认为钱德洪所作《年谱》"凡世所语奇事不载,而于先生之学,前后悟入,语次犹详",可知他也是着重于《年谱》在揭示阳明学问形成、发展过程中的作用,并且他指出此学"不能不待于历岁践悟之渐",这是阳明先生事迹、功业所本。

三

《王阳明年谱校注》的撰写,吸收了学界最新的研究成果,主要包括束景南先生的著作《王阳明年谱长编》,以及若干研究论文。对束景南先生《王阳明年谱长编》(以下简称"《长编》")一书中的最新阳明学研究成果择其精要,作了较多吸收。《长编》的最大特色,正如束先生自道:"本谱之特点,是注重考证,以考出叙,考叙结合,一切凭材料说话。"①关于此书的学术价值,可参看鹿博先生2018年底所发表的论文《理性审视,还神为人——从〈王阳明年谱长编〉看束景南教授的阳明学研究》,文中指出:"束

---

① 束景南:《王阳明年谱长编》,上海古籍出版社2017年版,第9页。

景南先生首先集十多年文献查找与考证工夫，先后查阅古籍两万余种，搜辑、考辨大量阳明佚文、佚诗，以及有关阳明的重要新资料，剔伪存真，结束了数百年来单纯依据钱德洪《阳明先生年谱》的狭隘叙事视野研究王阳明的历史"，而且《长编》"揭开了阳明生平的众多未解之谜，填补了阳明生平行事的众多空白"，并"展现了阳明思想发展、演变的真实历程"。[1]我们在《王阳明年谱校注》的正文中多引述《长编》束景南先生之按语，以期望有助于读者了解更多阳明先生《年谱》的研究动态。

束景南先生《长编》相较于钱德洪《年谱》，主要有这四大方面的补正：第一，考证史事详情。比如嘉靖本、隆庆本《年谱》均未详述王阳明两岁、三岁、四岁时在何处，及其主要事迹等。而束景南先生的《长编》指出，王阳明两岁时，居住在余姚瑞云楼，由母亲郑氏抚育，而父亲王华在外地担任"子弟师"。（《长编》第12页）王阳明三岁时，王华参加乡试失利下第。（《长编》第13页）王阳明四岁时，"王华由浙江布政使宁良聘为子弟师，赴祁阳，客居梅庄书屋三载，课教宁良子宁玹"。（《长编》第13页）又如，阳明先生的书法自成一家，关于其学书之师从，束景南先生认为是"怀素"。而所谓阳明谈"养生"的具体所指，束景南先生认为就是指他修炼道教的"真空炼形法"，并受到"尹真人"的影响，包括阳明曾自号"阳明山人"等，这段历史被钱德洪有意掩饰过去。再如，围绕着阳明先生有许多神奇故事，束景南先生慧眼如炬、旁征博引，明确指出所谓沉江游海遇仙、驾飓风渡海、入破庙虎不食、遇异人授计等都是阳明自己所虚构出来的。关于阳明先生"为石廓以自誓"之事，束景南先生指出，钱德洪有意将"石廓"误改为"石墩"（不通，墩义为"度"），使人误认为是指石椁（石棺），后遂有阳明自造石棺，躺在石棺中体验生死感觉之怪说流传，可谓荒谬至极。（《长编》第428页）

---

[1] 鹿博：《理性审视，还神为人——从〈王阳明年谱长编〉看束景南教授的阳明学研究》，《浙江社会科学》2018年第11期，第152—155页。

第二，坐实事件发生时间。比如，28 岁条中阳明"疏陈边务"的时间应当在夏季，先于其督造王越坟，束景南先生指出，此事的时间，钱德洪《年谱》、黄绾《阳明先生行状》、《明史·王守仁传》都记错了。阳明先生升南京刑部主事的具体时间，束景南先生认为应是在"十月"。（《长编》第 576 页）又，阳明先生改授提督军务之任的时间，束景南先生认为应当在"七月十六日"，而非"九月"，而且此事主要是为他后来以三省夹剿江西之设，与平宸濠乱无关；然而，阳明得提督军务，便宜行事，对后来平宸濠乱客观上也起到重要作用。（《长编》第 961 页）束景南先生在《长编》中旁征博引，所论证阳明先生所行诸事的时间，多有比钱德洪《年谱》所记更为精确。

第三，论思想渊源与发展。阳明家学渊源，包括其父王华的思想研究，学界极少论及。束景南先生根据王华的廷试答卷，对此有所阐明。又，11 岁在京师时，阳明通过白沙友人、弟子，开始接触到白沙之学，这对阳明心学思想的萌发、形成有着重要影响。又如，束景南先生指出阳明先生"龙场之悟"包含三方面之"悟"：悟释、老二氏之非，立儒家"简易广大"之心学；悟朱子向外格物之非（求理于物），立古本《大学》向内格物、自求于心之旨（格心，吾性自足，天下之物本无可格）；悟朱子敬、知双修，先知后行之非，立"知行合一"之教。（《长编》第 536 页）束景南先生认为："阳明正德十六年改定《大学古本旁释序》，乃是阳明大揭良知之教之标志。"（《长编》第 1058 页）关于阳明先生作《朱子晚年定论》的始末，束景南先生在《王阳明年谱长编》中数次提到，他认为阳明作此书的用意在于终结正德十年（1515）以来与王道等人之间的"朱陆论战"，而且只是游戏文字，不具有多少学术价值。《答顾东桥书》为阳明先生生平最长的论学书信，束景南先生将其视为"《传习录》之'灵魂'"，并且还是阳明先生阐释其良知心学思想体系具体而微之哲学大纲，为阳明良知心学思想成熟之标志。（《长编》第 1706 页）束景南先生提出"王门八句教"之新说，他认为:"天泉证道者,乃证'王门八句教'之道,而非证'王门四句教'之道。此本昭然可见,只因钱德洪与王畿两人记叙有异,后人不察,皆据钱德洪之说,以为阳明在天泉证道上提出四句教,天泉证道乃是证'王门四句教'之道,可谓大误,后人以讹传讹,遂成阳明学研究一大千古错案。其实所谓天泉证道事本很简单:先是在天泉会之前钱德洪、王畿听受阳明四句教后理解各异,于是至天泉会上,两人各以所见请质,阳明乃修正原'四句教'之说,提出了'王门八句教'(四无教与四有教)。"(《长编》第1883页)

最后,《长编》对阳明学文献作了若干的刊误、补充。如:束景南先生疑"蔽月山房"乃"水月山房"之误,并指出此诗与阳明年少习禅有关。《长编》引用今存阳明会试卷及其考官评语,可知阳明会试卷论题以《礼记》为中心,考官评语多肯定阳明之作在立意、说理、措辞、文气等方面颇有独到之处,是一篇难得的佳作。又,束景南先生指出:"54岁,阳明审订《九声四气歌法》,教书院诸生歌诗用。"(《长编》第1734页)此"阳明歌诗法"对于当今的国学教育当有助益之处。

在学术论文方面,学者们对于钱德洪编纂《王阳明年谱》所涉及的立场、史事、资料等方面都有辨析。钱德洪所作《阳明先生年谱》因其立场、学识、所据资料等方面的问题,存在一些不足之处。程海霞先生指出,钱德洪所述阳明先生的早年经历(格竹、谈养生、悟仙释、结交甘泉),"着重强调其不契朱子学及其由出入佛老渐归于儒学的因素,但是钱德洪自身的立场实有待于检讨"。[①]王磊先生就《王阳明年谱》"正德五年庚午条"的内容进行考辨,确定阳明先生《与辰中诸生》一书的时间以《年谱》为是,"而其入觐京师及升南京刑部主事的时间,则诗集标示为是"。[②]文献资料的掌握

[①] 程海霞:《检讨钱德洪系〈王阳明年谱〉之立场——以阳明的早年经历为例》,《复旦学报》2010年第5期,第124—131页。
[②] 王磊:《〈王阳明年谱〉正德五年庚午条考辨二则》,《兰台世界》2018年第5期,第137—138页。

程度，能直接影响对史事的认知。与《王阳明年谱》相关的资料非常之多，其中有些本子所记载的文字，可以补充、纠正我们关于阳明先生生平事迹的若干"成见"，例如孙跃、张世敏两位先生据雷礼（与阳明同时，且同署为官）所作《阳明先生传》《南京兵部尚书王阳明行实》，以及耿定向所作《新建侯文成王先生世家》这三种资料，订正、补充钱德洪所作《年谱》的几处错误，包括"王阳明很可能就没有问过塾师何为第一等事"，"王阳明因被诬娶宁王妃为妾，虽被封爵，却不与铁券与岁米等"。[①]嘉靖本印证了阳明"没有问过塾师何为第一等事"的结论。

我们此次所进行的《王阳明年谱》"校注"工作，在资料掌握、整理方面仍有许多值得完善之处。张克伟先生在《〈王阳明年谱〉问题琐议》一文中提到现存《王阳明年谱》的 42 种版本，除了我们这次校注所采用的 11 种之外，还有：明代杨起元的《王阳明年谱》（不分卷），明代唐铸万所编《删订阳明先生年谱》一卷，明代耿定向所编《阳明先生年谱》十卷，明代高攀龙所编《王文成公年谱》（不分卷），明代陈龙正及叶绍颙合编《阳明先生年谱》附《逸事辨正》二卷，明代佚名所编《王阳明先生年谱》一卷（此书疑为俞嶙所作），明代佚名所编《明新建伯王文成公传本》二卷，明代佚名所编《阳明先生年谱》附《遗事》一卷，清代王应昌所编《王文成公年谱》一卷，清代王文钧所编《阳明先生年谱》一卷，清代佚名所编《阳明先生年谱》一卷，清代佚名所编《王阳明年谱》（不分卷），清代张丙煐所撰《姚江年谱纂述》二卷，清代毛奇龄所撰《王文成集传本》二卷，民国间孙铿所编《王阳明先生年谱》一卷，以及近人余重耀所编《阳明先生传纂》，等等。[②]由于资料、学力、时间精力等限，此书颇多疏漏、不足之处，还望方家有以教之。

[①] 孙跃、张世敏：《王阳明〈年谱〉订补》，《求索》2013 年第 1 期，第 138—140 页。
[②] 张克伟：《〈王阳明年谱〉问题琐议》，《古籍整理研究学刊》1992 年第 4 期，第 12—14 页。

【刻阳明先生年谱引】

【嘉靖戊子春正月，相以知临川县，被召选试河南道监察御史。二月，奏疏请，皇上稽古修德，以答天眷，端好尚，杜佞幸，峇涉浚，怕落识，谪岭表，时阳明先生正有讨田州之役，阅得相报，亟檄促我曰："平田州易，集众思善后难。"檄至，辄行。又曰："俗心以谪官，事事为俗吏。"余谓此正俗吏之谈，全不省如何是俗？如何是不俗？道眼能自得之。相被檄矍然，遂就道。及丰城，而报先生卒南安矣，本年十一月丁卯也。嗟乎！相将及门，卒不得一禀业，以闻性与天道之说。虽然，檄数语，固性与天道之说也。

先生《年谱》成，胡柏泉檄赣州佐毛汝麒刻之，未登梓，柏泉以少司马召，不遑驾行，嘱相促之。讫工，荐帙，展无檄我数语，偶脱之邪，抑误谓迩言漫脱之邪？因足之以确于绪山、龙溪、念庵。

嘉靖甲子首夏九日，巡抚江西等处地方兼理军务都察院右副都御史明郡后学周相识。】

【刻阳明先生年谱序】

【人有恒言：真才固难，而全才尤难也。若阳明先生，岂不亶哉其人乎？方先生抗议忤权，投荒万里，处约居贫，困心衡虑，茕然道人尔。及稍迁令尹，渐露锋颖矣。未几内迁，进南太仆，若鸿胪官曹简暇，日与门人学子讲德问业，尚友千古，人皆哗之为禅。后擢佥副都御史，至封拜，亦日与门人学子论学不辍。而山贼逆藩之变，一鼓歼之。于是人始服先生之才之美矣。虽服先生之才，而犹疑先生之学，诚不知其何也。

松尝谓先生之学，与其教人，大抵无虑三变。始患学者之心纷扰而难定也，则教人静坐反观，专事收敛。学者执一而废百也，偏于静而遗事物，甚至厌世恶事，合眼习观，而几于禅矣。则揭言"知行合一"以省之，其言曰："知者行之始，行者知之成。"又曰："知为行主意，行为知工夫。"而要于去人欲而存天理。其后又恐学者之泥于言诠，而终不得其本心也，则专以"致良知"为作圣为贤之要矣。不知者与未信者，则又病良知之不足以尽道，而群然哄焉，岂知良知即良心之别名。

是知也，维天高明，维地广博，虽无声臭，万物皆备，古今千圣万贤，天下百虑万事，谁能外此知者？而致之为言，则笃行固执，允迪实际，服膺弗失，而无所弗用其极，并举之矣，岂专守灵明，用智而自私耶？专守灵明，用智自私而不能流通著察于伦物云为之感，而或牵引转移于情染伎俩之私，虽名无不周遍，而实难与研虑。虽称莫之信果，而实近于荡恣，甚至蔑兢业而病防检，私徒与而挟悻嫉，废人道而群鸟兽，此则禅之所以病道者尔。先生之学，则岂其然乎？故其当大事、决大疑、夷大难，不动声色，不丧匕鬯，而措斯民于衽席之安，皆其良知之推致而无不足，而非有所袭取于外。

他日读书，窃疑孔子之言，而曰："我战则克，祭则受福。"夫圣非夸也，非尝习为战与斗也，又非有祝诅厌胜之术也，而云必克与福，得无殆于诬欤？是未知天人之心之理之一也。夫君子斋戒以养心，恐惧而慎事，则与天合德，而聪明睿知，文理密察，溥博渊泉，而时出之矣。则何福之不获，何战之弗克，而又奚疑焉？不然，《传》何以曰："明乎郊社之礼，禘尝之义，治国其如视诸掌乎！"夫郊社、禘尝之礼，则何与于治国之事也？夫道一而已矣，心亦一而已矣，通则皆通，塞则皆塞。文岂为文，武岂为武？盖尚父之"鹰扬"，本于敬义；而周公之东征破斧，实哀其人而存之，彼依托之徒，呼喝叱咤，豪荡弗检，自诡为道与学，而欲举天下之大事，只见其劳而敝矣。

绪山钱子，先生高第弟子也，编有先生《年谱》旧矣，而犹弗自信。溯钱塘，逾怀玉，道临川，过洪都，适吉安，就正于念庵诸君子。念庵子为之删繁举要，润饰是正，而补其阙轶。信乎其文则省，其事则增矣，计为书四卷。既成，则谓予曰："君滁人，先生盖尝过化，而今继居其官，且与讨论，君宜叙而刻之。"余谢不敢，而又弗克辞也，则以窃所闻于诸有道者，论次如左，俾后世知先生之才之全，盖出于其学。如此，必就其学而学焉，庶几可以弗畔矣夫。

嘉靖癸亥夏日，巡抚江西等处地方兼理军务兵部右侍郎兼都察院右佥都御史滁上后学胡松序。】

【阳明先生年谱考订序】

【嘉靖戊申,先生门人钱洪甫聚青原,言《年谱》,佥以先生事业多在江右,而直笔不阿,莫洪先若,遂举丁丑以后五年相属。

又十六年,洪甫携《年谱》稿二三册来,谓之曰:"戊申青原之聚,今几人哉?洪甫惧,始坚怀玉之留。"明年四月,《年谱》编次成书,求践约,会滁阳。胡汝茂巡抚江右,擢少司马,且行,刻期入梓,敬以旬日毕事。已而即工稍缓,复留月余。自始至卒,手自更正,凡八百数十条。其见闻可据者,删而书之。岁月有稽,务尽情实,微涉扬诩,不敢存一字。大意贵在传信,以俟将来。而提督归安陆,汝成梓于赣,是时亦有南京少司马命,《年谱》适传洪先,因订《年谱》,反复先生之学,如适途者颠仆沉迷泥淖中,东起西陷,亦既困矣,然卒不为休也。久之,得小蹊径,免于沾涂,视昔之险道有异焉。在它人,宜若可以已矣,然卒不为休也。久之,得大康庄,视昔之蹊径又有异焉。在它人,宜若可以已矣,乃其意则以为出于险道,而一旦至是,不可谓非过。幸彼其才力足以特立,而困犹我者,固尚众也。则又极力呼号,冀其偕来以共此乐。而颠迷愈久,呼号愈切。其安焉而弗之觉者,顾视其呶呶,至老死不休,而翻以为笑,不知先生盖有大不得已者恻于中。

呜呼!岂不尤异也乎!故善学者竭才为上,解悟次之,听言为下。盖有密证殊资,嘿持妙契,而不知反躬自求实际,以至不副夙期者多矣。固未有历涉诸难,深入真境,而触之弗灵,发之弗莹,必有俟于明师面临,至语私授,而后信久远也。

洪先谈学三年,而先生卒,未尝一日得及门。然于三者之辨,今亦审矣。学先生之学者,视此何哉?无亦曰:是必有待乎其人,而《年谱》者固其影也!

嘉靖四十二年癸亥七月朔,后学吉水罗洪先书。】

[《王文成公全书》卷之三十二　附录一　年谱一]

【阳明先生年谱上卷】

【门人钱德洪编次】

【后学罗洪先考订】

先生讳守仁，字伯安，姓王氏。其先出晋光禄大夫览之裔，本琅琊人，至曾孙右将军羲之徙居山阴；又二十三世迪功郎寿，自达溪徙余姚；今遂为余姚人。

【注】王羲之并非王阳明的始祖。诸焕灿先生在《王阳明世系考索》一文中"详尽地考索了明代心学大师王阳明的世系，明确了王阳明所属的姚江秘图山派王氏出自晋代王羲之伯父的乌衣大房世系，纠正了长期以来王阳明始祖为晋右将军羲之之说的错误"。（《浙江万里学院学报》2001年12月第13卷第4期）束景南先生在《王阳明年谱长编》中指出："王守仁，字伯安，号阳明，浙江余姚人。其先出晋光禄大夫王览之裔，本琅琊人。至王览孙东晋丞相王导，渡江居金陵乌衣。至北宋王祜居家汴城东和门外，尝手植三槐于庭，号'三槐王氏'。王祜（一说王祐）六世孙王道扈驾南渡，遂迁居余杭。子王补之迁居上虞达溪。至王补之曾孙王季，自达溪迁居余姚秘图山，遂为余姚人。王华后自谓是绍兴王羲之之后，盖出误传也。"（《长编》第3页）

寿五世孙纲，善鉴人，有文武才。国初诚意伯刘伯温荐为兵部郎中，擢广东参议，死苗难。子彦达缀羊革裹尸归，是为先生五世祖。御史郭纯上其事于朝，庙祀增城。彦达号"秘湖渔隐"，生高祖，讳与准，精《礼》《易》，尝著《易微》数千言。永乐间，朝廷举遗逸，不起，号"遁石翁"。曾祖讳世杰，人呼为"槐里子"，以明经贡太学，卒。

祖讳天叙，号竹轩，魏尝斋瀚尝立传，叙其环堵萧然，雅歌豪吟，胸次洒落，方之陶靖节、林和靖，所著有《竹轩稿》《江湖杂稿》行于世，封翰林院修撰。自槐里子以下，两世皆赠嘉议大夫、礼部右侍郎，追赠新建伯。父讳华，字德辉，别号实庵，晚称"海日翁"。尝读书龙泉山中，又称为"龙山公"。成化辛丑，赐进士及第第一人，仕至南京吏部尚书，进封新建伯。

【注】王阳明的父亲王华，在乡里跟从儒师钱希龙学习，曾在龙泉山的寺庙中读书，入为余姚县学诸生。参看束景南先生《长编》第9页考证。王

华在龙泉山的寺庙中读书，专心致志，不为外物所动，其故事流传于世。束景南先生指出："（王华）十四岁时，尝与亲朋数人读书龙泉山寺。寺旧有妖为祟，数人者皆富家子，素豪侠自负，莫之信。又多侵侮寺僧，僧甚苦之。信宿妖作，数人果有伤者。寺僧因复张皇其事，众皆失气，狼狈走归。先生独留居如常，妖亦遂止。僧咸以为异。每夜分，辄众登屋号笑，或瓦石撼卧榻；或乘风雨雷电之夕，奋击门障。僧从壁隙中窥，先生方正襟危坐，神气自若，辄又私相叹异。然益多方试之，技殚，因从容问曰：'向妖为祟，诸人皆被伤，君能独无恐乎？'先生曰：'吾何恐？'僧曰：'诸人去后，君更有所见乎？'先生曰：'君何见？'僧曰：'此妖但触犯之，无得遂已者，君安得独无所见乎？'先生笑曰：'吾见数沙弥为祟耳。'诸僧相顾色动，疑先生已觉其事，因佯谓曰：'此岂吾寺中亡过诸师兄为祟邪？'先生笑曰：'非亡过诸师兄，乃见在诸师弟耳。'僧曰：'君岂亲见吾侪为之？但臆说耳。'先生曰：'吾虽非亲见，若非尔辈亲为，何以知吾之必有见邪？'寺僧因具言其情，且叹且谢曰：'吾侪实欲以此试君耳。君天人也，异时福德何可量！'至今寺僧犹传其事。"（《长编》第10—11页）

龙山公常思山阴山水佳丽，又为先世故居，复自姚徙越城之光相坊居之。先生尝筑室阳明洞，洞距越城东南二十里，学者咸称"阳明先生"云。

【注】 王阳明被学者尊称为"阳明先生"，而其自号实为"阳明山人"。①

【明】宪宗成化八年壬辰九月丁亥，先生生。

是为九月三十日。太夫人郑娠十四月。祖母岑梦神人衣绯玉云中鼓吹，送儿[授岑，岑]警寤，已闻啼声。祖竹轩公②异之，[即]以云名。乡人[传其梦，]指所生楼曰"瑞云[楼]"。

---

① 束景南先生指出："龙山公常思山阴山水佳丽，以为先世故居，乃于弘治十年自余姚秘图山徙绍兴之光相坊居之。王守仁遂筑室阳明洞读书修炼，自号阳明山人云。"（《长编》第4页）
② "公"，嘉靖本作"翁"，隆庆本称"竹轩公"，尊崇之意更为显著。

【注】 此事乃编造，不可信，实为"神化"王阳明，并且还与其父王华有关。束景南先生指出："阳明父王华最好命相卜筮神仙之说，阳明神人授受之神话实始于王华，而成于钱德洪。此前王华已先神化己之诞生，与阳明神人授受说如出一辙。"（《长编》第 7 页）所谓"瑞云楼"之地，原本并没有被命名，因其属于姓莫的人家，故可称为"莫氏楼"。王阳明的出生，附会"神人授受"之说，故此地得名"瑞云"。嘉靖本《王阳明年谱》（以下简称为《年谱》）只作"瑞云"二字；隆庆本《年谱》多一"楼"字，作"瑞云楼"。尽管只是一字之差，但可见到早出的嘉靖本，比隆庆本保留了更多《年谱》及其事之"原貌"。束景南先生指出："九月癸亥（三十日）亥时，阳明出生于余姚莫氏楼，取名云，莫氏楼后名瑞云楼。"（《长编》第 4 页）

[十有二年丙申，先生]①五岁。

【注】 嘉靖本、隆庆本《年谱》均未详述王阳明两岁、三岁、四岁时在何处，及其主要事迹等。根据最新研究成果（包括束景南先生的《长编》及其他论著），我们可以做些补充。王阳明两岁时，居住在余姚瑞云楼，由母亲郑氏抚育，而父亲王华在外地担任"子弟师"。束景南先生指出："王华出任子弟师当在天顺末、景泰初以后。"（《长编》第 12 页）王阳明三岁时，王华参加乡试失利下第。（《长编》第 13 页）王阳明四岁时，"王华由浙江布政使宁良聘为子弟师，赴祁阳，客居梅庄书屋三载，课教宁良子宁玹"。（《长编》第 13 页）据此可知，这几年王阳明主要由其母郑氏在余姚抚养，其祖母、祖父应亦多养育辛劳，与其父王华则聚少离多。

---

① 隆庆本《年谱》较嘉靖本更多内容增补、文字修饰。此处的"十有二年丙申，先生"，即为嘉靖本《年谱》所无，而隆庆本所加的内容。

[先生]五岁【犹】不言。[一日与群儿嬉]，有神僧过之【笑】曰："[好个孩儿，]可惜道破。"竹轩公悟，更今名，即能言。一日诵竹轩公所尝读过书，讶问之，曰："闻祖读时已默记矣。"①

　　【注】　阳明始开口说话，祖父竹轩公改其名"王云"为"王守仁"，参见《长编》第17页。五岁才开始说话，人或有之；改名之事，也是阳明父亲王华本意。束景南先生指出："阳明五岁始言本不足怪，何须要神僧来摩顶点破？如王华亦自造绯衣玉带童子降生说，取名王华、王荣亦已道破，为何不改名，而要阳明改名？此无他，实是竹轩公进一步神化阳明之手法也。盖王华初造瑞云降生说，只谓是'赤子'乘云而来，而未明道是何方神仙，不免一大缺憾；故是次竹轩公再造神僧摩顶、阳明开口、改名守仁之神话，指实阳明是'石麒麟'下凡、'文曲星'降世也。……阳明祖母梦五色云而阳明生，神僧摩其顶而称其'宁馨儿'，八岁好佛、老而作诗，盖皆仿徐陵，而认其为'石麒麟'下凡也。麒麟者，仁兽也，太平安世方出，竹轩公改其名守仁，字伯安，泄露此天机矣。又麒麟者，文兽也，'石麒麟'隐指文曲星，是将阳明认作文曲星下凡也……可见王华早已于梦中知阳明为文曲星下凡，竹轩公改王云名为王守仁亦是王华本意，毋须神僧来点化也。"（《长编》第18—19页）

　　十[有]②七年辛丑，先生十岁，皆在越。

　　【注】　钱德洪所作《年谱》未详载阳明六岁、七岁、八岁、九岁时事，兹选录束景南先生《长编》中的资料以作补充：六岁，阳明与德声叔同受学王华在成化十三年至十四年之间，时间不长。王德声，无考，疑即王德盛。（《长编》第20页）七岁，守仁渐大，王华则携幼童守仁外出任子弟师，兼可随身教守仁读书作诗。（《长编》第21页）八岁，王华携守仁往海盐任子弟师，守仁寓资圣寺，有诗咏怀。（《长编》第22页）资圣寺亦一东南佛国

---

① 此句嘉靖本刻作"且诵翁所读书，讶之，曰：'闻声，已默记矣。'"
② 隆庆本《年谱》于此处增加一"有"字，既是增补，又是修饰。有，通"又"，如贾谊《过秦论》："序八州而朝同列，百有余年矣。"

名刹，俨然成为八岁幼童王守仁出入佛道、由儒入佛之起始站与出发地。（《长编》第 23 页）是岁，以作资圣寺诗为标志，八岁幼童守仁耽好佛、老，开始其三十年陷溺释、老、出入二氏之历程。（《长编》第 24 页）束景南先生按：阳明五岁始言，七岁王华始携之外出，八岁乃居海盐资圣寺达一年之久，可见阳明八岁即好佛、老，当与其寓居海盐资圣寺受佛禅影响有密切关系。钱德洪、黄绾等均讳言阳明八岁已好释、老，遂掩盖阳明三十年陷溺佛、老之真相，尤不当。（《长编》第 25 页）九岁，居瑞云楼，受竹轩公家教。是秋，王华再赴浙江乡试，中第二名。（《长编》第 26 页）

[是年]龙山公举进士第一甲第一人。

【注】 阳明有家学渊源，其父王华的思想研究学界极少论及。束景南先生根据王华的廷试答卷对此有所阐明："王华之理学思想，向来不明，此王华廷试卷，正可窥见王华理学思想之真貌，尤有重要意义。盖王华于廷试卷中首次提出了'心学'，谓'默契二帝三王之心学'。此'心学'，即是王华卷后所云：'盖人之一心至虚至灵，所以具众理者在是，所以应万事者在是。但为气禀所拘，物欲所蔽，其全体大用始有不明矣。陛下诚能先明诸心，复其本然之正，去其外诱之私，不为后世驳杂之政所牵滞，不为流俗因循之论所迁惑，则于道也，必能探求其精微，而见于日用彝伦之间，莫不各有以尽当然不易之则矣。''人君之治，固本于一心，而正心之要，尤在于意诚。《大学》曰："欲正其心者，先诚其意。"使意有不诚，则无以正其心而推于治矣。臣愿陛下穷理以致其知，存诚以立其本，而凡一念将发之顷，必察其天理人欲之几。'王华即是用此'心学'答帝问，而阳明后来所建立之'心学'体系，于此几可呼之欲出矣。阳明'之心'学亦有'家学'渊源，由此透露一线消息。"（《长编》第 36 页）

十[有]八年壬寅，先生十一岁，寓京师。

【注】 在京师时，阳明通过白沙友人、弟子，开始接触白沙之学，这对阳明心学思想的萌发、形成有重要影响。①

龙山公迎养竹轩翁，因携先生如京师，[先生]年才十一。翁过金山寺，与客酒酣②，拟赋[诗]，未成。先生从傍赋曰③："金山一点大如拳，打破维扬水底天。醉倚妙高台上月，玉箫吹彻洞龙眠。"客[大]惊异，复命赋蔽月山房诗，先生[随口]应曰："山近月远觉月小，便道此山大于月。若人有眼大如天，还见山小月更阔。"

【注】 束景南先生疑"蔽月山房"乃"水月山房"之误，并指出此诗与阳明年少习禅有关："《金山志》卷四有云：'水月山房，额在客堂后院地上。'可见水月山房为金山寺客堂，接待香客骚人者。阳明此诗出口如禅家说禅，全类'禅机'、'公案'禅偈，乃其少时习禅心态之流露也。"（《长编》第39页）

明年，就塾师。

【注】 阳明进私塾读书乃其父王华之命，希望他能够收心就学。所请私塾老师，或是吴伯通。束景南先生指出："王华为少年阳明请塾师，读书授经，收敛身心。……阳明乃是入塾馆受学，故多有塾馆同学生。'塾师'，

---

① 束景南先生云："白沙陈献章应诏入京，居长安西街大兴隆寺，与林俊、王华比邻而居。林俊与白沙日日讲学于大兴隆寺中，少年阳明常往返出入于大兴隆寺与林俊家中，对林俊与白沙两人日日讲学已熟闻习见。"（《长编》第45页）"林俊服膺白沙心学，讲论多有得，故阳明对林俊'渊博之学''心悦而诚服'，实亦隐含了对白沙之学之心悦诚服。二十年后阳明作文高度评价'白沙先生学有本原，恁地真实，使其见用，作为当自迥别'，如此心悦诚服即源于此时也；又五年后阳明入京师，亦寓居大兴隆寺，与湛甘泉在大兴隆寺中讲学，盖即有意仿当初白沙与林俊在大兴隆寺中讲学也。其时非惟阳明可见到白沙，王华更可见到白沙。"（《长编》第47页）阳明父子均与白沙之学有不少接触，束景南先生云："张诩成化二十年中进士，时王华为廷试弥封官，阳明亦侍龙山公为考官，入场评卷，张诩可谓王华'门生'，王华、阳明当在是年与张诩相识。据阳明正德九年所作《寄东所次前韵》，弘治十八年张诩曾入京师将《白沙先生全集》赠王华、阳明，也可见阳明与张诩早已相识。盖张诩可谓阳明生平最早相识之白沙弟子，自此阳明乃可从张诩接触白沙之学矣。"（《长编》第50页）
② "酒酣"，嘉靖本作"酣饮"。注：嘉靖本之描述似更客观。
③ "先生从傍赋曰"，嘉靖本作"先生在旁曰"。注：隆庆本增加"赋"字，更多美化修饰之意。

疑即吴伯通。"(《长编》第43—44页)关于"吴伯通"其人,束先生考证云:"吴伯通字原明,号石谷,四川广安人,亦当时一名儒。……吴伯通在弘治元年二月来代钱钺为贵州按察使。其从天顺七年举进士到弘治元年出任按察使,滞留京师二十余年,其间或尝被塾馆聘为塾师。"(《长编》第45页)

先生豪迈不羁,【为相士所异,尝熟视曰:"天下有斯人乎?"】[龙山公常怀忧,惟竹轩公知之。一日,与同学生走长安街,遇一相士。异之曰:"吾为尔相,后须忆吾言:]须拂领,其时入圣境;须至上丹台,其时结圣胎;须至下丹田,其时圣果圆。"【验之将来,断不诬也。】先生感其言,自后每对书辄静坐凝思①。

【注】 长安街为京师繁华之地,少年阳明在此逗留、游玩,难免受到习染。束景南先生指出:"(阳明)居京师长安街,眼界大开,自是性格放逸,旷达不检,喜好任侠,骑马射箭,六博斗鸡,常出入于佛、道、相、卜之处。"(《长编》第40页)束先生又按曰:"长安街乃是京师繁华热闹去处,佛刹道观林立,三教九流杂聚,多有斗鸡走狗之辈,卖卦相命去处。少年阳明初来乍到,不免受京师花花世界习染。……钱德洪《阳明先生年谱》记叙阳明正德十六年归余姚省墓时,'乡中故老犹执先生往迹为疑',以至钱德洪须'乃排众议'方能来执弟子礼。所谓'往迹',即主要指阳明少时在余姚及京师诸放逸不羁、荒唐不检之行事也。"(《长编》第42页)

尝问塾师曰:"何为第一等事?"塾师曰:"惟读书登第耳。"先生疑曰:"登第恐未为第一等事,或读书学圣贤耳。"龙山公闻之,笑曰:"汝欲做圣贤耶?"

【注】 "尝问塾师曰:'何为第一等事?'塾师曰:'惟读书登第耳。'先生疑曰:'登第恐未为第一等事,或读书学圣贤耳。'"嘉靖本作:"尝闻塾师以登第为第一等事,窃不谓然。尝曰:'惟有为圣贤可耳。'"此事,嘉靖本只有阳明一人之言,隆庆本则演绎为二人对话形式。

---

① "自后每对书辄静坐凝思",嘉靖本此句作"自是对书凝思"。注:嘉靖本叙述更凝练。

从嘉靖本来看，当时未必有阳明与塾师之对话，嘉靖本中用词"尝闻""窃"与"尝曰"，是第三方口吻。

二十年甲辰，先生十三岁，寓京师。

母太夫人郑氏卒。居丧，哭泣甚哀。

【注】 阳明早年丧母（郑氏）失怙，其父不久继娶二室（赵氏、杨氏）。①

二十有二年丙午，先生十五岁，寓京师。

【注】 著名的所谓"阳明格竹"之事发生在这一年，阳明当时十五岁。束景南先生指出："（是年，阳明）学宋儒格物之学，遍求朱熹遗书读之，思格天下之物。一日格庭前竹子，七日不得其理，劳思致疾。遂自委圣贤有分，乃转就辞章之学与科举之业。"（《长编》第57—58页）阳明的学做圣贤之路，并非一路顺畅，其中经历了立志、怀疑、再努力等转折，可谓"穷则变"。束先生理出阳明的圣学之路线索："成化十八年，阳明入京师，读宋儒书，要学做圣贤，以读书学圣贤为第一等事，以科举登第为第二等事；至成化二十二年，因格竹致疾失败，怀疑宋儒格致之学，自以为做圣贤无分，求圣人大道无得，遂转就辞章之学与科举之业；至弘治五年，举浙江乡试，乃又转为宋儒格物之学，即所谓'旧病又发'，直至又放情去学二氏之学。"（《长编》第59页）

先生出②游居庸三关，[即]慨然有经略四方之志[；询诸夷种落，悉闻备御策；逐胡儿骑射，胡人不敢犯，经月始返]。

---

① 束景南先生考证："（阳明之母郑氏）寿四十一，先王华三十九年卒。……郑氏初葬余姚穴湖，则是年王华与阳明均当归余姚，然均不守葬守孝，王华即娶继室、侧室，亦令人不解。余姚乡里故老执阳明'往迹'为疑，或即指此类事耶？……成化二十一年乙巳，（阳明）十四岁，王华娶继室赵氏、侧室杨氏。"（《长编》第51页）

② "先生出"，嘉靖本作"先生十五岁"。注：此处，隆庆本《年谱》避"十五岁"之重，且加一"出"字，增强了上下文的连贯性。

一日，梦谒伏波将军庙，赋诗曰："卷甲归来马伏波，早年兵法鬓①毛皤。云埋铜柱雷轰折，六字题文尚不磨。"

【注】 阳明梦谒伏波将军庙并赋诗之事，尚有不同来源文献的记载，且比钱德洪作《阳明先生年谱》的时间更早、内容更多，可参看董穀《董汉阳碧里后集》②中的《杂存·铜柱梦》中记载："阳明先生既受广西田州之命，自言曰：'吾少时常梦至马伏波庙，题之云："铜柱折，交趾灭，拜表归来白如雪。"又梦题诗云："拜表归来马伏波，早年兵法鬓毛皤。云埋铜柱雷轰折，六字铭文永不磨。"不意今有此行。'乃嘉靖四年（按：当作六年）秋也。逾年功成，而疾亟矣。屡表乞致，不许，遂促归。至南雄府（按：当作南安府）青龙铺水西驿而卒。事闻，上怒，爵荫遂尼至今，梦之验也如此。"（《长编》第56页）

时畿内石英、王勇盗起，又闻秦中石和尚、刘千斤作乱，屡欲为书献于朝。③龙山公斥之为狂，乃止。

【注】 "石和尚、刘千斤作乱"之事发生的年份问题，钱德洪所记不确。束景南先生指出："石和尚、刘千斤之乱在成化元年至成化五年之间，详可见《宪章类编》卷三十《各省寇盗》及《国榷》卷三十四、三十五。"（《长编》第57页）

孝宗弘治元年戊申，先生十七岁，在越。

---

① 注：嘉靖本中有若干误刻字，如此处"鬓"字，嘉靖本刻为"鬓"的字形。嘉靖本中误刻字若在后文又出现，径直改正，不再赘述。
② 束景南先生指出："董谷亦阳明弟子，其于嘉靖四年随其萝石董沄来绍兴问学受教，阳明与其谈论尤多，其《董汉阳碧里后集》中《疑存》《杂存》记录甚多阳明语录与阳明之事，皆得自在绍兴亲耳所闻。此'铜柱梦'条记在嘉靖六年，谓是阳明所'自言'，早于钱德洪编撰《阳明先生年谱》与编集《阳明先生文录》，当属可信也。"（《长编》第56—57页）
③ "时畿内石英、王勇盗起，又闻秦中石和尚、刘千斤作乱，屡欲为书献于朝"，嘉靖本作"时畿内石英、王勇、秦中石和尚、刘千斤俱作乱，屡欲献书于朝"。注：嘉靖本与隆庆本有不一致之处，嘉靖本将盗起、作乱两事概括为"俱作乱"，简练而不违于史。

【注】 这一年，阳明从京师回到余姚，是为了参加科举考试。束景南先生指出："阳明（十六岁时）在京师塾馆受学已满五年，是年宪宗卒，新帝即位，明年改年号，王华欲荫一子入监以让阳明入仕之望遥遥无期，故乃遣阳明归余姚，盖欲其从正常科举入仕。按其时阳明已自认做圣贤无分，随世转就科举之业。然阳明民籍在余姚，故其唯有回余姚，以余姚县学诸生参加浙江乡试，才能脱颖而出，踏上仕途。此即是王华忽于是年遣阳明归余姚之真正原因。"（《长编》第60页）

七月，亲迎夫人诸氏于洪都。

【注】 阳明此次从余姚往江西亲自迎娶诸氏以成婚，"许婚"则在五年之前的京师，其岳父诸让当时便已答应王华将女儿许配阳明。束景南先生考证曰："（十九年癸卯）八月，介庵诸让主考顺天府乡试，来见王华，以女许配阳明。"（《长编》第48页）

外舅诸公养和为江西布政司参议，先生就官署委禽。合卺之日，偶闲行入铁柱宫，遇道士趺坐一榻，即而叩之，因闻养生之说，遂相与对坐忘归。诸公遣人追之，次早始还。①

【注】 钱德洪《年谱》中所述阳明在铁柱宫遇道士之事当不为假，但说他谈道忘归、次日被追回等，则有夸饰成分。此事亦可见阳明青年时便学仙好道。束景南先生指出："谓阳明在南昌一日入铁柱宫与道士谈道容或有之；谓阳明新婚之夜入铁柱宫与道士谈道忘归，次日被诸让遣人追还云云，皆夸饰虚妄之说也。"（《长编》第63页）关于"铁柱宫"，束先生考证云："铁柱宫在南昌城南，中有铁柱，为奉祀净明道派创始人许逊（旌阳）而建，又名万寿宫。……盖许旌阳铸铁柱亦传说也。净明道乃是以南昌西山为中心、以倡行孝道为特征之一大道派，该派吸收灵宝斋法，又重修炼法

---

① "合卺之日，偶闲行入铁柱宫，遇道士趺坐一榻，即而叩之，因闻养生之说，遂相与对坐忘归。诸公遣人追之，次早始还"，嘉靖本作"既释衣，信步闲行，遂至铁柱宫，见蜀中一道者静坐，与语说之，相对终宵。诸不知，遣人遍索城中，次早始得"，与隆庆本多处不一致。注：嘉靖本明说是"合卺后"再入铁柱宫，且所见为"蜀"中道士"静坐"，而非"趺坐"，等等，嘉靖本在此事的细节方面比隆庆本似更可信。

术，故为青年阳明所耽迷。阳明早年学仙好道之路径由此可见。"（《长编》第64页）

官署中蓄纸数箧，先生日取学书。比归，数箧皆空，书法大进。先生尝示学者曰："吾始学书，对模古帖，止得字形。【其】后[举笔]不轻落纸，凝思[静虑，拟形]于心，久之始通其法。[既]后读明道先生书①曰：'吾作字甚敬，非是要字好，只此是学。'既非要字好，又何学也？②[乃知古人随时随事只在心上学，此心精明，字好亦在其中矣。]"后与学者论格物，多举此为证。

【注】阳明先生的书法自成一家，关于其学书之师从，束景南先生认为是"怀素"："十八岁，在南昌，学怀素字，临怀素《自叙帖》于荼铛书斋。……按：阳明此书乃在洪都练习书法之作，'荼铛书斋'当是其外舅诸让之书斋。阳明居洪都一年有半载，日日练字，书法大进，即以此书为标志矣。观此书乃临苏本《自叙帖》，得怀素狂逸之气，尤可见阳明少时好佛、老，不仅学怀素狂逸之书，更学怀素狂逸之人。阳明后来将弘治五年至正德元年宦游京师所作诗文取名《上国游》，即本自怀素所谓'西游上国，谒见当代名公，错综其事'，可见怀素对阳明影响之深。"（《长编》第65—66页）

二年己酉，先生十八岁，寓江西。

十二月，夫人诸氏归余姚。

是年先生始慕圣学。

先生以诸夫人归，[舟]至广信，谒娄一斋谅，语宋儒格物[之学]，【且】谓"圣人必可学而至"，遂深契之。

---

① "书"，嘉靖本作"有"。
② "既非要字好，又何学也？"嘉靖本此句刻作："夫既不要字好，果何学耶？"注：嘉靖本与隆庆本此句大意并无不同，但语气细微处有所差别。

明年龙山公以外艰归[姚]，命从弟冕、阶、宫及妹婿牧相与先生讲析经义。先生日则随众课业①，夜则②搜取诸经子史读之，多至夜分。四子见其文字日进，尝愧不及，后知之曰："彼已游心举业外矣，吾何及也！"③先生接人故和易善谑，一日悔之，遂端坐省言。④四子未信，先生正色曰："吾昔放逸，今知过矣。"自后四子亦渐敛容。

【注】阳明祖父去世，王华奔丧回到余姚。守丧期间，阳明亦从父受学。⑤是年，阳明十九岁，"石谷吴伯通来任浙江提学副使，提督学政，阳明拜为门下士"。（《长编》第73页）这对阳明后来科举之路影响颇大。又，钱德洪《年谱》说牧相（字时庸）是王华的"妹婿"，束景南先生不以为然，考证曰："据《余姚上塘王氏宗谱》等记载，王华乃是以王臣之女适牧相。王华并无亲妹，钱德洪称牧相为'妹婿'不确。"（《长编》第71页）阳明先生二十岁时，"居秘图山王氏故居，受王华家教"。（《长编》第75页）是年"五月二十七日，一斋娄谅卒"。（《长编》第76页）

五年壬子，先生二十一岁，在越。
举浙江乡试。

---

① "先生日则随众课业"，嘉靖本作"先生日则业课"。
② "夜则"，嘉靖本作"每夜"。注：隆庆本前后用词"日则""夜则"，乃文字润饰之细处。
③ "四子见其文字日进，尝愧不及，后知之曰：'彼已游心举业外矣，吾何及也！'"嘉靖本作："四子见其文字大进，曰：'彼已游心举业外矣！'"注：隆庆本比嘉靖本多"尝愧不及，后知之"七个字，更加突出阳明的学业进步神速，这应当是钱德洪《年谱》所增加的润饰之辞。
④ "先生接人故和易善谑，一日悔之，遂端坐省言。"嘉靖本作："先生故善谑，久乃悔之，端坐省言。"注：隆庆本曰"一日悔之"，不如嘉靖本"久乃悔之"更贴合人情。
⑤ 束景南先生指出："竹轩卒在十二月岁末，至次年正月讣至京，王华奔丧归。按，竹轩始疾在十一月，阳明乃是闻竹轩疾遂自南昌归余姚，居秘图山王氏故居（时瑞云楼已租赁于钱蒙），当亲侍竹轩翁疾也。"（《长编》第69页）束先生又曰："王华早年微时多任子弟师，童蒙课业。是次丁艰归余姚，守丧之余，实即设教课督王氏宗人子弟，讲经论学，习举业。阳明自是居秘图山王氏故居受王华家教，课业三年，收敛身心，乃在弘治五年举乡试矣。"（《长编》第71页）

是年场中夜半见二巨人，各衣绯绿，东西立，自言曰："三人好作事。"忽不见。已而先生与孙忠烈燧、胡尚书世宁同举。其后宸濠之变，胡发其奸，孙死其难，先生平之，咸以为奇验。

【注】 是年八月，阳明在浙江杭州参加乡试中举，为第六名。（《长编》第78页）束景南先生指出："弘治五年，浙江乡试录取举人较少，然多与阳明关系密切。"（《长编》第80页）

[是年为宋儒格物之学。]

先生始侍龙山公于京师①，偏求考亭遗书读之。一日思先儒②谓"众物必有表里精粗，一草一木，皆涵至理"，【不可不察。】官署中③多竹，即④取竹格之；沉思其理不得，遂遇疾。先生自委圣贤有分，乃随世就辞章之学。⑤

明年春，会试下第，[缙绅知者咸来慰谕。]宰相李西涯【东阳】戏曰："[汝今岁不第，]来科必为状元，试作《来科状元赋》。"⑥先生悬笔立就。诸老惊曰："天才！天才！"[退有忌者曰："此子取上第，目中无我辈矣。"]

[及]丙辰会试，竟为忌者所抑。同舍有以不第为耻者，先生慰之曰："世以不得第为耻，吾以不得第动心为耻。"识者服之。[归余姚，结诗社龙泉山寺。致仕方伯魏瀚平时以雄才自放，与先生登龙山，对弈联诗，有佳句辄为先生得之，乃谢曰："老夫当退数舍。"]

---

① "先生始侍龙山公于京师"，嘉靖本作"先生始在京师"。
② "一日思先儒"，嘉靖本作"因思先儒"。注：隆庆本再次用"一日"之词（此前用"一日悔之"），似乎在夸大阳明觉悟之神秘性。
③ "官署中"，嘉靖本作"官署前"。注：事实上要么是官署"中"，要么是官署"前"，待考实。
④ "即"，嘉靖本作"乃"字。
⑤ "沉思其理不得，遂遇疾。先生自委圣贤有分，乃随世就辞章之学。"嘉靖本此两句作："苦求其理不得，病作而止，乃贬志为辞章之习。"注：隆庆本多"先生自委圣贤有分"之语。
⑥ 嘉靖本此两句刻作："明年春，会试下第，宰相李西涯东阳戏呼为来科状元，且曰：'试以吾言作赋。'"隆庆本多"缙绅知者咸来慰谕"等内容，比较而言，嘉靖本之叙述更为平实。

【注】 钱德洪云"归余姚",但其时间不明。束景南先生考证为"弘治九年秋九月",且曰:"时刘大夏任户部左侍郎,石珤任检讨(成化二十三年进士),顾清任编修(弘治六年进士),均与王华关系密切。顾清诗明确云阳明'还余姚',当是归居余姚秘图山王氏故居,盖其时绍兴新居尚未落成,然则阳明是次归余姚,必是为移家绍兴事也。"(《长编》第109页)

十年丁巳,先生二十六岁,寓京师。

【注】 这一年,阳明还从余姚到绍兴,游兰亭,访王羲之故居,秋后便搬家到绍兴,自号"阳明山人"。①

是年先生学兵法。

当时边报甚急,朝廷推举将才,莫不遑遽。先生【兼】念武举之设,仅得骑射搏击之士,而不能收韬略统驭之才。于是留情武事,凡兵家秘书,莫不精究。每遇宾宴,尝聚果核列阵势为戏。

【注】 关于阳明军事才能如何开端、养成的问题,束景南先生指出与其渴望受到朝廷重用有关:"其时将才乏人,朝廷唯有起用王越为统驭之将,引起阳明关注,其留情武事,究习兵法,或即受朝廷起用王越之激发。二年后阳明上《陈言边务疏》,陈便宜八事,全仿倪岳,其中所陈兵法盖已在弘治十年究读兵书时形成,可见其《武经七书评》(实为读兵书之批语)、《历朝武机捷录》(实为读兵书之历史资料摘录)等,皆是在弘治十年以来读兵书、习兵法中写成。"(《长编》第137页)

---

①束景南先生曰:"三月,与行人秦文游绍兴兰亭,有诗唱酬。"(《长编》第126页)阳明有诗《兰亭次秦行人韵》:"十里红尘踏浅沙,兰亭何处是吾家?茂林有竹啼残鸟,曲水无觞见落花。野老逢人谈往事,山僧留客荐新茶。临风无限斯文感,回首天章隔紫霞。"(沈复灿《山阴道上集》,出自张元忭《兰亭遗墨》)(《长编》第127页)束先生指出:"阳明是次来兰亭实为寻访王羲之故居,十里踏沙寻访未得,不禁发出'兰亭何处是吾家'之叹。阳明是次为移家绍兴之事而来绍兴,由此更可见矣。……秋后,由余姚移家绍兴光相坊,遂自号阳明山人。"(《长编》第128页)

十一年戊午，先生二十七岁，寓京师。

【注】阳明从绍兴回到京师的时间，束景南先生认为当在八、九月，祭奠叔父王衮后，而钱德洪《年谱》所言"（弘治）十一年戊午，先生二十七岁，寓京师"，并不准确。束先生认为应是"弘治十二年"，当时"牧相、谢迪亦同中进士，疑阳明乃是与牧相、谢迪同赴京师"。（《长编》第144页）

是年先生谈养生。

【注】所谓阳明谈"养生"的具体所指，束景南先生认为就是指他修炼道教的"真空炼形法"，并是受到"尹真人"的影响，包括阳明曾自号"阳明山人"等，这段历史被钱德洪有意掩饰过去。①

先生自念辞章艺能不足以通至道，求师友于天下又不数遇，心持惶惑②。一日读晦翁上宋光宗疏，有曰："居敬持志，为读书之本；循序致精，为读书之法。"乃悔前日探讨虽博，而未尝循序以致精，宜无所得；又循其序，思得渐渍洽浃，然物理吾心终若判而为二也。③沉郁既久，旧疾复作，益委圣贤有分。

【注】隆庆本《年谱》中不止一次出现阳明"益委圣贤有分"的叙述，这是钱德洪所自加的说法。束景南先生指出，钱德洪《年谱》中所谓"益委圣贤有分"，实指阳明不信儒家"圣贤之学"，而信道家修炼之术；所谓"不足以通至道"，实指阳明不信儒家圣贤之道，而信道家之道术。故阳明所以"益委圣贤有分"，乃是因其沉迷佛道之故，非是因读宋儒书无无所得

---

① 束先生曰："钱德洪叙阳明早年耽迷道教修炼多有意隐晦不露，含混不明。如此所云'道士'，实为尹真人；所云'养生'，实指道教'真空炼形法'修炼；所云'遗世入山'，实即入阳明洞修炼也。盖阳明其时方移家绍兴，入阳明洞修真空炼形法，恰当修炼百日有得，自必急于往见尹真人，交流修炼心得。阳明乃是以'阳明山人'之弟子身份往金陵见尹真人，以阳明其时落第归山之处境言，此一能说动阳明遗世入山修炼之'道士'，亦非尹真人莫属也。钱德洪皆有意隐去其人其时其地其事，使人看了莫名所以。"（《长编》第142页）
② "心持惶惑"，嘉靖本作"徨惑靡定"。
③ "乃悔前日探讨虽博，而未尝循序以致精，宜无所得；又循其序，思得渐渍洽浃，然物理吾心终若判而为二也。"嘉靖本作："乃悔前者未尝循序致精，渐渍洽浃，然物理与吾心终判为二。"

所致也。钱德洪于此皆含混言之，乃至将阳明"旧疾复作""物理、吾心终若判而为二"归因于读宋儒书，亦使人看了莫名所以。（《长编》第143页）

偶遇道士谈养生，遂有遗世入山之意。

【注】 此"道士"经束景南先生考证，即"尹真人"；所谓"养生"，指学"真空炼形法"。尹从龙《性命圭旨》利集载阳明《口诀》："闲观物态皆生意，静悟天机入窅冥。道在险夷随地乐，心忘鱼鸟自流行。"束先生指出："阳明乃是向尹真人学真空炼形法，而《口诀》一诗正为阳明山中静坐修真空炼形法之体验记录。《性命圭旨》著录此《口诀》诗，揭开了阳明早年向尹真人学道修仙之千古之谜。"（《长编》第111—112页）又，阳明因在"阳明洞"中修炼，人称"阳明先生"。其实他先自号为"阳明山人"，而"所谓阳明洞天，大而言之指会稽诸山之总名，可称其在会稽山中；小而言之指宛委山中一石罅。阳明所居之阳明洞，即此石罅也。盖此洞处于会稽山与宛委山两山交界之中，故既可称阳明洞在会稽山，又可称其在宛委山中，古人本难定指也。……关于阳明何时自号阳明山人，向来不明。今人皆据钱德洪《阳明先生年谱》记弘治十五年阳明告病归越，筑室阳明洞中，行导引术，以为阳明自号阳明山人在弘治十五年以后，乃非。今按阳明弘治十二年所作《堕马行》即题'八月一日书，阳明山人'，弘治十四年所作《和九柏老仙诗》亦题'阳明山人王守仁识'，足证阳明当是弘治十年移家绍兴后即自号阳明山人。盖其时阳明方向尹真人学得真空炼形修行法，移家绍兴后便首先要寻访一修炼洞天，故其在冬间多次往游会稽山，遂相中阳明洞，修炼其中，而自号阳明山人矣。由此可见阳明筑室阳明洞修炼始于弘治十年，断非弘治十五年。钱德洪于《年谱》中只言及阳明弘治十五年筑室阳明洞中修炼，给后人造成错觉，遂使误说流传至今"。（《长编》第130—131页）束景南先生又指出，阳明于岁暮大雪时，屡往游会稽山，寻访阳明洞，"阳明何以在寒冬冒大雪、踏冰磴屡次上会稽山？唯一可解释之原因，即是上山寻访阳明洞，于洞中进行修炼"。（《长编》第135—136页）

十有二年己未，先生二十八岁，在京师。

【注】 这一年，阳明写成《武经七书评》（此书的流传、刊刻情况，详见本注后所引束景南先生的考证），此书为其兵法学习、研究笔记，对于后来上疏论用兵之事，以及运用军事管理的方法督造王越坟等，均有助益。关于兵法类的著述，除《武经七书评》之外，阳明还有《兵志》《阳明兵策》等。① 在京师这段时间以词章与李东阳等人互相唱和交游，阳明自称为"上国游"，《王阳明全集》中有一卷诗文集《上国游》，即阳明与茶陵派、"前七子"诗人的唱酬之作。"上国游"一语，出自怀素的"西游上国"之句，可见其所受怀素之影响。②

---

① 束景南先生指出："《武经七书评》实为阳明早年学兵法、读兵书所作笔记批语，即兴评批而成。前考阳明于弘治十年始学兵法，至弘治十二年已学兵法有成，其五月上《陈言边务疏》实主要论兵战之事，故疏中多引'兵法曰'，可见阳明对兵书兵法已非常熟谙；至八月督造王越坟，遂能驭役夫以什伍法，驱演八阵图。大致可见阳明学兵法、读兵书主要在弘治十年至十二年之间，其《武经七书评》《兵志》《阳明兵策》等书皆作在其时。胡宗宪字汝贞，号梅林，绩溪人。此序作在嘉靖二十二年，时王正亿、王正宪犹在人世，所云'犹子龙川公'即指王正思。王正思为王衮次子王守信之长子，王正宪之兄，阳明之侄，号龙川，尝知建宁府，故称其'犹子二千石'。阳明于家书中多提及其人。《武经七书评》当是经王正宪存之余姚王守信家，王正思将此书赠胡宗宪，后为鹿门茅坤所得，至天启年间刊刻，遂传于世。"（《长编》第180页）

② 束景南先生指出，（阳明）学古诗文辞章，与李东阳、李梦阳、何景明、顾璘、徐祯卿、边贡、乔宇、汪俊诸公以才名相驰骋，开始"上国游"时期。……湛甘泉所云"三溺于辞章之习"，即指阳明弘治十二年至正德元年（前后八年）在京学古诗文、与茶陵派及"前七子"辈以诗文相驰骋之时，即阳明自谓"上国游"之时期也。（《长编》第156—157页）又，阳明自订稿名《上国游》，乃本自怀素《自叙》："然恨未能远睹前人之奇迹，所见甚浅。遂担笈杖锡，西游上国，谒见当代名公，错综其事，遗编绝简，往往遇之，豁然心胸，略无疑滞。""上国"者，京师也。青年阳明以怀素自许，将弘治十二年中举入仕赴京任职视为北游上国，在都下与当代名公游，与文士以才名相驰骋，直到正德元年（正德二年出京赴谪），阳明视此一段在京仕宦经历为自己生平之一次"上国游"，将此八年在京所作诗文汇编定名为《上国游》，从中清晰反映阳明从溺于"辞章之学"到归本"圣贤之学"之心路历程。今《王阳明全集》卷二十九中尚存《上国游》一卷，大致收录阳明自弘治十二年至正德元年在京所写诗文（按：兼收有若干弘治十二年以前在京所写诗文），然已残缺不全，阳明与茶陵派、前七子交游唱酬之作不可见，盖钱德洪嘉靖四十年刻录《上国游》时，稿已多散佚故。（《长编》第158页）

举进士出身。

是年春会试,举南宫第二人,赐二甲进士出身第七人,观政工部。

【注】 今存阳明会试卷及其考官评语,包括林廷玉、刘春、程敏政、李东阳等,其中李东阳为阳明"上国游"时之友人。阳明会试卷论题以《礼记》为中心,考官评语多肯定阳明之作在立意、说理、措辞、文气等方面颇有独到之处,是一篇难得的佳作。①钱德洪《年谱》中说阳明"赐二甲进士出身第七人",其中"第七人"之说有误,详见束景南先生的考证。②而阳明先生之后被安排"观政工部"的具体任职,束景南先生指出:"当是试屯田司下典簿之职,故有督造王越坟茔、出使边徼视察军屯,及上《陈言边务疏》,于中专论边戍军屯之事,而阳明在《堕马行》中亦自称'滥名且任东曹簿'。"(《长编》第153页)束先生的考证可备参考。

疏陈边务。

【注】 阳明"疏陈边务"的时间,应当在夏季,先于其督造王越坟,束景南先生指出,此事的时间,钱德洪《年谱》、黄绾《阳明先生行状》、《明史·王守仁传》都记错了。③

先生未第时,尝梦威宁伯遗以弓剑。是秋,钦差督造威宁伯王越坟,驭役夫以什伍法,休食以时,暇即驱演"八阵图"。事竣,威宁家以金帛谢,

---

①束景南先生按语:阳明是会试卷下有多名考官批语:同考试官都给事中林廷玉批:"近时经生率以此礼乐为造化自然,恐但云礼乐,便涉制作上说;不然,则敦和别宜,造化岂自敦且别邪?此作是也。"同考试官修撰刘春批:"作此题者,多体认欠明,徒务敷演,浮冗可厌,盖时习之弊也。是卷说理措辞精深典雅,而其气充然,岂拘拘摹仿之士哉!"考试官学士程敏政批:"究本之论,涉造化处便难楷笔。若辞理溢出类此篇者,鲜矣。"考试官大学士李东阳批:"邕达无滞,《乐记》义仅得此耳。"(《长编》第147页)
②束景南先生考证:"据《明清进士题名碑录索引》,阳明为二甲第六名。《明清进士录》谓'二甲二十六名进士',亦误。"(《长编》第145页)
③束景南先生指出:"钱德洪《阳明先生年谱》将阳明上《陈言边务疏》叙在阳明往浚县督造王越坟之后,定阳明上《陈言边务疏》在十月间,乃误(黄绾《阳明先生行状》、《明史·王守仁传》误同)。按《陈言边务疏》明云'北地多寒,今炎暑渐炽,房性不耐',显可见此疏上在夏五月,断不可能上在冬十月。"(《长编》第167页)

不受；乃出威宁所佩宝剑为赠，适与梦符，遂受之。时有星变，朝廷下诏求言，及闻达虏猖獗，先生复命上边务八事，言极剀切。①

【注】 这一年七月，阳明先生骑马坠伤，李东阳多来探望，所以阳明作《堕马行》倡和。而据束景南先生考证，阳明先生之《堕马行》，几乎全部抄袭邵珪的《堕马歌》，匪夷所思。束先生怀疑其中原因是这次阳明先生堕马之经历与处境，与邵珪最为相似，故乃仿邵珪《堕马歌》而作《堕马行》，少变其句，抄赠李士实。（《长编》第 172—173 页）这次骑马坠伤，对阳明先生身体造成很大伤害。这一年的八月，阳明先生赴浚县督造威宁伯王越坟，束景南先生考证出李堂有诗送之。而所谓阳明曾经梦到王越赠送弓剑之事，未必真有其事。②嘉靖本《年谱》中提到阳明先生在督造王越坟时"细询王用兵之详，遂以什伍法驭役夫，休食以时，得毕事，其家以金帛谢"，可见阳明在这段时间还通过王越后人，学习其"用兵"之法，并即刻付诸督役造坟的实践，取得成功。

十有三年庚申，先生二十九岁，在京师。
授刑部云南清吏司主事。

十有四年辛酉，先生三十岁，在京师。
奉命审录江北。

---

① 嘉靖本此段刻作："未第时，尝梦王威宁以弓剑为赠。至秋，遣造威宁公坟，既得，细询王用兵之详，遂以什伍法驭役夫，休食以时，得毕事，其家以金帛谢，不受；比出威宁所佩宝剑，适与梦符，遂受之。是时星变，达虏猖獗，朝廷下诏求言，复命，上边务八事，言极剀切。"与隆庆本多处不一致。
② 束景南先生引徐昌祚《新刻徐比部燕山丛录》卷四中记载："王太保越督三边，密疏哈密事，逾月不下，忧其计泄，得疾薨。属其子曰：'吾剑得之梦中，留此无益。王守仁来谒墓，当授之。其人功业当过于我。'有顷卒。守仁时为礼部郎，果以谕葬至。其子吝，弗予剑。后新建果立大功。"据此，束先生指出：所谓阳明梦剑受剑恐皆妄造不实之事。（《长编》第 173 页）

先生录囚，多所平反。事竣，遂游九华，作《游九华赋》，宿无相、化城诸寺。是时道者蔡蓬头善谈仙，待以客礼，请问。蔡曰："尚未。"有顷，屏左右，引至后亭，再拜请问。蔡曰："尚未。"问至再三，蔡曰："汝后堂、后亭礼虽隆，终不忘官相。"一笑而别。闻地藏洞有异人，坐卧松毛，不火食，历岩险访之。正熟睡，先生坐傍，抚其足。有顷，醒，惊曰："路险，何得至此！"因论最上乘，曰："周濂溪、程明道是儒家两个好秀才。"后再至，其人已他移，故后有"会心人远"之叹。

【注】《阳明先生年谱》"集要本"有评语"道者真是异人"，原道本同。详见《王阳明年谱11种对校表（3）》。

十有五年壬戌，先生三十一岁，在京师。

【注】 这段时间在京师，阳明通过友人吴世忠，开始接触到陈献章其人其学，并对白沙之学产生极大研究兴趣，使得阳明从"辞章之学"转到圣贤正学。①这对我们探究阳明先生的思想转变轨迹颇为重要。

八月，疏请告。

是年，先生渐悟仙、释二氏之非。

【注】 隆庆本（即钱德洪《年谱》）中的"是年，先生渐悟仙、释二氏之非"为黑底白字，着重标示。然而束景南先生指出这是钱德洪之"尤误"：阳明不仅不是渐悟二氏之非，而是更进一步地沉溺到神仙、禅佛之习。②这是阳明学界的一个重要新观点，很值得注意。"集要本"对此事赞阳明先生"真正法眼"，且有评点："不为异道所惑，非大智不能。"可见其

---

①束景南先生指出："阳明在京任职，与吴世忠倾心相交，必知吴世忠举荐白沙与朝廷将起用白沙之事，关注白沙其人。阳明对白沙学之倾仰注目即从此始，其后阳明究心阅读白沙著作，乃至对白沙之学有崇高评语，推动阳明由'辞章之学'归正于'圣贤之学'矣。"（《长编》第182页）
②束景南先生指出："是年阳明乃悟陷溺'词章之学'之非（观上下文意可知），钱德洪竟谓'是年，先生渐悟仙、释二氏之非'，尤误。盖是年阳明先是往茅山访道，归越后，更陷溺于神仙禅佛之习矣，此即湛甘泉言其'三溺于辞章之习，四溺于神仙之习，五溺于佛氏之习'也。"（《长编》第231页）

延续钱德洪"渐悟仙、释二氏之非"的说法。至于此时阳明"乃悟陷溺'词章之学'之非",不为无用之虚文,这是毫无疑问的。

先是五月复命,京中旧游俱以才名①相驰骋[,学古诗文]。先生叹曰:"吾焉能以有限精神,为无用之虚文也!"遂告病归[越],筑室阳明洞中,行导引术。久之,遂先知。②一日,[坐洞中,]友人王思舆等四人来访,方出五云门,先生即命仆迎之,且历语其来迹。仆遇诸途,与语良合。众惊异,以为得道。③久之悟曰:"此簸弄精神,非道也。"又屏去。已而静久,思离世远去,④惟祖母岑与龙山公在念[,因循未决]。久之,又忽悟曰:"此念生于孩提。此念可去,是断灭种性矣。"

【注】 阳明先生在洞中修炼之"行导引术"的详细情况,可参看其《坐功》诗,束景南先生认为此"导引术"即源于尹真人的"真空炼形法"。⑤阳明行导引术的成效,隆庆本作"久之,遂先知",而嘉靖本作"未几,即前知",隆庆本似乎更有"陷溺"仙术之意,而嘉靖本突出阳明先生悟性之高。

明年遂移疾钱塘西湖,复思用世。往来南屏、虎跑诸刹,有禅僧坐关三年,不语不视,先生喝之曰:"这和尚终日口巴巴说甚么!终日眼睁睁看甚么!"僧惊起,即开视对语。先生问其家。对曰:"有母在。"曰:"起念

---

① "才名",嘉靖本作"古文"。
② "久之,遂先知",嘉靖本作"未几,即前知"。
③ "先生即命仆迎之,且历语其来迹。仆遇诸途,与语良合。众惊异,以为得道。"嘉靖本作:"先生仆已往迎,能道来迹,众惊异。"
④ "已而静久,思离世远去",嘉靖本作"已而思离世累"。
⑤ 阳明先生《坐功》诗云:"春嘘明目夏呵心,秋呬冬吹肺肾宁。四季常呼脾化食,依此法行相火平。"束景南先生指出:"阳明生平好静坐习定,调息吐纳,运气导引,其法盖源于尹真人之'真空炼形法'。此诗所谓'坐功',即指阳明静坐导引、真空炼形之功业。盖阳明以为致知存乎心悟,而心悟来自心静,以为'君子之学,贵于得悟……入悟有三:有从言而得者,有从静而得者……得于静坐者,谓之澄悟,收摄保聚'(《西园闻见录》卷七)。……此《坐功》诗,则为阳明在阳明洞中行导引、勤修炼、习伏藏之真实写照矣。"(《长编》第237页)

否？"对曰："不能不起。"先生即指[爱亲]本性谕之，僧涕泣谢。明日问之，僧已去矣。①

【注】此事在弘治十六年（1503），阳明三十二岁，"文钞本"与"年纪本"均单列条目。阳明于三十二岁时归隐阳明洞，非欲真隐，而是"非独以当时敛晦，亦以吾学未成"，故初打算归居数年，待学成再出仕，其间作有《四皓论》。②阳明先生原在洞中修道养病，为何忽又移身去钱塘？其中的原因向来不得其详，束景南先生认为邹守益、湛甘泉"溺于佛氏之习"的说法是对的。③并且，束先生指出："阳明以禅机喝悟坐僧事发生在虎跑寺，钱德洪谓此事表明阳明已悟释氏之非，后人皆从其说，认为此事证明阳明在杭

---

① "明日问之，僧已去矣"，嘉靖本作"明日遂返其家"。
② 束景南先生指出："《四皓论》可视为阳明对自己两年归隐生活之总结，借史有感而发。盖阳明以为真隐者不出（如都维明），出者必非真隐（如都穆）。阳明归居是为学成，并非真隐，故当晦又出，复思用世。阳明自认是非真隐者，一则是对自己当晦复出之自讽，二则亦是对自己不得归居讲学倡道之愤激之言也。"（《长编》第298页）
③ 束景南先生指出，钱德洪含混谓"遂移疾钱塘西湖，复思用世"云云，其回护阳明，掩饰其师逃禅、溺于佛氏之习，显然可见。邹守益明确谓"玩释典。明年，移疾西湖"，已明确道出阳明移疾钱塘真因。湛甘泉更明确谓阳明移疾钱塘是"溺于佛氏之习"；筑室阳明洞中行导引术是"溺于神仙之习"，移疾钱塘是"溺于佛氏之习"；筑室阳明洞是"逃仙"，移疾钱塘是"逃禅"；弘治十六年至正德元年为阳明"五溺于佛氏之习"之时，而移疾钱塘则是其"五溺于佛氏之习"之始矣（此前耽好仙道）。湛甘泉于此所述了了分明，足以揭开阳明远移钱塘养疴之谜。钱塘乃东南佛国，阳明在悟佛家"种性"之说与觉仙家道术为"非道"以后，自必向往东南佛国，不惜弃近就远，赴钱塘习禅养疴也。（《长编》第258页）

已悟佛说之非，可谓大误至极。"①束先生此说发人所未发，对钱德洪《年谱》此处有"大误至极"的批评。以嘉靖本记"阳明洞修行而前知"突出阳明先生极高悟性来看，所谓"虎跑寺呵僧"之事，或如束先生观点，实为先生打通儒、释之学说。

十[有]七年甲子，先生三十三岁，在京师②。

秋，主考山东乡试。

【注】 这次阳明先生作为山东乡试的主考，作有"程文范本"，束景南先生认为：其"程文范本"即《山东乡试录》，明以来乃将考试官所拟作者称为"程文"，举子所作者称为"墨卷"（参见顾炎武《日知录》卷十六《程文》、赵翼《陔余丛考》卷二十九《程文墨卷》）。阳明以主考官拟作此二十篇程文，当名《山东乡试程文》为确，题为《山东乡试录》未当，则与《弘治十七年山东乡试录》一书相混致误。今人遂皆以为此二十篇程文非阳明所作，新编本《王阳明全集》竟从《王文成公全书》卷三十一下中将此《山东乡试录》（二十篇）取出，作为"附录"移入卷二十二中，乃大误至

---

①束先生指出：弘治十六年阳明移疾钱塘，正是其"溺于佛氏之习""逃禅"达于高潮之际，何来"渐悟仙、释二氏之非"？阳明分明是以"种性"说喝悟坐僧，乃是禅师说禅悟禅之常用手法，表明阳明已学禅说禅到家。种性者，佛家之根本说也。《楞伽经》二："一圣种性，三乘圣者证涅槃之种也。"《唯识论》九："大乘二种种性。一本性住种性，谓无始来依附本识，法尔所得无漏法因。"以种性为证涅槃之种，故种性者，即如来藏佛性也。阳明先在阳明洞中已证悟"念亲"与"种性"合（以佛说儒），谓"此念（按：念亲）生自孩提。此念可去，是断灭种性矣"；移疾钱塘后，遂以"念亲"与"种性"合之说喝悟坐僧，谓"此念（按：念亲），人之种性。若果可断，寂灭种性矣"。二者一脉相承，如出一辙。阳明用佛家"种性"说自悟与用佛家"种性"说喝悟坐僧，显示了阳明在杭学佛逃禅，证悟佛家种性说、佛性说所达之新境界、新高度，正是其"溺于佛氏之习"达到高潮之标志。钱德洪回护其师溺于佛习，乃含混用"先生即指爱亲本性谕之"掩饰之；邹守益回护其师溺于佛习，妄加一句"吾儒与二氏毫厘之异，止在此"，要非阳明本旨也。阳明显以此事证儒说与佛说合（念亲与种性合），绝非认为儒说与佛说异，邹说显误。（《长编》第264页）

②"在京师"，嘉靖本作"在越"。

极。①关于这个问题，学者们有不同意见。吴光等编校的《王阳明全集》与《王阳明全集(重编本)》，判定其中的《山东乡试录》非皆王守仁所作，彭鹏先生作有论文《〈山东乡试录〉非出于王阳明之手辨》，以及詹康作有《从王守仁作〈山东乡试录〉谈明代乡会试录的作者问题》，均可参看，多闻阙疑。束先生认为："阳明二十篇程文，为阳明早年之代表著作，是了解阳明早期思想最宝贵之资料，意义重大。阳明意在借作此二十篇程文，对自己早年思想作一总结，二十篇程文是对阳明早年思想体系之系统概括，阳明弘治中所达到之思想高度，其由'溺于佛、老之习'归本于'圣贤之学'之思想演进，皆从此二十篇程文中可见矣。"(《长编》第304页)张克伟先生有论文《从〈山东乡试录〉看王阳明的兼济思想及万物一体精神》，可知他主张《山东乡试录》为阳明所作，但我们一般认为"万物一体"是阳明晚期思想，而束景南先生总结说《山东乡试录》的二十篇程文代表其早期思想，两者或有矛盾之处，值得进一步深入探究。

巡按山东监察御史陆偁聘主乡试，试录皆出先生②手笔。其策问议国朝礼乐之制：老、佛害道，由于圣学不明；纲纪不振，由于名器太滥；用人太急，求效太速；及分封、清戎、御夷、息讼，皆有成法。[录出，人占先生经世之学。]

【叙略有曰："山东，古齐、鲁、宋、卫之地，而吾夫子之乡也。尝读夫子《家语》，其门人高弟大抵皆出于齐、鲁、宋、卫之间，固愿一至其地，以观其山川之灵秀奇特，将必有如古人者生其间，而吾无从得之也。今年为弘治甲子，天下当复大比。山东巡按监察御史陆偁辈，以礼与币来请守仁为考试官。而守仁得以部属来典试事于兹土，虽非其人，宁不自庆其遭

---

① 束景南先生指出，《王文成公全书》卷三十一下所载《山东乡试录》，共收文二十篇（十三篇经义，一篇论，一篇表，五篇策问），实为阳明是次主考山东所作程文范本，题自拟，文自作，盖在为乡举考试立式示范，供举子揣摩学习。明以来科举考试官有拟作程文之习。所谓"程文"，为科举考试用作示范之文，应试者须依此程式作文。(《长编》第302—303页)
② "先生"，嘉靖本作"其"。

际。又况夫子之乡，固其平日所愿一至焉者，而乃得以尽观其所谓贤士者之文而考校之，岂非平生之大幸欤？虽然，亦窃有大惧焉。

"夫委重于考校，将以求才也。求才而心有不尽，是不忠也。心之尽矣，而真才之弗得，是弗明也。不忠之责，吾知尽吾心尔矣。不明之罪，吾终且奈何哉？盖昔者夫子之时，及门之士尝三千矣，身通六艺者七十余人。其尤卓然而显者，德行、言语，则有颜、闵、予、赐之徒；政事、文学，则有由、求、游、夏之属。今所取士，其始拔自提学副使陈某者，盖三千有奇，而得千有四百。既而试之，得七十有五人焉。呜呼，是三千有奇者，皆其夫子乡人之后进，而获游于门墙者乎？是七十有五人者，其皆身通六艺者乎？夫今之山东，犹古之山东也，虽今之不逮于古，顾亦宁无一二人如昔贤者？而今之所取，苟不与焉，岂非司考校者不明之罪欤？

"虽然，某于诸士亦愿有言者。夫有其人而弗取，是诚司考校者不明之罪矣。司考校者以是求之，以是取之，而诸士之中，苟无其人焉以应其求，以不负其所取，是亦诸士者之耻也。虽然，予岂敢谓果无其人哉？夫子尝曰：'鲁无君子者，斯焉取斯。'颜渊曰：'舜何人也？予何人也？有为者，亦若是。'夫为夫子之乡人，苟未能如昔人焉，而不耻不若，又不知所以自勉，是自暴自弃也，其名曰不肖。夫不肖之与不明，其相去何远乎？然则司考校者之与诸生，亦均有责焉耳矣。嗟夫！司考校者之责，自今不能以无惧，而不可以有为矣。若夫诸士之责，其不能者，犹可以自勉，而又惧其或以自画也。诸士无亦曰：吾其勖哉！无使司考校者终不免于不明也。斯无愧于是举，无愧于夫子之乡人也矣。"】

九月，改兵部武选清吏司主事。

十[有]八年乙丑，先生三十四岁，在京师。

是年先生门人始进。

学者溺于词章记诵，不复知有身心之学①。先生首倡言之，[使人先立必为圣人之志。]闻者[渐觉]兴起，【久之，】有愿执贽及门者。至是，专志授徒[讲学]。然师友之道久废，咸目以为立异好名，惟甘泉湛先生若水时为翰林庶吉士，一见定交[，共以倡明圣学为事]【，为莫逆】。

【注】 此"身心之学"即圣贤之学，表明阳明彻底摆脱"溺于词章之习"，归于正学。阳明立程颢语"人于外物奉身者，事事要好，只有自家一个身与心却不要好；苟得外物好时，却不知道自家身与心已自先不好了也"为座右铭，这表明"阳明已由词章之学转向身心之学（心性之学）"。李侗所谓"默坐澄心，体认天理"云云，便是其时阳明身心之学（心性之学）之根本观点。束景南先生指出，阳明与甘泉两人都对白沙之学（默坐澄心，体认天理）有所吸收，但后来的思想发展走向有所不同，阳明走向"心观静坐"，甘泉走向"随处体认"。②关于钱德洪《年谱》中所谓"一见定交"的说法，束先生并不认可，他指出："阳明与甘泉相识定交是一回事（在弘治十八年），与甘泉共定圣学、共倡圣学又是一回事（在正德元年），钱、黄、邹将二事混一叙述，不确。"（《长编》第366页）束先生此说更为细致，合乎情理。"图谱本"（即《王阳明先生图谱》）认为这一年徐爱受学。

武宗正德元年丙寅，先生三十五岁，在京师。

二月，上封事，下诏狱，谪龙场驿驿丞。

---

① "不复知有身心之学"，嘉靖本作"不知身心之学为何等"。
② 束景南先生按语指出，甘泉湛若水亦正以"默坐澄心，体认天理"为其"圣学"（心性之学）之根本观点，而本自陈白沙，由此不仅可见湛甘泉之"体认天理"原来源自李侗，而且更可见湛甘泉与阳明共倡圣学原来有共同思想认识基础：即皆主白沙之"默坐澄心，体认天理"。只是后来二人学脉分道扬镳，阳明沿"默坐澄心"发展走向"心观静坐"，而甘泉则沿"体认天理"发展走向"随处体认"。阳明后来好静坐（如同李侗），亦受白沙影响也。（《长编》第360页）

【注】 关于阳明先生此次上疏的时间和获罪原因，束景南先生均有新说，他指出："阳明上疏下狱当在十一月中旬也。阳明是次上疏，后人多以为是奏劾刘瑾，乃误。"①而且，阳明获罪的根本原因，在于得罪了明武宗，而阳明上此疏之最初真实动因，乃在援救姑父牧相，此一事实后亦被掩盖。

[是时]武宗初政，奄瑾窃柄。南京科道戴铣、薄彦徽等以谏忤旨，逮系诏狱。先生[首]抗疏救之，其言："君仁臣直。铣等以言为责，其言如善，自宜嘉纳；如其未善，亦宜包容，以开忠谠之路。[乃]今赫然下令远事拘囚，在陛下不过少示惩创，非有意怒绝之也。下民无知，妄生疑惧，臣切惜之！自是而后，虽有上关宗社危疑不制之事，陛下孰从而闻之？陛下聪明超绝，苟念及此，宁不寒心？伏愿追收前旨，使铣等仍旧供职，扩大公无我之仁，明改过不吝之勇；圣德昭布，远迩人民胥悦，岂不休哉？"疏入，亦下诏狱。已而廷杖四十，既绝复苏。寻谪贵州龙场驿驿丞。

【注】 阳明所受杖刑地点与程度，有不同说法。钱德洪《年谱》是说"廷杖四十"，束景南先生则指出，是年十二月二十一日，阳明出狱，于"午门前杖三十"，故"钱德洪《阳明先生年谱》云'下诏狱，已而廷杖四十，既绝复苏。邹守益《王阳明先生图谱》云'下于狱，矫诏廷杖五十，毙而复苏'，均非"。（《长编》第 388 页）由于撰述者的立场，隆庆本与图谱本《年谱》在阳明受杖刑的地点、程度上容有夸张。但无论如何，这次所受杖刑，以及此前的坠马受伤，都对阳明先生身体造成了很大损伤。

---

① 束景南先生按语：阳明上此疏大旨在乞宥言官戴铣、牧相诸人，无一语言及刘瑾，更无一语言及除权奸（按：题目中"去权奸"三字，疑是阳明后来所加），故《国榷》只言"疏救戴铣等，下狱"，《明武宗实录》只言"守仁具奏救之"，并无乞去权奸刘瑾之事。观阳明此疏矛头所指，不是刘瑾，而是武宗，直指君过，全疏反复指陈武宗阙失，谓其"赫然下令，远事拘囚"，"使陛下有杀谏臣之名"，撄触龙鳞，犯了谏官大忌，卒受下狱重罚。可见械系南京言官入京及下阳明锦衣狱者，实是武宗，而非刘瑾，后人为帝讳，皆加之刘瑾也。（《长编》第 385 页）

【《狱中读易》 囚居亦何事？省愆惧安饱。瞑坐玩羲易，洗心见微奥。乃知先天翁，画画有至教。包蒙戒为寇，童牿事宜早。蹇蹇匪为节，虩虩未违道。遯四获我心，蛊上庸自保。俯仰天地间，触目俱浩浩。箪瓢有余乐，此意良匪矫。幽哉阳明麓，可以忘吾老。】

【《别湛元明》 静虚匪虚寂，中有未发中。中有亦何有？无之即成空。无欲见真体，忘助皆非功。至哉玄化机，非子孰与穷！】

【注】 湛元明，即湛甘泉（字元明）。阳明先生此诗《别湛元明》中包涵重要的思想内容，探讨"静虚""虚寂""未发之中""空无""无欲"等本体与功夫的问题，这表明他与湛甘泉就"心性之学"深度切磋。此外，束景南先生指出：阳明于《别湛甘泉序》中述己生平思想学问之变，尤为重要，前人多未探其底蕴。阳明于此所言均实有所指，非徒泛泛之言，其乃明谓己思想学问有四变：八岁至二十八岁（成化十五年至弘治十二年），耽迷佛、老邪僻之说，即所谓"某幼不问学，陷溺于邪僻者二十年"；弘治十二年至弘治十七年，究心于佛、老之说，即阳明所谓"始究心于老、释"，甘泉所谓"溺于神仙之习""溺于佛氏之习"；弘治五年即耽于词章之学，至弘治十八年，由词章之学转向身心之学，即所谓"赖天之灵，因有所觉，始乃沿周、程之说求之，而若有得焉"；正德元年，归本于心性之学，即阳明所谓"晚得友于甘泉湛子，而后吾之志益坚，毅然若不可遏"，甘泉所谓"正德丙寅，始归正于圣贤之学"也。（《长编》第369页）

【《答乔白岩》 毫厘何所辨？惟在公与私。公私何所辨？天动与人为。遗体岂不贵？践形乃无亏。愿君崇德性，问学刊支离。毋为气所役，毋为物所疑。恬澹自无欲，精专绝交驰。博弈亦何事，好之甘若饴？吟咏有性情，丧志非所宜。非君爱忠告，斯语容见嗤。试问柴墟子，吾言亦何如？】

【《梦与抑之昆季》 起坐忆所梦，默溯犹历历。初谈自有形，继论入无极。无极生往来，往来万化出。万化无停机，往来何时息？来者胡为信？往

者胡为屈？微哉屈信间，子午当其窟。非子尽精微，此理谁与测？何当衡庐间，相携玩羲易。①】

二年丁卯，先生三十六岁，在越。

夏，赴谪至钱塘。②

先生至钱塘，瑾遣人随侦。先生度不免，乃托言投江以脱之。③

【注】 此"托言投江"之事束景南先生多有辨析，其言颇详，兹录其文："阳明何以要伪造投江自沉之现场，以及何以要逃遁武夷山，钱德洪说是因刘瑾遣人侦伺追杀，乃托言投江以远脱之，其说尤非。所谓刘瑾遣二校侦伺追杀乃阳明所自造，实无其事。按：是次因奏劾刘瑾而被罢、被贬、削籍者共五十余人，无一人发生刘瑾遣人侦伺追杀之事，何以独独阳明会有刘瑾遣人侦伺追杀之事？五十余名奏劾刘瑾者多是大官要员，其奏劾刘瑾态度激烈，锋芒毕露，最为刘瑾所疾恨；而阳明于其中乃是一态度最'温和'之小官，只不过是奏援戴铣、乞宥言官（主要为其姑父牧相）而已，事涉太监高凤，并未直接奏劾刘瑾，刘瑾岂能对其他五十余名激烈弹劾者不仇恨，独独仇恨阳明一人，遣人侦伺追杀？如李梦阳与阳明一同被谪出京，一路同行，李梦阳罪名比阳明大，刘瑾如何不遣人一一侦伺追杀李梦阳而却独遣人侦伺追杀阳明？……所谓刘瑾遣人侦伺追杀阳明为子虚乌有。盖正德元年中

---

① 此诗隆庆本《王文成公全书》作"梦与抑之昆季语，湛、崔皆在焉，觉而有感，因记以诗三首"，嘉靖本年谱选其中第二首。另外两首，其一为："梦与故人语，语我以相思。才为旬日别，宛若三秋期。令弟坐我侧，屈指如有为。须臾湛君至，崔子行相随。肴醴旋罗列，语笑如平时。纵言及微奥，会意忘其辞。觉来复何有？起坐空嗟咨！"其三为："衡庐曾有约，相携尚无时。去事多翻覆，来踪岂前知？斜月满虚牖，树影何参差。林风正萧瑟，惊鹊无宁枝。逖彼二三子，慇焉劳我思。"
② "夏，赴谪至钱塘"，嘉靖本作"冬赴龙场，是夏至钱塘"。束景南先生指出，阳明《南屏》诗中有云"春服初成"，显指暮春三月。而阳明《卧病静慈写怀》亦云"卧病空山春复夏"，可以确知阳明在三月至钱塘。钱德洪《阳明先生年谱》云"夏，赴谪至钱塘"，乃误。（《长编》第402页）
③ "先生度不免，乃托言投江以脱之"，嘉靖本作"久之微示以意，先生乃托言投江以脱之"。

发生过刘瑾遣人追杀太监王岳于临清之事（按：此为阉党内部争斗残杀），阳明便用来附会虚构刘瑾遣二军校侦伺追杀弹劾者之故事。实际阳明伪造投江自沉之现场，并非为逃脱刘瑾遣人侦伺追杀（按：刘瑾真的要追杀阳明，也断不会在杭州下手），而是为其不愿赴蛮夷谪地而欲远遁隐居避世而已。"（《长编》第425—426页）

因附商船，游舟山，偶遇飓[风]大作，一日夜至闽界。

【注】 关于阳明先生"游海遇仙"之事，束景南先生再次"打假"，他指出阳明虚构投江游海遇仙神话在当时已被湛甘泉识破，而阳明亦承认是自己虚构伪造。湛甘泉《阳明先生墓志铭》云："不死，谪贵州龙场驿……人或告曰：'阳明公至浙，沉于江矣。登鼓山之诗曰：海上曾为沧水使，山中又拜武夷君。有征矣。'甘泉子闻之，笑曰：'此佯狂避世也。'故为之作诗，有云：'佯狂欲浮海，说梦痴人前。'及后数年，会于滁，乃吐实。彼夸虚执以为神奇者，乌足以知公也哉！""佯狂避世""痴人说梦"，可谓是对阳明虚构游海遇仙说最好之定评。阳明实以屈原自比，学箕子披发佯狂，痴人说梦，造游海神话以避祸而已。（《长编》第422—423页）束先生以文献引证，令人信服。值得注意的是，阳明确实多以屈原自比，其诗作中多有源自《楚辞》的用词与典故。

比登岸，奔山径数十里，夜扣一寺求宿，僧故不纳。趋野庙，倚香案卧，盖虎穴也。夜半，虎绕廊大吼，不敢入。黎明，僧意必毙于虎，将收其囊；见先生方熟睡，呼始醒，惊曰："公非常人也！不然，得无恙乎？"①邀至寺。寺有异人，尝识于铁柱宫，约二十年相见海上；至是，出诗，有"二十年前曾见君，今来消息我先闻"之句。与论出处，且将远遁。其人曰："汝有亲在，万一瑾怒逮尔父，诬以北走胡、南走粤，何以应之？"因为

---

① 嘉靖本此段作："比登岸，巡海兵疑其状，奔山径数十里，扣一寺，寺故不纳暮客。计将趋寺旁野庙，自入虎穴，旦，利其遗囊为常。是夜，先生以饥疲，熟寝香案下。夜半，虎绕庙大吼，不敢入。僧闻虎，意快旦往见先生，以为既死，杖其足试之，先生始醒，僧惊曰：'公非常人！不然，能伏虎乎？'"与隆庆本多不一致处。

蓍，得《明夷》，遂决策返。先生题诗壁间曰："险夷原不滞胸中，何异浮云过太空？夜静海涛三万里，月明飞锡下天风。"因取间道，由武夷[而归]，【出铅山，访上饶，娄氏助其归。以】[时]龙山公官南京吏部尚书，[从鄱阳]往省。十二月返钱塘，赴龙场驿①。

【注】 这段时间围绕阳明先生许多神奇故事，束景南先生慧眼如炬、旁征博引，明确指出所谓沉江游海遇仙、驾飓风渡海、入破庙虎不食、遇异人授计等都是阳明自己所虚构出来的："阳明欲不赴贵州龙场谪地，决意远遁武夷隐居避世，于八月中旬制造投江自沉现场，即由钱塘沿富春江、兰江南下，七日至广信（此七日之行被阳明虚构为沉江游海遇仙、驾飓风渡海等神话经历）；由广信又七日至武夷（此七日之行被阳明虚构为入破庙虎不食、遇异人授计等神奇经历）；然后肩舆悠然入武夷山，探访九曲溪、武夷精舍、天游观道士，知武夷山亦非理想之世外隐遁之地，决计返归，题诗于天游观壁。遂于次日（九月初）离武夷由原路归，经建阳、广信、衢州、金华、芜湖，九月下旬抵南都，祝父王华寿。来途十四五日，归途二十余日。可见阳明此行，只是一次很平常之远游武夷山之行，其途中或亦遇艰辛，但断无有二校侦伺追杀、游海遇仙、驾飓风渡海、入虎穴不食之事。此一迷案终至全面破解，五百年来加在阳明身上之'神奇圣人'光轮可以去矣。"（《长编》第429—430页）

是时[先生与]学者讲授，虽[随地兴起]【多】，未【见】有[出身]承当[，以圣学为己任]者。[徐爱，]先生妹婿【徐曰仁首】[也，因先生将赴龙场，]纳贽北面②，奋然有志于学。爱与蔡宗兖、朱节同举乡贡，先生作《别三子序》以赠之。

---

① "赴龙场驿"，嘉靖本作"旋赴龙场"，其中一"旋"字，值得玩味。
② 束景南先生指出："徐爱何时师事阳明，自来说多不明。前考阳明与徐爱在弘治十七年已相识，徐爱正德元年即已入京来侍阳明，读书问学几一年。只其时在京尚未正式执弟子礼。至正德二年闰正月阳明离京赴谪，徐爱当一起陪侍阳明南归，至钱塘，则正式执弟子礼，起居共处，朝夕不离矣。"（《长编》第402页）

【略曰：自程、朱诸大儒没，而师友之道遂亡，六经分裂于训诂，支离芜蔓于辞章业举之习，圣学几于息矣。有志之士，思起而兴之，然卒徘徊咨嗟，逡巡而不振，因弛然自废者，亦志之弗立，弗讲于师友之道也。夫一人为之，二人从而翼之，已而翼之者益众焉。虽有难为之事，其弗成者鲜矣。一人为之，二人从而危之，已而危之者益众焉，虽有易成之功，其克济者，亦鲜矣。故凡有志之士，必求助于师友，无师友之助者，志之弗立、弗求者也。自予始知学，即求师于天下，而莫予诲也。求友于天下，而与予者寡矣。又求同志之士，二三子之外，邈乎其寥寥也！殆予之志有未立耶？盖自近年而又得蔡希颜、朱守中于山阴之白洋，得徐曰仁于余姚之马堰。曰仁，予妹婿也。希颜之深潜、守中之明敏、曰仁之温恭，皆予所不逮。三子者，徒以一日之长视予以先辈，予亦居之而弗辞。非能有加也，姑欲假三子者而为之证，遂忘其非有也。而三子者，亦姑欲假予而存师友之饩羊，不谓其不可也。当是时，其相与也，亦渺乎难哉。】

【徐爱《同志考序》曰："爱于丁卯夏，始得其家君命执弟子礼，于时门下亦莫予先者也。既而，是秋，山阴蔡希颜、朱守中来学，乡之兴起者多，而先生已赴谪所矣。爱尝问：'道心常为一身之主，而人心每听命，何如？'先生曰：'心一也，未杂于人谓之道心，杂以人伪谓之人心。人心得其正者即道心，道心之失其正者即人心，非有二也。程子谓人心即人欲，道心即天理，语若分析而意实尽。今谓道心为主，而人心听命，是二心也。天理、人欲不并立，安有天理为主，人欲又从而听命者？'"】

【《武夷次壁间韵》 肩舆飞度万峰云，回首浪波月下闻。海上真为沧水使，山中又遇武夷君。溪流九曲初谙路，精舍千年始及门。归去高堂慰垂白，细探更拟在春分。】

三年戊辰，先生三十七岁，在贵阳。
春，至龙场。

【是年，】先生始悟格物致知。

【注】 这就是著名的"龙场悟道"，束景南先生具体称其为"龙场之悟"，关于阳明所悟内容，束先生"一言以蔽之"，就是悟"朱学（理学）之非，觉陆学（心学）之是"之谓也。具体言之，"龙场之悟"包含三方面之"悟"：悟释、老二氏之非，立儒家"简易广大"之心学；悟朱子向外格物之非（求理于物），立古本《大学》向内格物、自求于心之旨（格心，吾性自足，天下之物本无可格）；悟朱子敬知双修、先知后行之非，立"知行合一"之教。（《长编》第536页）关于阳明先生在龙场所悟，钱德洪《年谱》高度概括为"始悟格物致知"，束先生说得更为具体，展开为三个方面，其中还包括悟释、老二氏之非，立儒家"简易广大"之心学。我们认为，在龙场阳明先生实现了一次思想的突破，发生了这次"质变"之后，其学说必定在很多个方向上表现出不同以往的特点，包括对儒家圣贤之学的坚定信仰，以及对先儒前贤著作、学说的新解等等。

龙场在贵州西北万山丛棘中，蛇虺魍魉，蛊毒瘴疠，与居夷人鴃舌难语，可通语者，皆中土亡命。旧无居，始教之范土架木以居。而瑾憾未已，自计得失荣辱皆能超脱，惟生死一念，尚觉未化①，乃为石墩【以】自誓[曰："吾惟俟命而已！"]

【注】 关于阳明先生"为石墩自誓"之事，束景南先生指出：钱德洪有意将"石廓"误改为"石墩"（不通，墩义为"度"），使人误认为是指石椁（石棺），后遂有阳明自造石棺，躺在石棺中体验生死感觉之怪说流传，可谓荒谬至极。（《长编》第482页）所谓"石廓"，大致就是一个四周为岩石的小洞穴，并非需要费时费力制作的石料棺材。

日夜端居澄默，以求静一；久之，胸中洒洒。而从者皆病，自析薪取水，作糜饲之②；又恐其[怀]抑郁，则与歌诗。又不悦，复调越曲，杂以诙

---

① "尚觉未化"，嘉靖本作"尚未能遣"。
② "自析薪取水，作糜饲之"，嘉靖本作"自析薪汲水，烹糜饲之"。

笑，始能忘其为疾病夷狄患难也。因念："圣人处此，更有何道？"①忽中夜大悟格物致知之旨，寤寐中若有人语之者，不觉呼跃，从者皆惊。②

【注】 阳明龙场"悟道"之后的行为描写，隆庆本有所夸饰，其文曰"不觉呼跃"，而嘉靖本作"不觉叫呼踊躅"。嘉靖本中有"踊躅"二字，有助于对阳明当时心境、状态作更深了解。

【自是，始有大悟。乃默记《五经》证之，因著《五经臆说》。夷俗多蛊，恶中土人，辄害之。初卜先生蛊神，神不许，命敬事之，于是夷人日来亲狎，以所居湫湿，乃伐木构龙冈书院，及寅宾堂、何陋轩、君子亭、玩易窝以居之。】

【先生《何陋记》有曰："昔孔子欲居九夷，人以为陋。孔子曰：'君子居之，何陋之有？'守仁以罪谪龙场，龙场，古夷蔡之外，于今为要绥，而习类尚因其故。人皆以予自上国往，将陋其地，弗能居也。而予处之旬月，安而乐之，求其所谓甚陋者而莫得。独其结题鸟言，山栖羝服，无轩裳宫室之观，文义揖让之缛，然此犹淳庞质素之遗焉。盖古之时，法制未备，则有然矣，不得以为陋也。夫爱憎面背，乱白黝，浚奸穷黠，外良而中蟊，诸夏盖不免焉。若是而彬郁其容，宋甫鲁掖，折旋矩矱，将无为陋乎？夷之人乃不能此。其好言恶詈，直情率遂，则有矣。世徒以其言辞物采之眇而陋之，吾不谓然也。始予至，无室以止，居于丛棘之间，则郁也。迁于东峰，就石穴而居之，又阴以湿。龙场之民，老稚日来视，喜不予陋，益予比。予尝圃于丛棘之右，民谓予之乐之也。相与伐木阁之材，就其地为轩以居予。予因而翳之以桧竹，莳之以卉药，列堂阶，辨室奥，琴编图史，讲诵游适之道略具。学士之来游者，亦稍稍而集。于是，人之及吾轩者，若观于通都焉。而予亦忘予之居夷也，因名之曰'何陋'，以信孔子之言。嗟夫！诸夏

---

① "圣人处此，更有何道"，嘉靖本作"圣人当之，或有进于此者"。嘉靖本用语似较优。
② "忽中夜大悟格物致知之旨，寤寐中若有人语之者，不觉呼跃，从者皆惊"，嘉靖本作"忽中夜思悟格物致知之旨，若有人语之者，寤寐中不觉叫呼踊躅，从者皆惊"。

之盛，其典章礼乐，历圣修而传之，夷不能有也，则谓之陋固宜。于后蔑道德而专法令，搜抉钩棼之术穷，而狡匿谲诈无所不至，浑朴尽矣。夷之民方若未琢之璞，未绳之木，虽粗砺顽梗，而椎斧尚有施也，安可以陋之？斯孔子所谓'欲居'也欤？"】

【自是，始有大悟，】[始知圣人之道，吾性自足，向之求理于事物者误也。]乃[以]默记《五经》[之言]证之，[莫不吻合，]因著《五经臆说》。

【注】《五经臆说》的全文今不复可见，但其中的《论元年春王正月》条，束景南先生认为是阳明"龙场之悟"之"始笔"，"后阳明将此文作了删改，隐去真意，收入《五经臆说》中。然阳明后卒焚《五经臆说》其书而不焚《论元年春王正月》其文，可见阳明如此看重不废《论元年春王正月》，盖因此文有悟道批朱之真意在也。故阳明此《论元年春王正月》非唯是破解其'龙场悟道'之谜之宝钥，亦是破解其《五经臆说》之谜之宝钥也"。（《长编》第507页）又，束景南先生指出，阳明《五经臆说》乃是其"龙场之悟"之产物，即悟朱学之非而作《五经臆说》，书中所批评之"世之儒者""先儒"，即指朱熹，其后来终于未敢将此书刊刻行世而卒付之一炬，其真实原因实在此也。（《长编》第541页）又，当时阳明还作有《大学中庸注》。①陆澄向阳明请问此书时，《大学中庸注》早已焚毁，当时阳明已经完成《朱子晚年定论》，并思量另作新注，此即《大学古本傍释》。

---

①束景南先生指出："（阳明作《大学中庸注》）当在谪居龙场驿时，盖与其作《五经臆说》同时。其后旋有《大学》古本之悟，寻即焚毁《大学中庸注》，亦与其焚毁《五经臆说》同时也。钱德洪《阳明先生年谱》云：'先生在龙场时，疑朱子《大学章句》非圣门本旨，手录古本，伏读精思，始信圣人之本简易明白。其书止为一篇，原无经传之分。格致本于诚意，原无缺传可补。'盖陆澄向阳明请问《大学中庸注》时，其书早已焚毁，阳明已作成《朱子晚年定论》，并思量另作新注（即《大学古本傍释》）。《传习录》卷上即录有陆澄记录语录：'澄问《学》《庸》同异。先生曰："子思括《大学》一书之义，为《中庸》首章。"'此条语录即与阳明作此《与陆原静》书记在同时。"（《长编》第893页）

居久，夷人亦日来亲狎。以所居湫湿，乃伐木构龙冈书院及寅宾堂、何陋轩、君子亭、玩易窝以居之。

【注】　此段内容，隆庆本与嘉靖本所安排的次序不同。

思州[守遣]人[至驿]【有】侮【于】先生，诸夷不平，共殴辱之。守[大]怒，言诸当道。毛宪副科令先生请谢，且谕以祸福。先生致书复之，守【顾】惭[服]。

水西安宣慰闻先生名，使人馈米肉①，给使令，[既又重以金帛鞍马，俱]辞不受。始朝廷议设卫于水西，既置城，已而中止[，驿传尚存]。安恶[据]其[腹心]，【渐】欲去之，以问先生。先生[遗书]析其不可，[且申朝廷威信令甲，议]遂寝。已而宋氏酋长有阿贾、阿札者叛，宋氏为地方患，先生复以书[诋]讽[之]。【安曰："阿贾、阿札等叛，宋氏为地方患。传者谓使君使之，此虽或出于妒妇之口，然阿贾等自言使君尝锡之以毡刀，遗之以弓弩，虽无其心，不幸乃有其迹矣。始三堂两司得是说，即欲闻之于朝，既而以使君平日忠实之故，未必有是，且信且疑，姑令使君讨贼，苟遂出军剿扑。则传闻皆妄，何可以滥及忠良？其或坐观逗遛，徐议可否，亦未为晚。故且隐忍其议，所以待使君者甚厚。既而文移三至，使君始出，众论纷纷，疑者将信。喧腾之际，适会左右来献阿麻之首，偏师出解洪边之围。群公又复徐徐，今又三月余矣。使君称疾归卧，诸军以次潜回，其间分屯寨堡者，不闻擒斩以宣国威，惟增剽掠以重民怨，众情愈益不平。而使君之民罔所知识，方扬言于人，谓：'宋氏之难，当使宋氏自平，安氏何与而反为之役？我安氏连地千里，拥众四十八万，深坑绝地，飞鸟不能越，猿猱不能攀，纵遂高坐，不为宋氏出一卒，人亦奈如我何？'斯言已稍稍传播，不知三堂两司已尝闻之否？使君诚久卧不出，安氏之祸必自斯言始矣。使君与宋氏同守土，而使君为之长。地方变乱，皆守土者之罪，使君能独委之宋氏乎？夫连地千里，孰与中土之一大郡？拥众四十八万，孰与中土之一都司？深坑绝地，安

---

① "使人馈米肉"，嘉靖本作"遗馈米肉"。

氏有之。然如安氏者，环四面而居以百数也。今播州有杨爱，恺黎有杨友，酉杨、保靖有彭世麒等诸人。斯言苟闻于朝，朝廷下片纸于杨爱诸人，使各自为战，共分安氏之所有，盖朝令而夕无安氏矣。深坑绝地，何所用其险？使君可寒心乎？且安氏之职四十八支，更迭而为，今使君独传者三世，而群支莫敢争，以朝廷之命也。苟有可乘之衅，孰不欲起而伐之乎？然则扬此言于外，以速安氏之祸者，殆渔人之计，萧墙之忧未可测也。使君宜速出军，平定反侧，破众谗之口，息多端之议，弭方兴之变，绝难测之祸，补既往之愆，要将来之福。某非为人作说客者，使君幸熟思之。"】安悚然，率所部平其难，民赖以宁。①

【有问仙术者，先生答之曰："询及神仙有无，兼请其事，三至而不答，非不欲答也，无可答耳。昨令弟来，必欲得之。仆诚生八岁而即好其说，今已余三十年矣，齿渐摇动，发已有一二茎变化成白，目光仅盈尺，声闻函丈之外，又常经月卧病不出，药量骤进，此殆其效也。而相知者犹妄谓之能得其道，足下又妄听之而以见询，不得已，姑为足下妄言之。古有至人，淳德凝道，和于阴阳，调于四时，去世离俗，积精全神，道行天地之间，视听八纮之外，若广成子之千五百岁而不衰。李伯阳历商、周之代，西度函谷，亦尝有之。若是而谓之曰无，疑于欺子矣。然则呼吸动静，与道为体，精骨完久，禀于受气之始，此殆天之所成，非人力可强也。若后世拔宅飞升，点化投夺之类，谲怪奇骇，是乃秘术曲技，尹文子所谓幻，释氏谓之外道者也。若是谓之曰有，亦疑于欺子矣。夫有无之间，非言语可辨，况存久而明，养深而厚得之。未至而强喻，信亦未必能及也。盖吾儒亦自有神仙之道。颜子三十二卒，至今未亡也，足下能信之乎？后世上阳子之流，盖方外技术之士，未可以为道。若达磨、慧能之徒，则庶几近之矣。然而未易言也。足下欲闻其说，须退处山林三十年，全耳目，一心志，胸中洒洒，不挂一尘，而后可以言此。今去仙道尚远也！妄言不罪。"】

---

① "安悚然，率所部平其难，民赖以宁"，嘉靖本作"安悚然，率所部平之"。

四年己巳，先生三十八岁，在贵阳。

提学副使席书聘主贵阳书院。①

是年先生始论知行合一。

始席元山书提督学政，问朱、陆同异之辨。先生不【答】[语朱、陆之学者]，而告[之]以其所悟。【元山】[书]怀疑[而]去。明日复来，[举知行本体]证之《五经》诸子，渐【觉】有省。【继是，】往复数四，【乃】豁然大悟，谓："圣人之学，复睹于今[日]；朱、陆异同，各有得失，无事辩诘[，求之吾性本自明也]。"遂与毛宪副修葺书院，身率贵阳诸生，以所事师礼事之。

后徐爱因未会先生知行合一之训，决于先生。先生曰："试举看。"爱曰："如今人已知父当孝，兄当弟矣，乃不能孝弟，知与行分明是两事。"②先生曰："此【己】被私欲隔断耳[，非本体也]。圣贤教人知行，正是要人复【那】本体，【不是着你只恁的便罢。】故《大学》指出真知行以示人曰：'如好好色，如恶恶臭。'[夫]见好色属知，好好色属行。只见【那好】色时已是好矣，非见后而始立心去好也。闻恶臭属知，恶恶臭属行。只闻臭时，已是恶矣，非闻后而始立心去恶也。又如称某人知孝，某人知弟，必其人已曾行孝行弟，方可称他知孝知弟。【又如知痛，必自痛了，方知痛；知寒，必已寒了，方知寒，】此便是知行之本体。【不然，只是不曾知，此却是何等紧切着实的工夫。】"

爱曰："古人分知行为二，恐是要人用工有分晓否？"③先生曰："此正失却④古人宗旨。某尝说知是行之主意，行实知之功夫；知是行之始，行实知

---

① 束景南先生指出："席书乃是接替毛科来任提学副使，毛科在四月致仕去，席书五月接任，至贵州约已在七月，故八月即遣人来聘阳明主教文明书院。"（《长编》第529页）
② "如今人已知父当孝，兄当弟矣，乃不能孝弟，知与行分明是两事"，嘉靖本作"如今人尽有知得父当孝，兄当弟，却不能孝不能弟，便是知与行分明是两件"。
③ "古人分知行为二，恐是要人用工有分晓否"，嘉靖本作"古人分知行做两个，亦是要人见个有分晓，即工夫始有下落"。
④ "却"，嘉靖本作"了"。

之成；已可理会矣。古人立言，【若会后时，只说一个知，已得有行在。古人所以既说一个知，又说一个行，】所以分知行为二者，缘①世间有一种人，懵懵然任意去做，全不解思惟省察，是之为冥行妄作，所以必说知而后行无缪。又有一种人，茫茫然②悬空去思索，全不肯着实躬行，是之为揣摸影响，所以必说行而后知始真。此是古人不得已之教③，若见得【这个意】时，【即】一言【而】足[矣]。今人却【就将知行分作两件去做，】以为必先知【了】然后能行，【我如今且去，】[且]讲习讨论以求④知【的工夫】，俟⑤知得真时⑥方去【做】行【的工夫】，故遂终身不行，亦遂终身不知。【此不是小病，其来已非一日矣。】某今说【个】知行合一[，使学者自求本体，庶无支离决裂之病]【，正是对病的药，又不是某凿空杜撰。知行本体原是如此。今若知得宗旨时，即说两个，亦不妨，亦只是一个。若不会宗旨，便说一个，亦济得甚事？只是闲说话】。"

【书院旧有妖，守者以告。先生藏灯按剑坐后堂，将二鼓，黑气撞门入，拔剑腰斩之，血淋淋，逾墙大喊去，妖遂息。】

五年庚午，先生三十九岁，在吉。

升庐陵县知县。

---

① "缘"，嘉靖本作"只为"。
② "茫茫然"，嘉靖本作"茫茫荡荡"。
③ "古人不得已之教"，嘉靖本作"古人不得已补偏救弊的说话"。
④ "以求"，嘉靖本作"做"。
⑤ "俟"，嘉靖本作"待"。
⑥ "时"，嘉靖本作"了"。

【注】 阳明先生升任庐陵知县的具体时间在正德五年的闰九月，此事涉及阳明被重新起用的真正原因，其实与宦官刘瑾伏诛不一定有什么直接关系。①

[先生]三月至庐陵。【先生】为政不事威刑，惟以开导人心为本。莅任初，首询里役，察各乡贫富奸良之实而低昂之。狱牒盈庭，不即断射。稽[国初]旧制，慎选里正三老坐申明亭，使之委曲劝谕。[民胥悔]胜气嚣讼【之非】，至有涕泣而归者，由是囹圄日清。在县七阅月，【所】遗告示十有六，大抵谆谆慰父老，使教子弟，毋②令荡僻。城中失火，身祷返风，以血禳火，而火即灭。因使城中辟火巷，定水次兑运，绝镇守横征。杜神会之借办，【俗尚鬼，民遇社日多苦，借办力禁止之。】立保甲以弭盗，清驿递以延宾旅。③至今数十年犹踵行之。

【注】 此段内容，嘉靖本中排在《再过濂溪祠用前韵》诗之后，"冬十有一月，入觐"之前。即"先生往过常德辰州，随地讲授。……瞻依多少高山意，水漫莲池长绿蘋"一段，接在"升庐陵县知县"之后。

[语学者悟入之功。]

[先是]④先生【往】[赴龙场时]，随地讲授。及归，[过常德、辰州，]见门人冀元亨、蒋信、刘观时辈俱能卓立，喜曰："谪居两年，[无可与语者，归途乃幸得诸友！悔昔在贵阳举知行合一之教，]【与贵阳诸士论知行异同，】纷纷异同，罔知所入。兹来乃与诸生静坐僧寺，使自悟性体，顾恍恍若有可即者。"

---

① 束景南先生指出："钱德洪《阳明先生年谱》将阳明升庐陵知县定在正德五年春，乃误。又后世皆以为刘瑾伏诛以后阳明始复用，亦误。按刘瑾伏诛在正德五年八月，正德四年闰九月之时亦方刘瑾炙手可热、奴呆大臣之际，如何会起用阳明？且正德元年罢免、贬谪大臣有五十三人之多，皆在正德五年八月刘瑾伏诛以后才复用，何以独有阳明一人在刘瑾下狱伏诛之前忽被起用？殊不可解。"（《长编》第539页）
② "毋"，嘉靖本作"无"。
③ "立保甲以弭盗，清驿递以延宾旅"，嘉靖本作"其余保甲驿递无不周听"。
④ 嘉靖本按照时间先后编排；隆庆本则突出重点，再以"先是"追述往事。

【注】 钱德洪所引此段（"语学者悟入之功"），原在阳明《与辰中诸生》中，然今《王阳明全集》卷四中《与辰中诸生》恰删去此至关重要之一段话，匪夷所思。束景南先生指出："盖静坐自悟性体，仍不脱释、道之习，阳明（或钱德洪）乃有意隐去此一段耶？"又，钱德洪《阳明先生年谱》于此之最大失误，乃在含混言"归过常德、辰州"，遂将阳明在辰州龙兴寺讲学与在常德潮音阁讲学二事混淆为一。如冀元亨、蒋信、刘观时等人乃是阳明在常德武陵潮音阁讲学时来受学，与辰州龙兴寺讲学无涉（均非"辰中诸生"）；而来辰州龙兴寺讲论受学之"辰中诸生"，则为唐愈贤、唐诩、萧璆、杨子器及王世隆、吴伯诗、张明卿、董道夫、汤伯循、董粹夫、李秀夫、刘易仲、田叔中等千余人，钱德洪均不言及，遂使常德武陵潮音阁讲学一事湮没无闻。（《长编》第550—551页）

既又途中[寄]书曰："前在寺中所云静坐事，非欲坐禅入定也。盖因吾辈平日为事物纷拿，未知为己，欲以此补小学收放心一段功夫耳。明道云：'才学便须知有用力处，既学便须知有得力处。'诸友宜于此处着力，方有进步，异时始有得力处也。"①

【又曰：绝学之余，求道者少；一齐众楚，最易摇夺。自非豪杰，鲜有卓然不变者。诸友宜相砥砺夹持，务期有成。近世士夫亦有稍知求道者，皆因实德未成，而先揭标榜，以来世俗之谤，是以往往骎堕无立，反为斯道之梗。诸友宜以是为鉴，刊落声华，务于切己处着实用力。】

【《霁夜》 雨霁僧堂钟磬清，春溪月色特分明。沙边宿鹭寒无影，洞口流云夜有声。静后始知群动妄，闲来还觉道心惊。问津久已惭沮溺，归向东皋学耦耕。②】

---

① "前在寺中所云静坐事，非欲坐禅入定也……"一段，束景南先生认为：此是阳明事后解释，与其在龙兴寺教诸生"静坐密室，悟见性体"、"静坐僧寺，使自悟性体"原意不合。（《长编》第551页）
② 束景南先生指出：此《雨霁》诗（静后始知群动妄，闲来还觉道心惊）即《霁夜》诗，实是一首咏静坐自悟性体诗，与其《与辰中诸生》所云静坐自悟性体之说相合。阳明在"龙场之悟"后仍教人静坐入定、悟见性体，由此更得一证。（《长编》第562页）

【注】 阳明在"龙场之悟"后仍教人静坐入定、悟见性体。此《霁夜》诗,有助于了解阳明先生静坐体悟思想的来源问题,以及对后来产生"致良知"思想的作用。①

【《睡起写怀》 江日熙熙春睡醒,江云飞尽楚山青。闲观物态皆生意,静悟天机入窅冥。道在险夷随地乐,心忘鱼鸟自流形。未须更觅羲黄事,一曲沧浪击壤听。】

【《再过濂溪祠用前韵》 曾向图书识面真,半生长自愧儒巾。斯文久已无先觉,圣世今应有逸民。一自支离乖学术,竟将雕刻费精神。瞻依多少高山意,水漫莲池长绿蘋。】

冬[十有一月],入觐。

【注】 阳明先生入觐的具体时间,束景南先生考证应是"十月二日(乙酉)以后"。②

先生入京,馆于大兴隆寺,时黄宗贤绾为后军都督府都事,因储柴墟巏请见。先生与之语,喜曰:"此学久绝,子何所闻?"对曰:"虽粗有志,实未用功。"先生曰:"人惟患无志,不患无功。"明日引见甘泉,订与终日共学。

---

①束景南先生指出:"阳明此诗实是一首咏静坐体悟(静观)之'哲理诗',尤有意义。阳明早年静坐体悟(静观,静悟)思想来源向来不明,今由此诗(以及《霁夜》诗)可见阳明'静坐体悟'思想原来本自延平、白沙之'静观默照,体认天理',以向内之静心体悟天理反对朱熹向外之格物求理。阳明后来'致良知'说实从此'静心悟理'说发展而来,钱德洪《阳明先生年谱序》云:'始教学者悟从静入,恐其或病于枯也,揭"明德"、"亲民"之旨,使加"诚意"、"格物"之功,至是而特揭"致良知"三字,一语之下,洞见全体,使人人各得其中。'钱德洪清楚道出了阳明由'静观静悟'说向'致良知'说之思想演变历程。"(《长编》第563页)
②束景南先生考证:"《王阳明全集》卷九《给由疏》明云:'正德五年十月内升南京刑部四川清吏司主事。'又《王阳明全集》卷二十《京师诗二十四首》下亦注云:'正德庚午年十月,升南京刑部主事。'以阳明自谓'县令到任且七月'算之,则其断然在十月入觐矣。前引阳明《重修庐陵县署记》署作'十月乙酉',可知阳明在十月二日(乙酉)以后入觐。"(《长编》第573页)

按：宗贤至嘉靖壬午春，【闻先生致良知之旨，大加叹服，】复执贽称门人。

十[有]二月，升南京刑部四川清吏司主事。

【注】 阳明先生升南京刑部主事的具体时间，束景南先生认为应是在"十月"。①

[论实践之功。]

先生与黄绾【及】应【原忠】良论[圣学久不明，学者欲为圣人，]②必须廓清心体，使纤翳不留，真性始见，方有操持涵养之地。应良疑其难。先生曰："圣人之心如明镜，纤翳自无所容，自不消磨刮。若常人之心，如斑垢驳蚀之镜，须痛刮磨一番，尽去驳蚀，然后纤尘即见，才拂便去，亦不消费力。到此已是识得仁体矣。若驳蚀未去，其间固自有一点明处，尘埃之落，固亦见得，才拂便去；至于堆积于驳蚀之上，终弗之能见也。此学利困勉之所由异，幸勿以为【烦】难而疑之也。凡人情好易而恶难，其间亦自有私意气习缠蔽，在识破后，自然不见其难矣。古之人至有出万死而乐为之者，亦见得耳。向时未见得里面意思，此功夫自无可讲处，今已见此一层，却恐好易恶难，便流入禅释去也。"

【注】 阳明先生与黄绾、应良"论实践之功"的时间，或在正德六年二月。③

---

①阳明《给由疏》明云"正德五年十月内升南京刑部四川清吏司主事"，《王阳明全集》卷二十《京师诗二十四首》下亦明注"正德庚午年十月，升南京刑部主事"。盖阳明十月入觐述职本无须多日，其述职后即升南京刑部主事离京而去。若谓阳明在京至十二月方升南京刑部主事，则其赴任至南京已在十二月底，然事实上阳明十二月即又升任吏部验封清吏司主事离南京赴京，此尤可见谓十二月升南京刑部主事为误。（《长编》第576页）
②[ ]中内容，嘉靖本作"学圣者"。
③束景南先生指出："钱德洪《阳明先生年谱》将阳明与黄绾、应良论实践之功置于正德五年十二月下，乃误。《王阳明全集》卷四于此《答黄宗贤、应原忠》题下明注'辛未'作。盖应良正德六年正月方至京师应考，而阳明亦在正德六年正月下旬方到京师。应良必在二月会试以后才能来与阳明论学，旋在三月又选为庶吉士。"（《长编》第603页）

【《别方叔贤》 休论寂寂与惺惺,不妄由来即性情。笑却殷勤诸老子,翻从知见觅虚灵。】

按:先生立教皆经实践,故所言恳笃若此。自揭良知宗旨后,吾党又觉领悟太易,认虚见为真得,无复向里着己之功矣。故吾党颖悟承速者,往往多无成,甚可忧也。

【注】 关于阳明先生首次论良知的时间,束景南先生确定在作《与周道通书》时,其"书四"中有云:"所谓'良知',即孟子所谓'是非之心,知也'。是非之心,人孰无有?但不能致此知耳。能致此知,即所谓充其是非之心,而知不可胜用矣。来书既云'良心发见',而复云'不能辨理欲于疑似之间',则所谓'良心发见'者果何物耶?'知行合一'之说,专为近世学者分知行为两事,必欲先用知之之功而后行,遂致终身不行,故不得已而为此补偏救弊之言。学者不能着体履,而又牵制缠绕于言语之间,愈失而愈远矣。行之明觉精察处即是知,知之真切笃实处即是行。足下但以此语细思之,当自见,无徒为之纷纷也。所寄答明公语,颇亦无失。若见未莹澈,而辄有议论,反以晦道,不若此说之浑成,不失为真实语也。令弟归,草草不另。意惟勉学不怠,以慰所期。无次。守仁拜手,道通秋元道契文侍。"(王阳明先生小像附尺牍,日本天理图书馆藏,阳明文集失载)……最可注意者,阳明是书论及"良知"与"致良知",此为阳明生平首次论"良知",阳明之"良知"学盖可谓萌芽于此也。(《长编》第582—583页)

六年辛未,先生四十岁,在京师。

正月,调吏部验封清吏司主事。

[论晦庵、象山之学。]

王舆庵【某】读象山书,有契,【与】徐成之与【论】辩,不决。先生曰:"是朱非陆,天下论定久矣,久则难变也。虽微成之之争,舆庵亦岂能遽行其说乎?"

成之谓先生漫为含糊两解,若有以阴助舆庵而为之地者。先生以书解之曰:"舆庵是象山,而谓其专以尊德性为主。今观《象山文集》所载,未尝不教其徒读书。而自谓理会文字颇与人异者,则其意实欲体之于身。其亟所称述以诲人者曰:'居处恭,执事敬,与人忠。'曰:'克己复礼。'曰:'万物皆备于我,反身而诚,乐莫大焉。'曰:'学问之道无他,求其放心而已。'曰:'先立乎其大者,而小者不能夺。'是数言者,孔子、孟轲之言也,乌在其为空虚乎?独其易简、觉悟之说,颇为当时所疑。然易简之说出于《系辞》;觉悟之说,虽有同于释氏,然释氏之说亦自有同于吾儒,而不害其为异者,惟在于几微毫忽之间而已。亦何必讳于其同而遂不敢以言,狃于其异而遂不以察之乎?是舆庵之是象山,固犹未尽其所以是也。

"吾兄是晦庵,而谓其专以道问学为事。然晦庵之言,曰:'居敬穷理。'曰:'非存心无以致知。'曰:'君子之心常存敬畏,虽不见闻,亦不敢忽,所以存天理之本然,而不使离于须臾之顷也。'是其为言虽未尽莹,亦何尝不以尊德性为事,而又乌在其为支离乎?独其平日汲汲于训解,虽韩文、《楚辞》、《阴符》、《参同》之属,亦必与之注释考辨,而论者遂疑【其】玩物。又【疑】其心虑恐学者之躐等,而或失之于妄作,必先之以格致而无不明,然后有以实之于诚正而无所谬。

"世之学者挂一漏万,求之愈烦①,而失之愈远,至有毙力终身,苦其难而卒无所入,而遂议其支离。不知此乃后世学者之弊,而当时晦庵之自为,则亦岂至是乎?是吾兄之是晦庵,固犹未尽其所以是也。夫二兄之所信而是者,既未尽其所以是,则其所疑而非者,亦岂尽其所以非乎?仆尝以为晦庵之与象山,虽其所以为学者若有不同,而要皆不失为圣人之徒。今晦庵之学,天下之人童而习之,既已入人之深,有不容于论辩者。而独惟象山之学,则以其尝与晦庵之有言,而遂藩篱之。使若由、赐之殊科焉则可矣,而遂摈放废斥,若碔砆之与美玉,则岂不过甚矣乎?

---

① "烦",嘉靖本作"繁"。

"故仆尝欲冒天下之讥，以为象山一暴其说，虽以此得罪，无恨。晦庵之学既已章明于天下，而象山犹蒙无实之诬，于今且四百年，莫有为之一洗者。使晦庵有知，将亦不能一日安享于庙庑之间矣。此仆之至情，终亦必为兄一吐露者，亦何肯漫为两解之说以阴助于舆庵已乎？"

二月，为会试同考试官。

【注】 正德六年的二月中旬，阳明先生到京师，与湛若水、黄绾三人亲密谈学。①也正是在这一年的二月以后，穆孔晖来受学。束景南先生指出："钱德洪《阳明先生年谱》将穆孔晖来受业置于正德七年之下，乃误。穆孔晖于正德五年即起任翰林检讨，至正德七年七月改为南京国子司业，阳明正德六年入京，穆孔晖自必首来相见。至二月两人同为会试同考试官，朝夕相处。故可知穆孔晖当在二月以后来问学受业，决非正德七年始来受业也。"（《长编》第594页）

[是年僚友方献夫受学。]

[献夫时为吏部郎中，]【方叔贤献夫】位在先生上，比闻论学，[深自感悔，]遂执贽【纳拜】，事以师礼。是冬，告病归西樵，先生为叙别之。【略曰：予与叔贤处二年，见叔贤之学凡三变：始而尚辞章，再变而讲说，又再变而慨然有志圣人之道。方其辞章之尚，于予若冰炭焉；讲说矣，则违合者半；及其有志圣人之道，而沛然与予同趣。将遂去之西樵山中，以成其志，叔贤亦可谓善变矣。】

【答汪石潭俊书曰：夫喜怒哀乐，情也。既曰不可，谓未发矣。喜怒哀乐之未发，则是指其本体而言，性也。斯言自子思，非程子而始有，执事既不以为然，则当自子思《中庸》始矣。喜怒哀乐之与思与知觉，皆心之所

---

① 束景南先生考证云："寓长安灰厂，与甘泉湛若水比邻而居。自是与湛若水、黄绾三人聚会讲学，剖析疑义，切磋圣学。……湛甘泉《默识堂记》云：'阳明王公扣予曰：天理何如？'应之曰：'天理何应？廓然大公。'阳明曰：'唯唯！'初无不同也，后门人互失其传。'（《泉翁大全集》附录）即指两人在长安灰厂讲学所论。"（《长编》第588—589页）

发。心统性情。性，心体也；情，心用也。程子云："心，一也。有指体而言者，寂然不动是也；有指用而言者，感而遂通是也。"斯言既无以加矣，执事姑求之体用之说。夫体用一源也，知体之所以为用，则知用之所以为体者矣。虽然，体微而难知也，用显而易见也。执事之云，不亦宜乎？夫谓"自朝至暮，未尝有寂然不动之时"者，是见其用而不得其所谓体也。君子之于学也，因用以求其体。凡程子所谓"既思，即是已发；既有知觉，即是动"者，皆为求中于喜怒哀乐未发之时者言也，非谓其无未发者也。朱子于未发之说，其始亦尝疑之，今其集中所与南轩论难辩析者，盖往复数十而后决，其说则今之《中庸》注疏是也。其于此，亦非苟矣。独其所谓"自戒惧而约之，以至于至静之中；自谨独而精之，以至于应物之处"者，亦若过于剖析。而后之读者遂以分为两节，而疑其别有寂然不动、静而存养之时，不知常存戒慎恐惧之心，则其工夫未始有一息之间，非必自其不睹不闻而存养也。吾兄且于动处加工，勿使间断。动无不和，即静无不中。而所谓寂然不动之体，当自知之矣。未至而揣度之，终不免于对塔说相轮耳。】

【答王虎谷云凤书曰："弘毅"之说极是。但云"既不可以弃去，又不可以减轻；既不可以住歇，又不可以不至"，则是犹有不得已之意也。"不得已之意"与"自有不能已者"，尚隔一层。程子云："知之而至，则循理为乐，不循理为不乐。"自有不能已者，循理为乐者也。非真能知性者未易及此。知性则知仁矣。仁，人心也。心体本自弘毅，不弘者蔽之也，不毅者累之也。故烛理明，则私欲自不能蔽累；私欲不能蔽累，则自无不弘毅矣。】

【是年作《徐昌国墓志》，有曰：始昌国与李梦阳、何景明数子友，相与砥砺于辞章，既殚力精思，杰然有立矣。一日讽道书，若有所得，叹曰："弊精于无益，而忘其躯之毙也，可谓知乎？巧辞以希俗，而捐其亲之遗也，可谓仁乎？"于是习养生。有道士自西南来，昌国与语，悦之，遂究心玄虚，益与世泊，自谓长生可必至。正德庚午冬，阳明王守仁至京师。守仁故善数子，而亦尝没溺于仙释，昌国喜，驰往省，与论摄形化气之术。当是时，增城湛元明在坐，与昌国言不协，意沮去。异日复来，论如初。守仁笑而不应，因留宿，曰："吾授异人五金八石之秘，服之冲举可得也，子且谓何？"守仁复笑而不应。乃曰："吾黜吾昔，而游心高玄，塞兑敛华而灵株是固，斯亦去之竞竞于世远矣。而子犹余拒然，何也？"守仁复笑而不应。于是默然者久之，曰："子以予为非耶？抑又有所秘耶？夫居有者，不足以超无；践器者，非所以融道。吾将去知故而宅于埃壒之表，子其语我乎？"守仁曰："谓吾为有秘，道固无形也；谓吾谓子非，子未吾是也。虽然，试言之。夫去有以超无，无将奚超矣？外器以融道，道器为偶矣，而固未尝超乎，而故未尝融乎！夫盈虚消息，皆命也；纤巨内外，皆性也；隐微寂感，皆心也。存心尽性，顺夫命而已矣，而奚所趋舍于其间乎？"昌国首肯，良久曰："冲举有诸？"守仁曰："尽鸢之性者，可以冲于天矣；尽鱼之性者，可以泳于川矣。"曰："然则有之？"曰："尽人之性者，可以知化育矣。"昌国俯而思，蹶然而起曰："命之矣！吾且为萌甲，吾且为流澌，子其煦然属我以阳春哉！"数日，复来，谢曰："道果在是，而奚以外求！吾不遇子，几亡人矣。然吾疾且作，惧不足以致远，则何如？"守仁曰："悸乎？"曰："生，寄也；死，归也。何悸？"津津然既有志于斯，已而不见者逾月，忽有人来讣，昌国逝矣。王、湛二子驰往哭，尽哀，因伤其家事。其长子伯虬言，昌国垂殁，整衽端坐，托徐子容以后事。子容泣，昌国笑曰："常事耳。"谓伯虬曰："墓铭其请诸阳明。"气益微，以指画伯虬掌，作"冥冥漠漠"四字，余遂不可辨，而神气不乱。呜呼！吾未竟吾说以时昌国之及，而昌国之及乃止于是，吾则有憾焉！】

十月，升文选清吏司员外郎。

[送甘泉奉使安南。]

先是先生升南都，甘泉与黄绾【宗贤】言于冢宰杨一清，改留吏部。职事之暇，始遂讲聚。方期各相砥切，饮食启处必共之。至是，甘泉出使南安[封国]，将行，先生惧圣学难明而易惑，人生别易而会难也，乃为文以赠。

【注】 关于阳明先生作《别湛甘泉序》的时间，束景南先生认为应当是在"九月"，而非钱德洪《年谱》所系之"十月"。①

[略]曰："颜子没而圣人之学亡，曾子唯一贯之旨，传之孟轲绝。又二千余年，而周、程续。自是而后，言益详，道益晦。【盖析理益精，支离无本，而事于外者益繁以难，】孟氏患杨、墨，周、程之际，释、老大行。今世学者皆知尊孔、孟，贱杨、墨，摈释、老，圣人之道若大明于世②。然吾从而求之，圣人不得而见之矣，其能有若墨氏之兼爱者乎？其能有若杨氏之为我者乎？其能有若老氏之清净自守、释氏之究心性命者乎？吾何以杨、墨、老、释之思哉？彼于圣人之道异，然犹有自得也。而世之学者，章绘句琢以夸俗，诡心色取，相饰以伪，谓圣人之道劳苦无功，非复人之所可为，而徒取辩于言辞之间，古之人有终身不能究者，今吾皆能言其略，自以为若是亦足矣，而圣人之学遂废。则今之所大患者，岂非记诵辞章之习？而弊之所从来，无亦言之太详、析之太精者之过欤？

【夫杨、墨、老、释，学仁义、求性命，不得其道而偏焉，固非若今之学者以仁义为不可学、性命之为无益也。居今之时，而有学仁义、求性命，外记诵词章而不为者，虽其陷于杨、墨、老、释之偏，吾犹且以为贤，彼其心犹求以自得也。夫求以自得，而后可与之言学圣人之道。】某幼不问学，陷溺于邪僻者二十年，而始究心于老、释。赖天之灵，因有所觉，始乃沿周、程之说求之，而若有得焉。顾一二同志之外，莫予翼也，岌岌乎仆而复

---

①束景南先生考证："《王阳明全集》中此序未署年月，《增城沙堤湛氏族谱》卷二十七著录此序，末署'正德辛未九月晦日拜手书'，此序当本自阳明赠甘泉手书，兹将末句补入序中。《王阳明全集》于此序题下注'壬申'作显误，钱德洪《阳明先生年谱》将此序系于'十月'，亦误。"（《长编》第634页）
②"世"，嘉靖本作"时"。

兴【矣】。晚得【友】于甘泉湛子,而后吾之志益坚,毅然若不可遏,则予之资于甘泉多矣。甘泉之学,务求自得者也。世未之能知,其知者,且疑其为禅。诚禅也,吾犹未得而见,而况其所志卓尔若此?则如甘泉者,非圣人之徒欤?多言又乌足病也?夫多言不足以病甘泉,与甘泉之不为多言病也,吾信之。吾与甘泉,有意之所在,不言而会,论之所及,不约而同,期于斯道,毙而后已者。今日之别,吾容无言。夫惟圣人之学,难明而易惑,习俗之降愈下,而抑①不可回,任重道远。虽已无俟于言,顾复于吾心,若有不容已也,则甘泉亦岂以予言为缀乎?"

七年壬申,先生四十一岁,在京师。

【注】 正德七年的五月,阳明上《自劾不职以明圣治事疏》,这是一次非常重要的事件,涉及他对明武宗的批评。②

三月,升考功清吏司郎中。

---

① 嘉靖本与隆庆本有不少用字不同的情况,此"抑"字,嘉靖本作"益"。
② 束景南先生指出:"阳明是次重要上疏,向来无人言及,钱德洪《阳明先生年谱》不载其事,遂成一大悬案,隐晦不明。今按阳明此疏云'积暴所加','几及二年,愈肆愈横',刘瑾伏诛在正德五年八月,以'几及二年'推算,则此疏上在正德七年八月前不久。此疏提及'经筵之御,未能四五','后苑训练兵事,鼓噪之声,震骇城域'等,均是正德七年四五月间事,已有大臣疏论。《国榷》卷四十八:'正德七年五月辛酉,吏部尚书杨一清等,以修省言:"陛下每月视朝不过一二,非所以闻于外夷,训后世也。又常宿豹房,驻宿累日,后苑练兵,鼓炮之声,震骇城市。以宗庙社稷之声,不自慎惜,此群臣所以夙夜不能安也。"报闻。'"束景南先生指出:阳明乃由杨一清荐留京师任吏部文选清吏司员外郎,又在杨一清属下任职升考功清吏司郎中,故杨一清上疏论武宗事,阳明亦当上疏以相呼应也。又按阳明此疏与其四月所写《上海日翁大人札》论事内容相同,连用语也一样,如《上海日翁大人札》云"宫苑内外,鼓噪火炮之声,昼夜不绝",臣民"不胜骇异"。可以说阳明凡于疏中不便明言之事,已俱在《上海日翁大人札》中尽言之;而在《上海日翁大人札》中,阳明已吐露其上疏抗论之决心,札云"昨有一儒生,素不相识,以书抵男,责以'既不能直言切谏,而又不能去,坐视乱亡,不知执事今日之仕为贫乎?为道乎?不早自决,将举平生而尽弃,异日虽悔,亦何所及'等语,读之良自愧叹。交游之中,往往有以此意相讽者,皆由平日不务积德,而徒窃虚名,遂至今日。"所云"有以此意相讽者",疑即杨一清。阳明显即在此人"相讽"下,及某"儒生"以书抵责下,遂于五月上疏。阳明上此疏不报,然其旋在十二月出任南京太仆寺少卿,或与其上此疏批评武宗有关。(《长编》第670—671页)

［按］《同志考》，是年穆孔晖、【冀元亨、】顾应祥、郑一初、方献科、王道、梁谷、万潮、陈鼎、唐鹏、路迎、孙瑚、魏廷霖、萧鸣凤、林达、陈洸及黄绾、应良、朱节、蔡宗兖、徐爱同受业。

【注】嘉靖本所保留的阳明先生与王道论学的文字内容，隆庆本几乎全部删除。但在此处，可见钱德洪以王道为阳明弟子，谓王道正德七年来受业。束景南先生认为钱德洪《年谱》有误，他指出："王道学崇朱学，与阳明论学一向不合，卒至反目，不欢而散，以后与阳明再无往来，不得谓为阳明弟子也。"（《长编》第611页）嘉靖本依然保留大量阳明与王道论学书信，这也是发生过的事实，可见其立场较为客观。

【王道，字纯甫，以进士为应天府学教授。先生赠序为别。此莅任，上下多不协。先生以金为譬，使之动心忍性以大其所受。又自咎平日每有傲视行辈，轻忽世故之心，受谪龙场，备历难阻，始信孟子"生于忧患"之言，诚非欺我也。道见书，意不怿。及道以书辨学，先生谓："纯甫之问，辞则谦下，而意实自以为是。"复书喻之。后曰仁至京，详发师旨，始释然。先生曰，近见与曰仁书贬损益至，三复报然。夫趋向同而论学异，不害其为同也；趋向异而论学同，不害其为异也。不能积诚反躬而徒滕口说，此仆往年之罪，纯甫何尤乎？】①

【《答储柴墟书》曰："吾兄以仆于今之公卿，若某之贤者，则称谓以'友生'；若某与某之贤不及于某者，则称谓以'侍生'，岂以矫时俗炎凉之弊，非也。夫彼可以为吾友，而吾可以友之。彼又吾友也，吾安得而弗友之？彼不可以为吾友，而吾不可以友之，彼又不吾友也，吾安得而友之？夫友也者，以道也、以德也。天下莫大于道，莫贵于德。道德之所在，齿与位不得而干焉。仆于某之谓矣，彼其无道与德，而徒有其贵与齿

---

① 束景南先生指出："王道与阳明在京讲论不合，其任应天府教授赴南都后，即与崇朱学者魏校、余祐、夏尚朴辈打成一片，与阳明弟子展开朱陆论辩，乃至最终与阳明断交。《太常寺卿魏公校传》谓魏校在南都'与余公子积、夏公敦夫、王公纯甫讲明圣贤之学'（《国朝献征录》卷七十），此所谓'圣贤之学'即朱学也。"（《长编》第648页）

也，则亦贵齿之而已。然若此者，与之见亦寡矣，非以事相临不往见也。若此者，与凡交游之随俗以侍生而来者，亦随俗而侍生之。所谓'事之无害于义者，从俗可也'。千乘之君，求与之友而不可得，非在我有所不屑乎？嗟乎！友未易言也。今之所谓友，或以艺同，或以事合，徇名逐势，非吾所谓辅仁之友矣。仁者，心之德，人而不仁，不可以为人。辅仁，求以全心德也，如是而后友。今特以技艺文辞之工，地势声翼之重，而鹜然欲以友乎贤者，贤者弗与也。孟子曰：'友也者，不可以有挟。'孟献子之友五人，无献子之家者也，曾以贵贱乎？仲由少颜、路三岁，回、由之赠处，盖友也。回与曾点同时，参曰'昔者吾友'，曾以少长乎？吾兄又以仆于后进之来，其质美而才者，多以先后辈相处；其庸下者，反待以客礼，疑仆别有一道。是道也，奚有于别？凡后进之来，其才者皆有意于斯道者也，吾安得不以斯道处之？其庸下者，不过世俗泛然一接，吾亦世俗泛然待之，如乡人而已。昔伊川初与吕希哲为同舍友，待之友也；既而希哲师事伊川，待之弟子也。谓敬于同舍而慢于弟子，可乎？孔子待阳货以大夫，待回、赐以弟子，谓待回、赐不若阳货，可乎？师友道废，务以虚礼，取悦于后进，仆常以为世有周、程诸君子，则吾固得而执弟子之役，乃大幸矣。其次有周、程之高弟焉，吾犹得而私淑也。不幸世又无是人，不以责之己，不以求辅于人，而待之不以诚，终亦必无所成而已耳。仆于今之后进，非敢以师道自处也，将求其聪明特达者与之讲明，因以自辅也。彼自以后进求正于我，虽不师事，我固有先后辈之道焉。伊川瞑目而坐，游、杨侍立不敢去，重道也。传曰：'师严然后道尊，道尊然后民知敬学。'夫人必有所严惮，然后言之，而听之也审；施之，而承之也肃。凡若此者，皆求以明道，皆循理而行，非有容私于其间也。"】

【《与王道书》曰："汪景颜近亦出宰大名，临行请教，某告以变化气质。居常无所见，惟当利害，经变故，遭屈辱，平时愤怒者到此能不愤怒，忧惶失措者到此能不忧惶失措，始是能有得力处，亦便是用力处。天

下事虽万变，吾所以应之，不出乎喜怒哀乐四者。此为学之要，而为政亦在其中矣。"】

十二月，升南京太仆寺少卿，便道归省。

与徐爱论学。爱是年以祁州知州考满进京，升南京工部员外郎。与先生同舟归越，论《大学》宗旨。①[闻之]踊跃痛快[，如狂如醒者数日，胸中混沌复开。仰思尧、舜、三王、孔、孟千圣立言，人各不同，其旨则一。今之《传习录》所载首卷是也]。

【注】 关于徐爱编定《传习录》时间，历来皆以为是在徐爱与阳明同舟归越之时，束景南先生不以为然，他指出此《传习录》的内容主要为徐爱在正德七年六月至十一月传习所闻。②

其自叙云③："爱因旧说汩没，始闻先生之教，实骇愕不定，无入头处。其后闻之既久，渐知反身实践，然后始信先生之学为孔门嫡传，舍是皆傍蹊小径，断港绝河矣。如说格物是诚意功夫，明善是诚身功夫，穷理是尽性功夫，道问学是尊德性功夫，博文是约礼功夫，惟精是惟一功夫，诸如此类，皆落落难合。其后思之既久，不觉手舞足蹈。"

---

① "与徐爱论学。爱是年以祁州知州考满进京，升南京工部员外郎。与先生同舟归越，论《大学》宗旨"，嘉靖本作"先生舟中，与徐爱论大学宗旨"。
② 钱德洪《阳明先生年谱》云："与先生同舟归越，论《大学》宗旨，闻之踊跃痛快，如狂如醒者数日，胸中混沌复开。仰思尧、舜、三王、孔、孟千圣立言，人各不同，其旨则一，今之《传习录》首卷是也。"其说误甚。按徐爱《传习录跋》分明云："爱始闻先生之教，实是骇愕不定……其后思之既久，不觉手舞足蹈。"是言其多年受教，久有感悟而手舞足蹈，非是在归越舟中受教时如醉如狂，"手舞足蹈"。又徐爱《传习录题辞》亦分明云："爱朝夕炙门下……故爱备录平日之所闻，私以示夫同志，相与考而正之。"是《传习录》乃备录平日多年传习所闻（按：主要为正德七年六月至十一月传习所闻），并非记录归越舟中所闻论《大学》宗旨语。今据阳明此书，决可知徐爱编定印刻《传习录》在十一月中，书中所云"小录"即指《传习录》，盖是录仅徐爱所记一卷（今《传习录》卷上前半，五千余字），故称"小录"。后乃陆续增补他人所记语录。此徐爱编定《传习录》一卷，可谓是阳明正德贬谪龙场驿以来思想之记录也。（《长编》第686—687页）
③ "其自叙云"，嘉靖本作"自谓"。

【是年，曰仁以祁州知州考满，升南京工部员外，故得同舟，先生以全与，曰仁以全受，盖得于反躬实践，一信而不回也。后先生论学，每至入后处，必曰："斯意惟与曰仁舟中及之。"】

八年癸酉，先生四十二岁，在越。

二月，至越。

先生初计至家即与徐爱①同游台、荡，[宗族亲友绊，弗能行。]【不果。】五月终，与爱②数友[期候黄绾不至，乃]从上虞入四明，观白水，寻龙溪[之]源；登杖锡，至雪窦，上千丈岩，[以]望天姥、华顶；欲遂[从奉化]取道赤城。适久旱，山田尽龟坼③，惨然不乐，遂自宁波还余姚。绾④以书迎先生。复[书]曰："此行相从诸友，亦微有所得，然无大发明。其最所歉然，宗贤不同兹行耳。后辈习气已深，虽有美质，亦渐消【不】尽。此事正如淘沙，会有见金时，但目下未可必得耳。"先生[兹游虽为山水，实注念爱、绾二子。盖先生]点化同志，多得之⑤登游山水间[也]。

冬十月，至滁州。

滁【州】山水佳胜，先生督马政，地僻官闲，日与门人遨游琅琊、瀼泉间。月夕则环龙潭而坐者数百人，歌声振[山]谷。诸生随地请正，[踊跃歌舞。旧学之士皆日来臻。于是]【故】从游之众自滁始。

孟源问："静坐中思虑纷杂，不能强禁绝。"先生曰："纷杂思虑，亦强禁绝不得；只就思虑萌动处省察克治，到天理精明后，有个物各付物的意思，自然精专无纷杂之念；《大学》所谓'知止而后有定'【此】也。"

---

① "徐爱"，嘉靖本作"曰仁"。
② "爱"，嘉靖本作"曰仁"。
③ "龟坼"，嘉靖本作"龟裂"。
④ "绾"，嘉靖本作"宗贤"。
⑤ "得之"，嘉靖本作"在"。

【《与王道书》曰："纯甫平日徒知存心之说，而未尝实加克治之功，故未能动静合一，而遇事辄有纷扰之患。今乃能推究若此，必已渐悟往日之堕空虚矣。故曰：纯甫近来用功得力处在此。然已失之支离外驰而不觉矣。夫心主于身，性具于心，善原于性，孟子之言性善是也。善即吾之性，无形体可指，无方所可定，夫岂自为一物，可从何处得来者乎？故曰：受病处亦在此。纯甫之意，盖未察夫圣门之实学，而尚狃于后世之训诂，以为事事物物，各有至善，必须从事事物物求个至善，而后谓之明善，故有'原从何处得来，今在何处'之语。纯甫之心，殆亦疑我之或堕于空虚也。夫在物为理，处物为义，在性为善，因所指而异其名，实皆吾之心也。心外无事，心外无理，心外无义，心外无善。无心之处事物，纯乎理而无人伪之杂，谓之善，非在事物有定所之可求也。处物为义，是吾心之得其宜也，义非在外可袭而取也。格者，格此也；致者，致此也，必曰事事物物上求个至善，是离而二之也。伊川所云'才明彼即晓此'，是犹谓之二。性无彼此，理无彼此，善无彼此也。纯甫所谓'明之之功当何如？入头处当何如？与诚身有先后次第否？诚是诚个甚的？'纯甫之意，必以明善自有明善之功，诚身自有诚身之功。若区区之意，则以明善为诚身之功也。夫诚者，无妄之谓。诚身之诚，则欲其无妄之谓。诚之之功，则明善也。非明善之外别有所谓诚身之功。诚身之始，身犹未成也，故谓之明善；明善之极，则身诚矣。若谓自有明善之功，又有诚身之功，是离而二之也，难乎免于毫厘千里之谬矣。"】

【《答朱汝德用韵》 东去蓬瀛合有津，若为风雨动经旬。同来海岸登舟者，俱是尘寰欲渡人。弱水洪涛非世险，长年三老定谁真。青鸾眇眇无消息，怅望烟波又暮春。】

【《送蔡希颜》 何事憧憧南北行？望云依阙两关情。风尘暂息滁阳驾，鸥鹭还寻鉴水盟。悟后《六经》无一字，静余孤月湛虚明。从知归路多相忆，伐木山山春鸟鸣。】

九年①甲戌，先生四十三岁，在滁。

四月，升南京鸿胪寺卿。

【注】 自阳明先生升南京鸿胪寺卿之后，四方学子遂多来聚南都，讲论学问。束景南先生指出："今《传习录》卷上后半部，即由陆澄、薛侃其时在南都受教所记录，全面反映了阳明在南都任鸿胪寺卿时讲学之况。大致其时来受学者包括五类人：一类为是年科举中进士而来南都任职者，如黄宗明、林达等；一类为是年科举落第而来南都受学者，如薛侃、陆澄、季本等；一类为昔日弟子而再来南都问学者，如唐愈贤、杨杓、刘晓等；一类为由原弟子或友人介绍新来受学者，如马明衡、郭庆、何鳌等；一类为原即在南都任职者，如穆孔晖、王道等。钱德洪所述不全，具体来学时间亦不明。"（《长编》第751页）

滁阳诸友送至乌衣，不能别，留居江浦，候先生渡江。先生以诗促之归曰："滁之水，入江流，江潮日复来滁州。相思若潮水，来往何时休？空相思，亦何益？欲慰相思情，不如崇令德。掘地见泉水，随处无弗得。何必驱驰为？千里远相即。君不见尧羹与舜墙？又不见孔与跖对面不相识？逆旅主人多殷勤，出门转盼成路人。"

五月，至南京。

自徐爱来南都，同志日亲，黄宗明、薛侃、马明衡、陆澄、季本、许相卿、王激、诸偁、林达、张寰、唐愈贤、饶文璧、刘观时、郑骝、周积、郭庆、栾惠、刘晓、何鳌、陈杰、杨杓、白说、彭一之、朱箟辈，同聚师门，日夕渍砺不懈。②客有道[自]滁游学之士多放言高论，亦有渐背师教者。先生曰："吾年来欲惩末俗之卑污，引接学者多就高明一路，以救时弊。今见学者渐有流入空虚，为脱落新奇之论，吾已悔之矣。故南畿论学，只教学者'存天理，去人欲'为省察克治实功。"

---

① "九年"，隆庆本原作"九月"，误。
② "同聚师门，日夕渍砺不懈"，嘉靖本作"同受业"。

王嘉秀、萧惠好谈仙佛，先生尝警之曰："吾幼[时求圣学不得，亦尝]笃志二氏【，自谓既有所得】。其后居夷三载，始见圣人端绪，悔错用功二十年。①【大抵】二氏之学，其妙与圣人只有毫厘之间。[故不易辨，惟笃志圣学者始能究析其隐微，非测亿所及也。]【汝今所学乃其土苴，辄自信自好，直鸱鸮窃腐鼠耳。"惠请二氏之妙。先生曰："向汝说圣人之学简易广大，汝却不问我悟的，只问我悔的。"惠惭谢，请问圣人之道。先生曰："汝今又见了人事间，待汝办个真要求为圣人的心来，与汝说。"惠再三请，先生曰："向汝一句道尽，汝自不会。"】

【又尝与宗贤书曰："近与朋友论学，惟说'立诚'二字。杀人须就咽喉上着刀，吾人为学当从心髓入微处用力，自然笃实光辉。虽私欲之萌，真是红炉点雪，天下之大本立矣。若就标末妆缀比拟，凡平日所谓学、问、思、辩，适为长傲遂非之资，自以为进于高明光大，而不知陷于狠戾险嫉，诚可哀也已！"】

【又与陆澄书曰："义理无定在，无穷尽。吾与子言，不可以少有得而遂足也；再言之十年、二十年、五十年，未有止也。"他日又曰："尧、舜之上，善无尽；桀、纣之下，恶无尽。使桀、纣未死，恶宁止此乎？使善有尽时，文王何以'望道而未之见'？"】

【又问："知识不长进，如何？"先生曰："为学须有本原，须从本原上用力，渐渐盈科而进。仙家说婴儿，亦善譬。婴儿在母腹时，只是纯气，有何知识？出胎后，方始能啼，既而后能笑，又既而后能认识其父母兄弟，又既而后能立能行、能持能负，卒乃天下之事无不可能，不是出胎日便讲求推寻得来。圣人到位天地，育万物，也只从喜怒哀乐未发之中上养来。后儒不明格物之说，见圣人无不知、无不能，便欲于初下手时讲求得尽，岂有此理？"】

---

① "始见圣人端绪，悔错用功二十年"，嘉靖本作"见得圣人之道简易广大，始自叹悔错用了三十余年气力"。

【"立志用功，如种树然。方其根芽，犹未有干；及其有干，尚未有枝；枝而后叶，叶而后花实。初种根时，只管栽培之功，怕没有枝叶花实？"】

【澄尝问象山在人情事变上做工夫之说。先生曰："除了人情事变，即无事矣。喜怒哀乐，非人情乎？自视听言动，以至富贵、贫贱、患难、死生，皆事变也。事变亦只在人情里。其要只在致中和。"】

【"定者心之本体，天理也，动静所遇之时也。"】

【又曰："不可谓未发之中，常人俱有。盖体用一源，有是体即有是用，有未发之中，即有发而皆中节之和。今人未能有发而皆中节之和，须知是他未发之中亦未能全得。"】

【《书张寰卷》有曰："先儒之学得有浅深，则其为言亦不能无同异。学者惟当反之于心，不必苟求其同，亦不必故求其异，要在于是而已。今学者于先儒之说，苟有未合，不妨致思。思之而终有不同，固亦未为甚害，但不当因此而遂加非毁，则其为罪大矣。程先生云：'贤且学他是处，未须论他不是处。'此言最可以自警。

见贤思齐焉，见不贤而内自省，则不至于责人已甚，而自治严。议论好胜，亦是今时学者大病。今学者于道，如管中窥天，少有所见，即自足自是，傲然居之不疑。与人言论，不待其辞之终，而已先怀轻忽非笑之意，訑訑之声音颜色，拒人于千里之外。不知有道者从旁视之，方为之悚息汗颜，若无所容；而彼悍然不顾，略无省觉，斯亦可哀也已！

某之于道，虽亦略有所见，未敢尽以为是也；其于后儒之说，虽亦时有异同，未敢尽以为非也。朋友之来问者，皆相爱者也，何敢以不尽吾所见！正期体之于心，务求真有所见，其孰是孰非而身发明之，庶有益于斯道也。若徒入耳出口，互相标立门户，以为能学，则非某之初心矣。孔子云：'默而识之，学而不厌。'斯乃深望于同志者也。"】

【是年，张东所诇会于南京。】

【《次韵寄张东所》：远趋君命忽中违，此意年来识者稀。黄绮曾为炎祚出，子陵终向富春归。江船一话千年阔，尘梦今惊四十非。何日孤帆过天目，海门春浪扫渔矶。】

十年乙亥，先生四十四岁，在京师①。

【注】 钱德洪《年谱》未立"正德九年"条。这一年，图谱本认为阳明先生作《朱子晚年定论》，集要本认为"始以致良知训学者"。此外，正德九年五月，周积来受学。周积是在阳明先生逝世时刻陪伴身边之人，亲听其遗言"此心光明，亦复何言"。阳明先生曾为周积作《赠周以善归省序》。②

正月，疏自陈，不允。

是年当两京考察，例上疏。

【注】 此事当在"四月"，钱德洪所记有误。详见束景南先生之考证。③

【先生尝曰："《易》之辞，是'初九，潜龙勿用'六字；《易》之象，是初画；《易》之变，是值其画；《易》之占，是用其辞。"】

【陆澄问"操存舍亡"，先生曰："'出入无时，莫知其乡。'虽就常人心说，心之本体亦元是如此，不可便谓出为亡，入为存。若论本体，元是无出无入的。若论出入，则其思虑运用是出，然主宰常昭昭在此，何出之有？既无所出，何入之有？程子所谓腔子，亦只是天理而已。虽终日应酬而

---

① "在京师"，嘉靖本作"在南京"。
② 束景南先生考证："以'学有年'算之，则其归省在正德十年五月。赵镗《周公积行状》：'闻阳明先生倡道东南，亟师事之。初闻知行合一之说，不能无疑。及先生反覆示以立诚之道，且悔且喜，遂超然有悟。今《传习录》（按：当作《阳明大全》）所载《赠周以善归省序》，则先生与公论学之词也。公之归也，日以所闻于先生者启迪后进，一时及门之士，如今方伯东溪徐君、邑侯阳溪林君、学正西山王君，成彬彬焉。吾邑自徐逸平先生倡道之后，寥寥数百载，士之向学实自公始。'"（《长编》第824页）
③ 钱德洪《阳明先生年谱》云："正月，疏自陈，不允……"按阳明《辞新任乞以旧职致仕疏》明云："臣原任南京鸿胪寺卿，去岁四月，尝以不职自劾求退。"是阳明疏陈乞休在四月而非正月。考《国榷》卷四十九："正德十年四月甲申，考察京官，降斥有差。"是考察京官事确在四月也。（《长编》第815页）

不出天理,即是在腔子里。若出天理,斯谓之放,斯谓之亡。"又曰:"出入亦只是动静,动静无端,岂有乡邪?"】

【精神道德言动,大率收敛为主,发散是不得已。天地人物皆然。】

【澄问:"道一而已。古人论道往往不同,求之亦有要乎?"先生曰:"道无方体,不可执着。却拘滞于文义上求道,远矣。如今人只说天,其实何尝见天?谓日月风雷即天,不可;谓人物草木不是天,亦不可。道即是天,若识得时,何莫而非道?人但各以其一隅之见认定,以为道止如此,所以不同。若解向里寻求,见得自己心体,即无时无处不是此道。亘古亘今,无终无始,更有甚同异?心即道,道即天,知心则知道、知天。"又曰:"诸君要实见此道,须从自己心上体认,不假外求,始得。"

又问:"心要逐物,如何则可?"先生曰:"人君端拱清穆,六卿分职,天下乃治。心统五官,亦要如此。今眼要视时,心便逐在色上;耳要听时,心便逐在声上。如人君要选官时,便自去坐在吏部;要调军时,便自去坐在兵部:如此岂惟失却君体,六卿亦皆不得其职。"

又曰:"万象森然时,亦冲漠无朕;冲漠无朕,即万象森然。冲漠无朕者一之父,万象森然者精之母。一中有精,精中有一。"】

【先生问在坐之友:"此来功夫何似?"一友举虚明意思。先生曰:"此是说光景。"一友叙今昔异同。先生曰:"此是说效验。"二友惘然。先生曰:"吾辈今日用功,只是要为善之心真切。这个心真切,见善即迁,有过即改,人欲日消,天理日明。若只管求光景,说效验,却是助长外驰病痛,不是工夫。"】

立再从子正宪为后。

正宪字仲肃,季叔易直先生兖之孙,西林守信之第五子也。先生年四十四,与诸弟守俭、守文、守章俱未举子。故龙山公为先生择守信子正宪立之,时年八龄①。

---

① 嘉靖本此句作:"惟守信子众,故择立之,正宪年方八岁。"

是年御史杨璂荐改祭酒，不报。

八月，拟《谏迎佛疏》。

【注】 此《谏迎佛疏》实在"十一月"而非"八月"，且被后人与阳明二月上疏论大德法王事相混。①

时命太监刘允、乌思藏赍幡供诸佛，奉迎佛徒。允奏请盐七万引以为路费，许之。辅臣杨廷和等与户部及言官各疏执奏，不听。先生欲因事纳忠，拟疏欲上，后中止。

【注】 阳明上《谏迎佛疏》的根本立场，并非出于辟佛、排佛，而是认为比较而言，儒道高于佛道，儒圣高于佛释，故阳明才反对求佛于夷狄，而主张求圣于中国。详见束景南先生《王阳明年谱长编》中的论述。②结合阳所谓"虎跑寺呵僧"之事，如若实为他打通儒、释之思想学说，那么阳明先生此次上《谏迎佛疏》之立场也当绝非排斥佛道。

疏请告。

是年祖母岑太夫人年九十有六，先生思[乞恩]归一见为诀，[疏凡再上矣，]故【疏】辞甚恳[切]。

---

① 束景南先生指出："钱德洪《阳明先生年谱》于正德十年叙事最为颠倒舛误，如将阳明当两京考察例上疏定在正月，实则在四月，将拟上《谏迎佛疏》定在八月，实则在十一月，由此遂将阳明二月疏论乌思藏大德法王事与拟上《谏迎佛疏》事混为一谈，致使阳明二月上疏论大德法王事成千古之秘，不得其详。今按阳明身任鸿胪寺卿，乃一礼官……乌思藏大乘法王入贡、请国师、设广茶等事，正与鸿胪寺密切相关，阳明闻其事，以己之职责，必当疏论也。湛甘泉此致阳明三书，皆作在三月其扶柩归增城途中，故其中云'道途人心汹汹，切为老兄危之'，必是指阳明因疏论大德法王，议论汹汹……"（《长编》第803页）

② 束景南先生指出："武宗之遣太监刘允往乌思藏迎佛，当时大臣言官多从儒佛异道上辟佛疏谏，独阳明乃从儒佛同道、释迦尧舜同圣上疏谏迎佛。盖在阳明眼里，释迦牟尼氏与尧舜王者同为圣人，佛道与儒道相合，故疏中竟谓武宗遣使外夷迎佛'乃陛下圣智之开明，善端之萌蘖'，'是乃为善之端，作圣之本'，'夫佛者，夷之圣人；圣人者，中国之佛也'，'陛下果能以好佛之心而好圣人，以求释迦之诚而求诸尧、舜之道，则不必涉数万里之遥，而西方极乐，只在目前'。儒佛同道，儒释同圣，只是比较而言，儒道高于佛道，儒圣高于佛释，故阳明才反对求佛于夷狄，而主张求圣于中国，此即阳明上此《谏迎佛疏》之根本立场，并非出于辟佛、排佛之立场也。"（《长编》第871页）

【注】 阳明先生还有一次上《乞养病疏》是在九月,此疏不载《王阳明全集》。而此处所记事,束景南先生指出:"(钱德洪)所云'疏凡再上',即《寄李道夫》所云'病疏已再上',指八月、九月二次上疏乞休。然因钱氏叙述含混,一并于'八月'下合叙,遂使人误以为此'疏凡再上'指四月、八月二次上疏乞休,而九月再上疏乞休遂湮没无闻。阳明九月上《乞养病疏》不载《王阳明全集》,已佚。"(《长编》第846页)

【先生曰:"种树者必培其根,种德者必养其心。欲树之长,必于始生时删其繁枝,然后根干能大;欲德之盛,必于始学时去夫外好。如外好诗文,则精神日渐漏泄;凡百皆然。"又曰:"我此论学是无中生有的工夫,诸公须要信得及,只是立志。学者一念为善之志,如树之根,但勿助勿忘,只管培植将去,自然日夜滋长,生气日充,故立志贵专一。"】

【侃因论先生之门,某人在涵养上用功,某人在识见上用功,先生曰:"专涵养者日见其不足,专识见者日见其有余。日不足者日有余矣,日有余者日不足矣。"】

【尝为观时作《见斋说》曰:"道有可见乎?"曰:"有,有而未尝有也。"曰:"然则无可见乎?"曰:"无,无而未尝无也。"曰:"然则何以为见乎?"曰:"见而未尝见也。"观时曰:"弟子之惑滋甚矣。夫子则明言以教我乎?"阳明子曰:"道不可言也,强为之言而益晦;道无可见也,妄为之见而益远。夫有而未尝有,是真有也;无而未尝无,是真无也;见而未尝见,是真见也。子未观于天乎?谓天为无可见,则苍苍耳,昭昭耳,日月之代明,四时之错行,未尝无也;谓天为可见,则即之而无所,指之而无定,执之而无得,未尝有也。夫天,道也;道,天也。风可捉也,影可拾也,道可见也。"曰:"然则吾终无所见乎?古之人则亦终无所见乎?"曰:"神无方而道无体,仁者见之谓之仁,知者见之谓之知。是有方体者也,见之而未尽者也。颜子则如有所立,卓尔。夫谓之'如',则非有也;谓之'有',则非无也。是故'虽欲从之,末由也已'。故夫颜氏之子为庶几也。文王望道而未之见,斯真见也已。"曰:"然则吾何所用心乎?"曰:"沦于无者,无所用其心者也,荡而无归;滞于有者,用其心于无用者也,劳而无功。夫有无之间,见与不见之妙,非可以言求也。而子顾切切焉,吾又从而强言其不可见,是以声导瞽也。夫言饮者不可以为醉,见食者不可以为饱。子求其醉饱,则盍饮食之?子求其见也,其惟人之所不见乎?夫亦戒慎乎其所不睹也已。斯真睹也已,斯求见之道也已。"】

【观时问"未发之中",先生曰:"汝但戒慎不睹,恐惧不闻,养得此心纯是天理,便自然见。"观时请略示气象。先生曰:"哑子吃苦瓜,与你说不得。你要知此苦,还须你自吃。"时曰仁在傍,曰:"如此才是真知,即是行矣。"一时在座诸友皆有省。】

【《次韵别栾子仁》:从来尼父欲无言,须信无言已跃然。悟到鸢鱼飞跃处,工夫原不在陈编。

操持存养本非禅,矫枉宁知已过偏。此去好从根脚起,竿头百尺未须前。

野夫非不爱吟诗,才欲吟诗即乱思。未会性情涵咏地,《二南》还合是淫辞。】

十[有]一年丙子,先生四十五岁,在南京。

【注】 正德十一年的七月,阳明先生有诗寄潘南山,但他主张程朱理学,与阳明学说多不和。①

【三月。先生尝谓薛侃曰:"无善无恶者理之静,有善有恶者气之动。不动于气,即无善无恶,是谓至善。佛氏着在无善无恶上,便一切都不管,不可以治天下。圣人无善无恶,只是无有作好,无有作恶,不动于气。然遵

---

①潘南山,即潘府,字孔修,号南山,上虞人。成化二十三年进士。束景南先生云:"《光绪上虞县志校续》卷八《潘府传》:'既致仕归,屏居南山,辟南山书院,聚徒讲学。布衣蔬食,足不入城市。修正《五经》《四书》传注及周程四子集,参互考订,为书二十余种。所著《素言》,竞传诵之。与王守仁讲学,颇有异同。'盖潘府主程朱学,与阳明多不和。"(《长编》第894页)

王之道，会其有极，便自一循天理，便有个裁成辅相。世儒惟不知此，舍心逐物，将格物之学错看了，终日驰求于外，只做得个义袭而取，终身行不着、习不察。须是廓然大公，方是心之本体。知此即知未发之中。"

侃问："先儒以心之静为体，心之动为用，如何？"先生曰："心不可以动、静为体、用。动静，时也，即体而言用在体，即用而言体在用，是谓体用一源。若说静可以见其体，动可以见其用，却不妨。"

萧惠问死生。先生曰："知昼夜即知死生。"问昼夜。曰："知昼则知夜。"曰："昼亦有所不知乎？"先生曰："汝能知昼？懵懵而兴，蠢蠢而食，行不着，习不察，终日昏昏，只是梦昼。汝能知昼，惟息有养，瞬有存，此心惺惺，天理无一息间断，才是能知昼。这便是天德，便是通乎昼夜之道而知，更有甚么死生？"

【黄诚甫问："先儒以孔子告颜渊为邦之问，是立万世常行之道，如何？"先生曰："颜子具体圣人；其于为邦的大本大原都已完备。夫子平日知之已深，到此都不必言，只就制度文为上说。此等处亦不可忽略，须要是如此方尽善。又不可因自己本领是当了，便于防范上疏阔，须是要放郑声、远佞人。盖颜子是个克己向里、德上用心的人，孔子恐其外面末节或有疏略，故就他不足处帮补说。若在他人，须告以为政在人，取人以身，修身以道，修道以仁，达道九经及诚身许多工夫，方始做得，这个方是万世常行之道。不然，只去行了夏时，乘了殷辂，服了周冕，作了韶舞，天下岂便治得？后人但见颜子是孔门第一人，又问个'为邦'，便把做天大事看了。"】

九月，升都察院左佥都御史、巡抚南、赣、汀、漳等处。

【注】 此事时间，束景南先生认为并不准确。①

---

① 束景南先生指出："阳明升都察院左佥都御史命下在八月十九日，九月十四日乃是阳明接到吏部咨文之日。阳明是次新除，乃是接文森之任。……自正月至八月督察院左佥都御史空缺，无人敢往江西多事之地，朝廷乃强命阳明巡抚江西，实亦无所谓兵部尚书王琼之荐也。"（《长编》第902—903页）

是时汀、漳各郡皆有巨寇,【都御史文森受命称疾,】尚书王琼【劾罢之,】特举先生。

十月,归省至越。

王思舆语季本曰:"阳明此行,必立事功。"本曰:"何以知之?"曰:"吾触之不动矣。"

十[有]二年丁丑,先生四十六岁【,在赣】。

正月,至赣。

【注】 阳明平定"宁王之乱"始末,各种版本的《王阳明年谱》都有详细记述。此时阳明来到江西,是否拜见过宁王朱宸濠?束景南先生认为确有其事,但这是"礼节性拜访"而已,并非为探察其谋反意图。①

先生过万安,遇流贼数百,[沿途]肆劫,商舟【避】不敢进。先生乃联[商]舟,结为阵势,扬旗鸣鼓,如趋战状。贼乃罗拜于岸,呼曰:"饥荒流民,乞求赈济!"先生泊岸,令人谕之曰:"至赣后,即差官抚插。[各安生理,]毋作非为,自取戮灭。②"贼惧散归③。以是年正月十六日开府。

行十家牌法。

---

① 束景南先生指出:"阳明始见宁王宸濠必在正月初经南昌时。盖阳明是次赴南、赣之所以不经广信、建昌近路,而转道饶州、南昌再南下南、赣,盖因都察院设在南昌,阳明自必当先赴南昌。同时亦可往见宁王宸濠,一则因宸濠为江西藩王,其所统辖军队在其封国境内亦本有协助阳明平叛平乱之责;二则因阳明除江西巡抚实初出宸濠之意,王琼、陆完不过迎合宸濠之意才荐举阳明为江西巡抚;而宸濠在南昌暗中谋叛,方大肆网罗人才,阳明乃是其首要招揽罗致之人物,亦必望其来南昌一见也。由此可见阳明是次见宸濠实为官员上任按官例之'礼节性'拜访,谓其特来觇濠动静、以窥逆谋则非。盖其时宸濠谋反面目尚未全然暴露,其时阳明亦尚未知其反叛逆谋也。至谓阳明其后'乃遣其门生冀元亨往来濠邸,觇其动静',绝无其事;阳明后来请提督军务,更非是'意在濠也'。"(《长编》第927页)
② "毋作非为,自取戮灭",嘉靖本作"毋轻纪法,自取戮灭也"。
③ "贼惧散归",嘉靖本作"贼听诺散归"。

[先是]赣民【故】为洞贼耳目，官府举动[未形]，而贼已先闻①。军门一老隶，奸尤甚。先生侦知之，呼入卧室，使之自择生死【孰便】，隶乃[输情]吐实。先生许其不死，试所言，悉验。乃于城中立《十家牌法》。其法编十家为②一牌，开列各户籍贯、姓名、年貌、行业，日轮一家，沿门按牌审③察，遇面生可疑人，即[行]报【之】官[究理]。【如】或[有]隐匿，【则】十家连坐。【且谕所属无远近，皆务实行之。】[仍]告谕父老子弟："务要父慈子孝，兄爱弟敬，夫和妇随，长惠幼顺；小心以奉官法，勤谨以办国课，恭俭以守家业，谦和以处乡里；心要平恕，毋得轻易忿争；事要含忍，毋得辄兴词讼；④见善互相劝勉，有恶互相惩戒[；务兴礼让之风，以成敦厚之俗]。【父老子弟曾见温良逊让，卑己尊人，而人不敬爱者乎？曾见有凶狠贪暴，利己侵人，而人不疾怨者乎？夫嚣讼之人，争利而未必得利，求伸而未必能伸，上辱祖父，下累子孙，亦何苦而为此也？"言教恳恳，其勉听之。】

选民兵。

先生以南、赣地连四省，山险林深，盗贼盘据，三[居]其一，窥伺剽掠，大为民患。当事者[每遇盗贼猖獗]【不胜忿】，[辄复会奏请，]调土军狼达，往返经年⑤，靡费逾万【，有损无益】。[逮至集兵举事，即已魍魉潜形，班师旋旅，则又鼠狐聚党，是以机宜屡失，而备御益弛。先生]乃使四省兵备官，于各属弩手、打手、机快等项，挑选骁勇绝群、胆力出众者，每县多或十余人，少或八九人，务求魁杰；或悬⑥召募，大约江西、福建二兵备各以五六百名为率，广东、湖广二兵备各以四五百名为率，中间[更]有出众者，优其廪饩，署为将领。除南、赣兵备自行编选，余四兵备官仍于每县原

---

① "而贼已先闻"，嘉靖本作"贼已先觉，甚苦之"。
② "为"，嘉靖本作"共"。
③ "审"，嘉靖本作"查"。
④ "心要平恕，毋得轻易忿争；事要含忍，毋得辄兴词讼"，嘉靖本作"心要平恕，毋怀险谲；事贵含忍，毋轻斗争"。
⑤ "调土军狼达，往返经年"，嘉靖本作"多调狼达土军，动经岁年"。
⑥ "悬"，嘉靖本作"行"。

额［数内拣选可用者，］量留三分之二，委该县贤能官统练，专以守城防隘为事。其余一分，拣退疲弱不堪者，免其着役，止出工食，追解该道，以益募赏。所募精兵，专随各兵备官屯扎，别选官分队统押教习之。如此，则各县屯戍之兵，既足以护守防截，而兵备募召之士，又可以应变出奇。盗贼渐知所畏［，平良益有所恃而无恐］【服】矣。

二月，平漳寇。

初，先生道闻漳寇方炽，兼程至赣，即移文三省兵备，克期起兵。自正月十六日莅任，才旬日，即议进兵。兵次长富村，遇贼，大战，斩获颇多。贼奔象湖山拒守。我兵追至莲花石，与贼对垒。会广东兵［至］，方欲合围，贼见势急，遂溃围［而］出。指挥覃桓、县丞纪镛马陷，死之。诸将请调狼兵，俟秋再举，先生乃责以失律罪，使立功自赎。诸将议犹未决，先生曰："兵宜随时，变在呼吸，岂宜各持成说耶？福建诸军稍缉，咸有立功赎罪心，利在速战。若当集谋之始，即掩贼不备，【奋击而前，】成功可必。今既【旷日持久】声势彰闻，各贼必联党设械，以御我师，且宜示以宽懈【，待间而发】。而犹执乘机之说以张惶于外，【以坚贼志，】是徒知吾卒之可击，而不知敌之未可击也。广东之兵①，意在倚重狼达土军，然后举事，【利于持久，】诸贼亦候吾土兵之集，以卜战期，【其备必弛也。若因而形之以缓】乘此机候，正可奋怯为勇，变弱为强。而犹执持重之说，以坐失事机，是徒知吾卒之未可击，而不知敌之正可击也。善用兵者，因形而借胜于敌，故其战胜不复，而应形于无穷。胜负之算，间不容发，乌可执滞哉？"于是亲率诸道锐卒进屯上杭，密敕群哨，佯言犒众退师，俟秋再举。密遣义官曾崇秀觇贼虚实，乘其懈，选兵分三路，俱于二月十九日乘晦夜，衔枚并进，直捣象湖，夺其隘口。诸贼失险，复据上层峻壁，四面滚木礌石，以死拒战。我兵奋勇鏖战，自辰至午，呼声振地。三省奇兵从间鼓噪突登，乃惊溃奔走。遂乘胜追剿。已而福建兵攻破长富村等巢三十余所，广东兵攻破水

---

① "广东之兵"，嘉靖本作"广东诸兵集谋稍缓"。

竹、大重坑等巢一十三所，斩首从贼詹师富、温火烧等七千有奇，俘获贼属、辎重无算，而诸洞荡灭。是役仅三月，漳南数十年逋寇悉平。

是月奏捷，具①言福建佥事胡琏、参政陈策、副使唐泽、知府钟湘、广东佥事顾应祥、都指挥杨戣、知县张戬劳绩，赐敕奖赏，其余升赏有差。初议进兵，谕诸将曰："贼虽据险而守，尚可出其不意，掩其不备，则用邓艾破蜀之策，从间道以出。若贼果盘据持重，可以计困，难以兵克，则用充国破羌之谋，减冗兵以省费。务在防隐祸于显利之中，绝深奸于意料之外，此万全无失者也。"已而桓等狃于小胜，不从间道，故违节制，以致挫衂。诸将志沮，遂请济师。先生独以为见兵二千有余，已为不少，不宜坐待济师以自懈，遥制以失机也。遂亲督兵而出，卒成功。

四月，班师。

时三月不雨。至于四月，先生方驻军上杭，祷于行台，得雨，以为未足。及班师，一雨三日，民大悦。有司请名行台之堂，曰"时雨堂"，取王师若时雨之义也；先生乃为记。

【是日参政陈策、佥事胡琏至自班师。】

五月，立兵符。

先生谓："习战之方，莫要于行伍；治众之法，莫先于分数。"将②调集各兵，每二十五人编为一伍，伍有小甲；五十人为一队，队有总甲；二百人为一哨，哨有长，有协哨二人；四百人为一营，营有官，有参谋二人；一千二百人为一阵，阵有偏将；二千四百人为一军，军有副将、偏将，无定员，临事而设。小甲于各伍之中[选才力优者为之]，总甲于小甲之中[选才力优者为之]，哨长于千百户义官之中[选材识优者为之]。副将得以罚偏将，偏将得以罚营官，营官得以罚哨长，哨长得以罚总甲，总甲得以罚小甲，小甲得以

---

① "具"，嘉靖本作"其"。
② "将"，嘉靖本作"每"。

罚伍众：务使上下相维，大小相承，如身之使臂，臂之使指，自然举动齐一，治众如寡，庶几有制之兵矣。

编选既定，仍每五人给一牌，备列同伍二十五人姓名，使之连络习熟，谓之"伍符"。每队各置两牌，编立字号，一付总甲，一藏本院，谓之"队符"。每哨各置两牌，编立字号，一付哨长，一藏本院，谓之"哨符"。每营各置两牌，编立字号，一付营官，一藏本院，谓之"营符"。凡遇征调发符，比号而行，以防奸伪。其诸缉养训练之方，旗鼓进退之节，务济实用行之。

【《疏请申明赏罚》 伏睹《大明律》内该载"失误军事"："领兵官已承调遣，不依期进兵策应，若承差告报军期而违限，因而失误军机者，并斩。""从军违期"条："若军临敌境，托故违期三日不至者，斩。""主将不固守"条："官军临阵先退，及围困敌城而逃者，斩。"此罚典也。及查得原拟直隶、山东、江西等处，征剿流贼升赏事例，一人并二人为首，就阵擒斩以次剧贼一名者五两，二名者十两，三名者升实授一级，不愿者赏十两。阵亡者升一级，俱世袭，不愿者赏十两。擒斩从贼六名以上至九名者，止升实授二级，余功加赏。不及六名，除升一级之外，加算赏银。三人、四人、五人以上共擒斩以次剧贼一名者，赏银十两均分；从贼一名者，赏五两均分。领军、把总等官自斩贼级，不准升赏。部下获功七十名以上者，升署一级。五百名者，升实授一级。不及数者量赏。一人捕获从贼一名者，赏银四两；二名者，赏八两；三名者，升一级。以次剧贼一名者，升署一级。俱不准世袭，不愿者赏五两。此皆赏格也。赏罚如此，宜乎人心激劝，功无不立。然而未有能者，盖以赏罚之典虽备，然罚典止行于参提之后，而不行于临阵对敌之时。赏格止行于大军征剿之日，而不行于寻常用兵之际故也，合无申明赏罚之典。今后但遇前项贼情，领兵官不拘军卫有司，所领兵众，有退缩不用命者，许领兵官军前以军法从事。领兵官不用命者，许总统兵官军前以军法从事。所统兵众有能对敌，擒斩功次，或赴敌阵亡者，从实开报，复核是实，转达奏闻，一体升赏。至若生擒贼徒，鞫问明白，实时押赴市曹斩首示众，庶使人知警畏，亦与见行事例，决不待时，无相悖戾。如此，则赏罚既明，人心激励，盗贼生发得以实时扑灭，粮饷可省，事功可见矣。夫盗贼之日滋，由于招抚之太滥。招抚之太滥，由于兵力之不足。兵力之不足，由于赏罚之不行。臣请因是为陛下略言之。于是反复四事，极尽其详，且曰："诚得以大军诛讨之，赏罚而行之，平时假臣等令旗、令牌，使得便宜行事，如是而兵有不精，贼有不灭，臣等亦无以逃其死矣！"】

奏设平和县，移枋头巡检司。

先生以贼据险，久为民患。今幸破灭，须为拊背扼吭之策，乃奏请设平和县治于河头，移河头巡检司于枋头。盖以河头为诸巢之咽喉，而枋头又河头之唇齿也。且曰："方贼之据河头也，穷凶极恶，至动三军之众，合二省之力，而始克荡平。若不及今为久远之图，不过数年，势将复起，后悔无及矣。盖盗贼之患，譬诸病人，兴师征讨者，针药攻治之方；建县抚辑者，饮食调摄之道。徒恃攻治，而不务调摄，则病不旋踵，后虽扁鹊、仓公，无所施其术也。"

［按：］是月，闻蔡宗兖、许相卿、季本、薛侃、陆澄同举进士，先生曰①："入仕之始，意况未免摇动，如絮在风中，若非粘泥贴网，亦自主张未得。不知诸友却何如？想平时工夫②，亦须有得力处耳。"又闻曰仁在告买田霅上，为诸友久聚之计，遗二诗［慰之］。

六月，疏请疏通盐法。

始，都御史陈金以流贼军饷，于赣州立厂抽分广盐，许至袁、临、吉三府发卖。然起正德六年至九年而止。至是，先生以敕谕有便宜处置语，疏请暂行。待平定之日，仍旧停止。从之。

九月，改授提督南、赣、汀、漳等处军务，给旗牌，得便宜行事。

【注】 阳明先生改授提督军务之任的时间，束景南先生认为应当在"七月十六日"，而非"九月"，而且此事主要是为他后来以三省夹剿江西之

---

① "先生曰"，嘉靖本作"遗之书曰"。
② "工夫"，嘉靖本作"功夫"。

设，与平宸濠乱无关；然而，阳明得提督军务，便宜行事，对后来平宸濠乱客观上也起到重要作用。①

南、赣旧[止]以巡抚莅之，至都御史周南会②请旗牌。事毕缴还，不为定制。至是，先生疏请，遂有提督之命。后不复，【更乃上疏换敕谢恩。】[更疏以："我国家有罚典，有赏格。然罚典止行于参提之后，而不行于临阵对敌之时；赏格止行于大军征剿之日，而不行于寻常用兵之际，故无成功。今后凡遇讨贼，领兵官不拘军卫有司，所领兵众，有退缩不用命者，许领兵官军前以军法从事；领兵官不用命者，许总统官军前以军法从事。所领兵众，有对敌擒斩功次，或赴敌阵亡，从实具报，覆实奏闻，升赏如制。若生擒贼徒，问明即押赴市曹，斩之以徇，庶使人知警畏，亦可比于令典决不待时者。如此，则赏罚既明，人心激励；盗起即得扑灭，粮饷可省，事功可建。"又曰："古者赏不逾时，罚不后事。过时而赏，与无赏同；后事而罚，与不罚同。况过时而不赏，后事而不罚，其何以齐一人心，作兴士气？虽使韩、白为将，亦不能有所成。诚得以大军诛赏之法，责而行之于平时，假臣等令旗令牌，便宜行事：如是而兵有不精，贼有不灭，臣等亦无以逃其死矣！"事下兵部尚书王琼，覆奏以为宜从所请。于是改巡抚为提督，得以军法从事，钦给旗牌八面，悉听便宜。既而镇守太监毕真谋于近幸，请监其军。琼奏以为兵法最忌遥制，若使南、赣用兵而必待谋于省城镇守，断乎不可；惟省城有警，则听南、赣策应。事遂寝。]

---

① 束景南先生指出："钱德洪《阳明先生年谱》谓'九月，改授提督南、赣、汀、漳等处军务'，乃误。盖阳明早在五月八日《申明赏罚以励人心疏》中已请总制之设，乞'假臣等以便宜行事，不限以时而惟成功是责'，'特假臣等令旗令牌，使得便宜行事……然后选重臣，假以总制之权而往拯之'。至五月二十八日阳明致书王琼、毛纪，正式提出撤巡抚，设总制，为王琼所肯。故遂至七月十六日有改授提督军务之任。盖提督乃从总制而来，提督军务，即总制事权也。由此可见阳明之有提督之请盖为三省夹剿江西之设，与其平宸濠乱无关；然阳明得提督军务，便宜行事，则对阳明后来平宸濠乱起关键作用矣。"（《长编》第961页）

② "周南会"，嘉靖本作"周公南尝"。

[按：]敕谕有曰："江西南安、赣州地方，与福建汀、漳二府，广东南、韶、潮、惠四府，及湖广郴州桂阳县，壤地相接，山岭相连，其间盗贼不时生发，东追则西窜，南捕则北奔。盖因地方各省事无统属，彼此推调，难为处置。先年尝设有都御史一员，巡抚前项地方，就令督剿盗贼。但责任不专，类多因循苟且，不能申明赏罚，以励人心，致令盗贼滋多，地方受祸。今日所奏及各该部覆奏事理，特改命尔提督军务，抚安军民，修理城池，禁革奸弊。一应军马钱粮事宜，但听便宜区画，以足军饷。但有盗贼生发，即便设法调兵剿杀，不许踵袭旧弊，招抚蒙蔽，重为民患。其管领兵快人等官员，不问文职、武职，若在军前违期，并逗遛退缩者，俱听军法从事。生擒盗贼，鞫问明白，亦听就行斩首示众。"

　　【先生常言："兵无定势，谋贵从时。苟势或因地而异便，则事宜量力以乘机。"兵部尚书王琼等覆奏，以为宜从所请。始给旗牌八面，悉听便宜。既而镇守太监毕真谋于近幸，请监其军。琼奏以为兵法最忌遥制，若使南、赣用兵而必待谋于省城镇守，断乎不可；惟省城有警，则听南、赣策应。事遂寝。】

　　【先生在赣，悬弓壁上，暇则就壁挽数十回，不令臂软。少年酷好弓马，奉命造威宁伯坟。坠马吐血，盖平生强力不懈若此。】

　　【先生在赣平诸寇，未尝调狼土一人。每有大征，密檄吉安各县发机兵若干人往，即羸弱无损坏者，由先生能以身先，且善部勒，聚散不在兵耳。】

抚谕贼巢。

　　是时漳寇虽平，而[乐昌、]龙川诸贼巢尚多啸聚，将用兵剿①之，先犒以牛酒银布，复谕之曰：

　　【"本院巡抚是方，专以弭盗安民为职。莅任之始，即闻尔等积年流劫乡村，杀害良善，民之被害来告者，月无虚日。本欲即调大兵剿除尔等，随往福建督征漳寇，意待回军之日，剿荡巢穴。后因漳寇既平，纪验斩获功次七千六百有

---

① "剿"，嘉靖本作"平"。

余。审知当时倡恶之贼不过四五十人,党恶之徒不过四千余众,其余多系一时被胁,不觉惨然兴哀。因念尔等巢穴之内,亦岂无胁从之人?况闻尔等亦多大家子弟,其间固有识达事势、颇知义理者。自吾至此,未尝遣一人抚谕尔等,岂可遽尔兴师剪灭?是亦近于不教而杀,异日吾终有憾于心。故今特遣人告谕尔等,勿自谓兵力之强,更有巢穴险者,今皆悉已诛灭无存,尔等岂不闻见?】

【夫】人之所共耻者,莫过于身被[为]盗贼之名;人心之所共愤者,莫过于身遭劫掠之苦。今使有人骂尔等为盗,尔必愤然①而怒。【尔等岂可心恶其名而身蹈其实?】又使人焚尔室庐,劫尔财货,掠尔妻女,尔必怀恨切骨,宁死必报。尔等以是加人,人其有不怨者乎?人同此心,尔宁独不知?乃必欲为此,其间想亦有不得已者。或是为官府所迫,或是为大户所侵,一时错起念头,误入其中,后遂不敢出。此等苦情,亦甚可悯。然亦皆由尔等悔悟不切耳。尔等当时去做贼时,是生人寻死路,尚且要去便去。今欲改行从善,是死人求生路,乃反不敢耶②?若尔等肯如当初去做贼时拼死出来,求要改行从善,我官府岂有必要杀汝之理?尔等久习恶毒,忍于杀人,心多猜疑,岂知我上人之心,无故杀一鸡犬尚且不忍,况于人命关天?若轻易杀之,冥冥之中,断有还报,殃祸及于子孙,何苦而必欲为此?我每为尔等思念及此,辄至于终夜不能安寝,亦无非欲为尔寻一生路。

惟是尔等冥顽不化,然后不得已而兴兵,此则非我杀之,乃天杀之也。今谓我全无杀人之心,亦是诳尔;若谓必欲杀尔,又非吾之本心。尔等今虽从恶,其始同是朝廷赤子。譬如一父母同生十子,八人为善,二人背逆,要害八人;父母之心,须去二人,然后八人得以安生。均之为子,父母之心,何故必欲偏杀二子,不得已也。吾于尔等,亦正如此。若此二子者,一旦悔恶迁善,号泣投诚,为父母者,亦必哀悯而赦之。何者?不忍杀其子者,乃父母之本心也。今得遂其本心,何喜何幸如之?吾于尔等,亦正如此。

---

① "愤然",嘉靖本作"拂然"。
② "不敢耶",嘉靖本作"不改,何也"。

闻尔等【辛苦】为贼，所得苦亦不多，其间尚有衣食不充者。何不以尔为贼之勤苦精力，而用之于耕农，运之于商贾，可以坐致饶富，而安享逸乐，放心纵意，游观城市之中，优游田野之内。岂如今日，【担受惊怕，】出则畏官避仇，入则防诛惧剿，潜形遁迹，忧苦终身，卒之身灭家破，妻子戮辱，亦有何好乎？尔等【好自思量，】若能听吾言，改行从善，吾即视尔为良民，【抚尔如赤子，】更不追【咎】尔【等】旧恶。若习性已成，难更改动，亦由尔等任意为之。吾南调两广之狼达，西调湖湘之土兵，亲率大军，围尔巢穴，一年不尽，至于两年；两年不尽，至于三年。尔之财力有限，吾之兵粮无穷，纵尔等皆为有翼之虎，谅亦不能逃于天地之外[矣]。呜呼！民，吾同胞，尔等皆吾赤子，吾终不能抚恤尔等，而至于杀尔，痛哉！痛哉！兴言至此，不觉泪下。"

[按：是谕文蔼然哀怜无辜之情，可以想见虞廷于羽之化矣。]故当①时酋长[若]黄金巢、卢珂等，即率众来投，愿效死以报。②

疏谢升赏。

朝廷以先生平漳寇功，升【俸】一级，银二十两，纻丝二表里，降敕奖励，故有谢疏。

疏处南、赣商税。

始，南安税商货于折梅亭，以资军饷。后多奸弊，仍并府北龟角尾，以疏闻。

十月，平横水、桶冈诸寇。

南、赣西接湖广桂阳，有桶冈、横水诸贼巢。南接广东乐昌，东接广东龙川，有浰头诸贼巢。大贼首谢志珊，号征南王，纠率大贼钟明贵、萧规模、陈曰能等，约【会】乐昌高快马等，大修战具，并造吕公车。闻广东官兵方有事府江，欲先破南康，乘虚入广。先是，湖广巡抚都御史陈金题请三省夹攻。先生以桶冈、横水、左溪诸贼荼毒三省，其患虽同，而事势各异。

---

① "故当"，嘉靖本作"是"。
② "愿效死以报"，嘉靖本作"且求自效"。

以湖广言之，则桶冈为贼之咽喉，而横水、左溪为之腹心。以江西言之，则横水、左溪为【贼】之腹心，而桶冈为之羽翼。今议者不去腹心，而欲与湖广夹攻桶冈，进兵两寇之间，腹背受敌，势必不利。

今议进兵横水、左溪，①克期在十一月朔。贼②见我兵未集，师期尚远，必以为先事桶冈③，【势必】观望未备。乘此急击之，可以得志。由是移兵临桶冈，破竹之势成。④于是决意先攻横水、左溪，分定哨道，指授方略，密以十月己酉进兵。至十一月己巳，凡破贼巢五十余，擒斩大贼首谢志珊等五十六，从贼首级二千一百六十八，俘获贼属二千三百二十四。

众请乘胜进兵桶冈，先生复以桶冈天险，四塞中坚【，往者，夹攻数月无功】。其所由入，惟锁匙龙、葫芦洞、察⑤坑、十八磊、新池五处，然皆架栈梯壑，于⑥崖巅坐发礌石，可以御我师⑦。惟上章一路稍平，然迂回半月[始达]，湖兵从入，我师复往，事皆非便。今横水、左溪余贼悉奔入，同难合势，为守必力。善战者，其势险，其节短。今我欲乘全胜之锋，兼三日之程，争百里之利，【彼若拒而不前，】[以]顿兵[于]幽谷，所谓强弩之末，不能穿鲁缟矣。莫若移屯近地，休兵养威，使人谕以祸福，彼必惧而请伏⑧。或有不从，乘而袭之，乃可以逞。因使其党往说之。贼喜，方集议，而横水、左溪奔入之贼，果坚持不可。往复迟疑，不暇为备，而我兵分道疾进，前后合击，贼遂大败。破巢三十余，擒斩大贼首蓝天凤等三十四，从贼首级一千一百四，俘获贼属二千三百。捷闻，赐敕奖谕。

是役也，监军副使杨璋，参议黄宏，领兵都指挥许清，指挥使郑文，知

---

① "今议进兵横水，左溪"，嘉靖本作"今议者皆以为必须先攻桶冈，然湖广"。
② "贼"，嘉靖本作"横水、左溪"。
③ "必以为先事桶冈"，嘉靖本作"且以为必先铜冈"。
④ "乘此急击之，可以得志。由是移兵临桶冈，破竹之势成"，嘉靖本作"今若出其不意，进兵速击，可以得志已。破横水、左溪，移兵而临桶冈，破竹之势蔑不济矣"。
⑤ "察"，嘉靖本作"茶"。
⑥ "于"，嘉靖本作"夤缘"。
⑦ "可以御我师"，嘉靖本作"可无执兵而御我师"。
⑧ "请伏"，嘉靖本作"请服"。

府邢珣、季敩、伍文定、唐淳，知县王天与、张戬，指挥余恩、冯翔、县丞舒富，随征参谋等官指挥谢泉、冯廷瑞、姚玺，同知朱宪，推官危寿、徐文英，知县陈允谐、黄文鹜、宋瑢、陆璇，千户陈伟、高睿等咸上功。

【先生在赣院，左有旁门通射圃，暇即走其中，与诸生论学，多至夜分。次早，诸生入揖为常。一夕夜坐，诸生请休朝，叩门，守者曰："昨夜公返，未几即出兵，不知何往。今可至数十里外矣。"其神速机变若此。是年抚州陈九川见。】

酋长谢志珊就擒，先生问曰："汝何得党类之众若此？"志珊曰："亦不容易。"曰："何？"曰："平生见世【界】上好汉，断不轻易放过，多方钩致之，或纵其酒，或助其急，待其相德，与之吐实，无不应矣。"先生退，语门人【且】曰："吾儒一生求朋友之益，岂异是哉？"

十二月，班师。

师至南康，百姓沿途顶香①迎拜。所经州县、隘所②，各立生祠。远乡之民，[各]肖像[于]祖堂，岁时尸祝。

闰十二月，奏设崇义县治，及茶寮隘上堡、铅厂、长龙三巡检司。

先生上言："横水、左溪、桶冈诸贼巢凡八十余，界乎③上犹、大庾、南康之中，四方相距各三百余里，号令不及，以故为贼所据。今幸削平，必建立县治，以示控制④。议割上犹【县】、崇议等三里，大庾【县】、义安三里，南康【县】、至坪一里，而特设县治于横水⑤，道里适均，山水合抱，土地平坦。仍设三巡检司以遏要害。茶陵复当桶冈之中，西通桂阳、桂东，南连仁化、乐昌，北接龙泉、永新，东入万安、兴国，宜设隘保障。令千户孟俊伐木立栅，移皮袍洞隘兵，而益以邻近隘夫守焉。"议上，悉从之，县名崇义。

---

① "顶香"，嘉靖本作"手香"。
② "隘所"，嘉靖本作"关隘"。
③ "界乎"，嘉靖本作"在"。
④ "以示控制"，嘉靖本作"以图久远"。注：此处用词，两种版本《年谱》之差异较大。
⑤ "横水"，嘉靖本作"三巢"。

【阳明先生年谱中卷】

【门人钱德洪编次】
【后学罗洪先考订】

十[有]三年戊寅，先生四十七岁，在赣。

正月，征三浰。

与薛侃书曰："即日已抵龙南，明日入巢，四路皆如期并进，贼有必破之势矣。向在横水，尝寄书仕德云：'破山中贼易，破心中贼难。'区区翦除鼠窃，何足为异？若诸贤扫荡心腹之寇，以收廓清平定之功，此诚大丈夫不世之伟绩。数日来，谅已得必胜之策，奏捷有期矣，何喜如之！[梁日孚、杨仕德诚可与共学。廨中事累尚谦。小儿正宪，犹望时赐督责。"时延尚谦为正宪师，兼倚以衙中政事，故云。]

二月，奏移小溪驿。

小溪驿旧当南康、南安中。丙子，大庾峰山里民惧贼仇杀，自愿筑城为卫。至是年二月，奏移驿其中。

三月，疏乞致仕，不允。

以病也。

袭平大帽、浰头诸寇。

先生议攻取之宜，先横水，次桶冈，次[与]广东，徐图浰头。方进兵横水时，恐浰头乘之，乃为告谕，颇多感动。惟池仲容曰："我等为贼非一年，官府来招非一次①，告谕何足凭？待金巢等无事，降未晚也。"金巢等至，乃释罪，推诚抚之，各愿自投②。于是，择其众五百人从征横水。横水既破，仲容等始惧，遣其弟池仲安来附，意以缓兵。先生觉之③。比征桶冈，使截路上新地，以迂其归，内严[警]备，【而】外若宽假。【阴召】被害者，皆言池氏凶狡，两经夹剿无功。【常言】[其曰]："狼兵[易与耳，调]来须半年，我避不须一月。"谓来不[能]速，留不[能]久也。咸请济师，不从。④乃密

---

① "我等为贼非一年，官府来招非一次"，嘉靖本作"家等为贼久，官府多不可信"。
② "投"，嘉靖本作"报"。注：此等处可见钱德洪编纂《年谱》时多有夸饰之辞。
③ "先生觉之"，嘉靖本作"先生阳许之"。注："阳""佯"在嘉靖本中通用。
④ "咸请济师，不从"，嘉靖本作"因指其僭号设官之罪"。

画方略，使[各]归[部集，]候期[遏贼]。及桶冈破，贼益惧，私为战守之①备。复使人【赍】赐酋牛酒，以察其变。贼度不可隐，诈称龙川新民卢珂、郑志高等将行掩袭，故豫为防，非虞官兵也。佯②信之，因怒珂等擅兵仇杀，移檄龙川，使廉实，将伐木开道讨之。贼闻[且]信[且]惧【且半】，复使来谢。会珂等告变，先生欲借珂以绐三浰，密语珂曰："吾姑毁状，汝当再来。来则受杖三十，系数旬，乃可。"珂知【之】，既喜"诺"。先生复授其意参随，密示行杖人，令极轻。至是假怒珂，数罪状，且将逮其属尽斩之，而阴纵其弟集兵。

先生先期召巡捕官，佯曰："今大征已毕，时和年丰，可令民家盛作鼓乐，大张灯会乐之，亦数十年一奇事也。"又曰："乐户多住龟角尾，恐招盗，曷迁入城来？"于是街巷俱然灯鸣鼓。已旬余，又遣指挥俞恩③及黄表颁历三浰[，推心招徕之]。时仲容等【因】疑先生图己，既【喜】得历，[稍安。]【宴劳良厚。】黄表辈从容曰："若辈新民，礼节生疏，我来颁历，若可高坐乎？"【众谓良是。于是老者促，少者往，少者曰："往则俱往，勿使我当灾也。"】于是仲容率其党【与豪健者】九十三人，[皆悍酋]，来营教场，而自以数人入见。先生【闻仲容来，固已匿兵，复饬祥符宫，宽闲以居，故】呵曰："若皆吾新民，不入见而营教场，疑我乎？"仲容惶恐曰："听命耳。"即遣人引至祥符宫，见物宇整洁，喜出望外。是时十二月二十三也。

先生既遣参随数人馆伴，复制青衣油靴，教之习礼，以察其志意所向。审其贪残，终不可化，而士民咸诉于道曰："此养寇贻害。"先生复决歼魁之念矣。逾日辞归，先生曰："自此至三浰八九日，今即往，岁内未必至

---

① "之"，嘉靖本作"自"。
② "佯"，嘉靖本作"阳"。
③ "俞恩"，嘉靖本作"余恩"。

家；即至，又当走拜正节，徒自取劳苦耳。闻赣州今岁有灯，曷以正月归乎？"数日，复辞，先生曰："正节尚未犒赏，奈何？"①

初二日，令有司大烹于宫，以次日宴。是夕，[令龙光]潜入甲士，【六百人射围，以六人制其一，复密语参随吉水致仕县丞龙光曰："每了十人，汝可立屏下安我，否则入告。"计既定，诘旦集仲容等院中，盛设鼓乐，内外不得闻声。乃召屠人刲牛豕阶下，与银历酒肉，两手莫胜。复以花朵绊系己，乃劳之酒。三叩头，出令。谢兵道既出，甲士尽歼之外门。然人刲肉劳酒，不令得见前后，故数刻始一发，而强甚者须七八人乃屈，至八十七人，光以甲士且尽，入告先生，遥见色变，光故缓行上阶，取茶造膝，曰："人尽矣"。先生即指所赏者，曰："汝后生昨日何得先长行，须绑以示教。"已而历指未赏者六人，曰："是皆先长者，尽绑押出。"】诘旦，尽歼之。先生自惜终不能化，日已过未刻，不食，大眩晕，呕吐。②

【黄昏，光入问，先生曰："劳甚得此，幸食薄粥，坐数时，无伤也。"光密曰："遣人乎？"先生大呵之。盖】先时尝密遣千户孟俊督珂弟【兵，又为伪牌以捕珂党为言，故经池巢相绐。及是珂已先归。】[集兵以防其变，及是]夜将半，自率军从龙南、冷水直捣下浰。贼故阻水石，错立水中。先生蹑屐先行，诸军继之，无溺者。门坚甚，先生摘百人，【衔枚】卷旗持炮火，缘后山登。须臾，后山炮火四发，旗帜满山，守者狼顾，门遂破，时正月七日丁未也。兵备副使杨璋，守备指挥郑文，知府陈祥、邢珣、季敩，推官危寿，指挥余恩、姚玺，县丞舒富皆从。凡破巢三十有八，擒斩贼首五十八，从贼二千余，余奔九连山往议。

---

① 嘉靖本此段作：先生既遣参随数人馆伴，复制长青衣油靴，教之习礼，而时试之。一日漫给赏，老少互争，参随以告，先生曰："多事！忘分别耳。汝何不开手本来？"次日依序给赏，老少不乱。众始安，而私入卫狱觇珂。参随先期，故匿系珂甚苦，众莫不唾骂数之。逾日辞归，先生曰："自此至三浰八九日，今即往，岁前未必至家；即至，又当谒正，徒取劳苦。闻赣州今岁有灯，曷以正月归乎？"其少者固喜观灯冶游，不禁诸参随复代之银，闻言欣然忘归。既复辞，先生曰："汝谒正尚未犒赏，奈何？"
② "诘旦，尽歼之。先生自惜终不能化，日已过未刻，不食，大眩晕，呕吐"，嘉靖本作"比毕事，日过未刻。先生退，大眩晕，呕吐"。

九连山横亘数百里，四面陡绝，须半月始达，而贼已据险。先生选精锐七百余，皆衣贼衣，佯奔溃，乘暮至贼崖下。贼下招之，我兵佯应。既度险，扼其后路。次日，从上下击，西①路伏起，一鼓擒之。抚其降酋张仲全等二百余人。视地里险易，立县置隘，留兵防守而归。【给仲容事难显言，故上捷之辞稍异。】

先生未至赣时，已闻有三省夹攻之议。即谓"夹攻大举，恐不足以灭贼"，乃进《攻治疏》。谓："朝廷若假以赏罚，【重其权，】使得便宜行事，动无掣肘，可以相机而发，一寨可攻，则攻一寨；一巢可扑，则扑一巢。量其罪恶之浅深，而为剿抚之先后，则可以省供馈征调之费。日剪月削，渐尽灰灭。此则如昔人拔齿之喻，【日渐动摇，】齿拔而儿不觉者也。若欲夹攻以快一朝之忿，则计贼二万，须兵十万；积粟料财，数月而事始集。②【声迹彰闻，】兵未出境，贼已深逃，锋刃所加，不过老弱胁从之辈耳。况狼兵所过，不减于盗。近年江西有姚源之役，福建有汀、漳之寇，府江之师，方集于两广，偏桥之讨，未息于湖、湘，若复加以大兵，民将何以堪命？此则一拔去齿，而儿亦随毙者也。"是疏方上，而夹攻成命已下矣。

先生又以为夹攻之策，名虽三省大举，其实举动次第，自有先后。如江西之南安，有上犹、大庾、桶冈等处贼巢，与湖广桂东、桂阳接境，夹攻之举，止宜江西与湖广会合，而广东于仁化县要害把截，【夹攻】不与焉。赣州之龙南，有浰头贼巢，与广东龙川接境，夹攻之举，止宜江西与广东会合，而湖广不与焉。广东乐昌、乳源贼巢，与湖广宜章县接境；惠州贼巢，与湖广临武县接境；仁化县贼巢，与湖广桂阳县接境；夹攻之举，止宜湖

---

① "西"，嘉靖本作"四"。
② "若欲夹攻以快一朝之忿，则计贼二万，须兵十万；积粟料财，数月而事始集"，嘉靖本作"然而下民之情，莫不欲大举夹攻，以快一朝之忿，必须南调两广之狼达，西调湖、湘之土兵，四路并进，一鼓成擒，庶几数十年之大患可除，千万人之积冤可雪，然而以兵法十围五攻之例计，贼二万，须兵十万，日费千金，疲于道路，不得操事者七十万家，积粟料财，数月而事始集"。

广、广东二省会合,而江西于大庾县要害把截,【夹攻】不与焉。若不此之察,必欲通待三省兵齐,然后进剿,则老师费财,为害匪细[矣]。

【今宜先合湖广、江西之兵,并力而举上犹诸贼,逮事之毕,广东之兵亦且集矣。则又合湖广、广东之兵,并力而举乐昌诸处,逮事之毕,江西之兵又得以少息矣。则又合广东、江西之兵,并力而举龙川。方其并力于上犹也,】[今并力于上犹也,]则姑遣人伪抚乐昌诸贼,以安其心。彼见广东既未有备,而湖广之兵又不及己,乃幸旦夕之生,必不敢越界以援上犹。及【夫】上犹既举,而湖广移兵以合广东,则乐昌诸贼其势已孤。二省兵力益专,其举益易。当是之时,龙川贼巢相去辽绝,自以为风马牛不相及,彼见江西之兵又彻,意必不疑。班师之日,出其不意,回军合击,蔑有不济者矣。疏上,朝廷许以便宜行事。桶冈既灭,湖广兵期始至。恐其徒劳远涉,即奖励统兵参将史春,使之即日回军,及计斩浰头,广东尚不及闻。皆与前议合。

四月,班师,立社学。

先生谓民风不善,由于教化未明。今幸盗贼稍平,民困渐息,一应移风易俗之事,虽未能尽举,姑且就其浅近易行者,开导训诲。①[即行]【仍】告谕[发]南、赣所属各县父老子弟,[互相戒勉,]兴立社学,延师教子,歌诗习礼。出入街衢,官长至,俱叉手拱立。先生或赞赏训诱之。久之,市民亦知冠服,朝夕歌声达于委巷[,雍雍然渐成礼让之俗矣]。

---

① "先生谓民风不善,由于教化未明。今幸盗贼稍平,民困渐息,一应移风易俗之事,虽未能尽举,姑且就其浅近易行者,开导训诲",嘉靖本作"先生尝有告示曰:百姓风俗不美,乱所由兴。今民穷苦已甚,而又竞为奢侈,岂不重自困哉?民间习染已久,亦难一旦尽变,吾姑就易见易改,渐次诲尔。今后居丧,不得用鼓乐为佛事,竭资分帛,俭于亲身,投诸水火。病者宜求医药,不得听信邪术,专事巫祷。嫁娶之家,丰俭称力,不得计论聘财妆奁,大会宾客,酒食连朝。亲戚岁时相问,惟贵诚心。村坊不得迎神赛会,凡此不率教者,十家牌均罪之"。

按：《训蒙大意示教读刘伯颂等》曰①："【古之教者，教以人伦。后世记诵词章之习起，而先王之教亡。】今教童子者，【惟】当以孝悌忠信、礼义廉耻为专务，其培植②涵养之方，则宜诱之歌诗，以发其志意；导之习礼，以肃其威仪；讽之读书，以开其知觉。今人往往以歌诗习礼为不切时务，此皆末俗庸鄙之见，乌足以知古人立教之意哉？大抵童子之情，乐嬉戏而惮拘检，如草木之始萌芽，舒畅之则条达，摧挠之则衰痿。

【今教童子，必使其趋向鼓舞，中心喜悦，则其进自不能已。譬之时雨春风，沾被卉木，莫不萌动发越，自然日长月化，若冰霜剥落，则生意萧索，日就枯槁矣。】故凡诱之歌诗者，非但发其志意而已，亦所以泄其跳号呼啸于咏歌，宣其幽抑结滞于音节也。导之习礼者，非但肃其威仪而已，亦所以周旋揖让而动荡其血脉，拜起屈伸而固束其筋骸也。讽之读书者，非但开其知觉而已，亦所以沉潜反复而存其心，抑扬讽诵以宣其志也。

【凡此皆所以顺导其志意，调理其性情，潜消其鄙吝，默化其粗顽，日使之渐于礼义而不苦其难，入于中和而不知其故，是盖先王立教之微意也。若近世之训蒙稚者，日惟督以句读课仿。】[若]责其检束而不知导之以礼，求其聪明而不知养之以善。【鞭挞绳缚，若待拘囚。】彼视学舍如囹狱而不肯入，视师长如寇仇而不欲见矣。[求其为善也，得乎？]

【窥避掩覆以遂其嬉游，设诈饰诡以肆其顽鄙，偷薄庸劣，日趋下流。是盖驱之于恶，而求其为善也，何可得乎？凡吾所以教，其意实在于此。恐时俗不察，视以为迂，且吾亦将去，故特叮咛以告。尔诸教读，其务体吾意，永以为训，毋辄因时俗之言，改废其绳墨，庶成蒙以养正之功矣。念之！念之！】"

【是年，为《立志说》遗弟，略曰：夫志，气之帅也，人之命也，木之根也，水之源也。源不浚则流息，根不植则木枯，命不续则人死，志不立则

---

① "《训蒙大意示教读刘伯颂等》"，嘉靖本作"《示教读刘伯颂等训蒙大意》"。
② "培植"，嘉靖本作"栽培"。

气昏。是以君子之学，无时无处不以立志为事。正目而视之，无它见也；倾耳而听之，无它闻也。如猫捕鼠，如鸡覆卵，精神心思凝聚融结，而不复知有其它，然后此志常立，神气精明，义理昭著，一有私欲，即便知觉，自然容住不得矣。】

五月，奏设和平县。

和平县治本和平峒羊子地，为三省贼冲要路。其中山水环抱，土地坦平，人烟辏集，千有余家。东去兴宁、长乐、安远，西抵河源，南界龙川，北际龙南，各有数日程。其山水阻隔，道路①辽远，人迹既稀，奸宄多萃。相传原系循州龙川、雷乡一州二县之地，后为贼据，止存龙川一县。洪武中，贼首谢士真等相继作乱，遂极陵夷。先生谓："宜乘时修复县治，以严控制。改和平巡检司于浰头，以遏要害。"议上，悉从之。

【先生既平南赣，其相近各巢，今自取便利，分辖诸地。有警署之，其后一二恃强相抗者，先生自携大兵剿之，虽幸逭诛，终来投者。至今饮食必祭，言及，多泣下者。】

六月，升都察院右副都御史，荫子锦衣卫，世袭百户。辞免，不允。

旌横水、桶冈功也，先生具疏辞免曰："臣过蒙国恩，授以巡抚之寄。②时臣方抱病请告，偶值前官有托疾避难之嫌，【本兵责以大义，】朝廷遣之简书，臣遂狼狈莅事。当是时，兵耗财匮，盗炽民穷，束手无策。朝廷念民命之颠危，虑臣力之薄劣，【谓其责任不专，无以联属人心；赏罚不重，无以作兴士气；号令不肃，无以督调远近。于是】本兵议假臣以赏罚，则从之；议给臣以旗牌，则从之；议改臣以提督，则从之。授之方略，而不拘以制；责其成功，而不限以时。由是臣得以伸缩如志，举动自由，一鼓而破横水，再鼓而灭桶冈。振旅复举，又一鼓而破三浰，再鼓而下九连。皆本兵之

---

① "路"，嘉靖本作"里"。
② "臣过蒙国恩，授以巡抚之寄"，嘉靖本作"臣过蒙国恩，不终摈斥，投之闲散之中，授以巡抚之寄"。

议,朝廷之断也。臣亦何功之有,而敢冒承其赏乎?①况臣福过灾生,已尝恳疏求告;今乃求退获进,引咎蒙赉,其如赏功之典何?"奏入,不允。

七月,刻古本《大学》。

【注】束景南先生认为钱德洪称"刻古本《大学》"并不恰当,此书应是《大学古本傍释》,其序作于正德十六年。②

先生出入贼垒,未暇宁居,门人薛侃、欧阳德、梁焯、何廷仁、黄弘纲、薛俊、杨骥、郭治、周仲、周冲、周魁③、郭持平、刘道、袁庆麟、王舜鹏、王学益〔、余光、黄槐密、黄鎣、吴伦、陈穄刘、鲁扶戬、吴鹤、薛侨、薛宗铨、欧阳昱〕,皆讲聚不散。至是回军休士,始得专意于朋友,日与发明《大学》本旨。

【始刻古本,自为序,略曰:"《大学》之道,诚心而已矣。诚意之功,格物而已矣。诚意之极,止至善而已矣。止至善之则,致知而已矣。正心,复其体也;修身,著其用也。以言乎己,谓之明德;以言乎人,谓之亲民;以言乎天地之间,则备矣。是故至善也者,心之本体也。动而后有不善,而本体之知,未尝不知也。意者,其动也。物者,其事也。致其本体之知,而动无不善。然非即其事而格之,则亦无以致其知。故致知者,诚意之

---

① "由是臣得以伸缩如志,举动自由,一鼓而破横水,再鼓而灭桶冈。振旅复举,又一鼓而破三浰,再鼓而下九连。皆本兵之议,朝廷之断也。臣亦何功之有,而敢冒承其赏乎",嘉靖本作"由是臣以赏罚之柄,而激励三军之气;以旗牌之重,而号召远近之兵;以提督之权,而纪纲八府一州之吏。伸缩如志,举动自由。于是兵威渐振,贼气先夺,成军而出,一鼓而破横水,再鼓而灭桶冈;振旅复举,又一鼓而破三浰,再鼓而下九连,皆役不再借,兵无挫刃,遣官赍执旗牌,以麾督两广夹剿之师,亦罔不用命咸集肤功。由是言之,凡臣之得借以成功者,皆本兵之议,朝廷之断也;臣亦何功之有,而敢冒承其赏乎。辟之驽马而得良御,马之得尽其力,皆御马者之力也;而遂归于马,可乎"。
② 束景南先生指出:"阳明是年七月序定并印刻之书为《大学古本傍释》,称'《刻古本大学》'不当。又其时阳明尚未形成'致良知'思想,何来'以良知指示至善之本体'?钱德洪向以为阳明正德十六年始揭良知之教,何以于此竟作如斯语?今观阳明此序无一字言及'致知''致良知',罗钦顺也明言此序'首尾数百言,并无一言及于致知',尤可见钱德洪之说为误。盖此序中之有'致知'之语,乃后来所加也。……阳明之改定《大学古本傍释序》实在正德十六年。"(《长编》第1057页)
③ "周魁",嘉靖本作"刘魁"。

本也。格物者，致知之实也。物格则知致、意诚，而有以复其本体，是之谓止至善。圣人惧人之求之于外也，而反复其辞。旧本析而圣人之意亡矣。"】指示入道之方。[先生在龙场时，疑朱子《大学章句》非圣门本旨，手录古本，伏读精思，始信圣人之学本简易明白。其书止为一篇，原无经传之分。格致本于诚意，原无缺传可补。以诚意为主，而为致知、格物之功，故不必增一敬字。以良知指示至善之本体，故不必假于见闻。至是录刻成书，傍为之释，而引以叙。]

【注】 束景南先生认为："阳明正德十六年改定《大学古本傍释序》，乃是阳明大揭良知之教之标志。"①

刻《朱子晚年定论》。

先生序略曰："昔谪官龙场，居夷处困，动心忍性之余，恍若有悟。【体验探求，再更寒暑。】证诸《六经》《四子》，洞然无复可疑。独于朱子之说，有相抵牾，恒疚于心。切疑朱子之贤，而岂其于此尚有未察？及官留都，复取朱子之书而检求之。然后知其晚岁固已大悟旧说之非，痛悔极艾，至以为自诳诳人之罪，不可胜赎。世之所传《集注》《或问》之类，乃其中年未定之说，自咎以为旧本之误，思改正而未及。而其诸《语类》之属，又其门人挟胜心以附己见，固于朱子平日之说犹有大相缪戾者。而世之学者，局于见闻，不过持循讲习于此，其于悟后之论，概乎其未有闻。则亦何怪乎予言之不信，而朱子之心无以自暴于后世也乎？予既自幸说之不缪于朱子，又喜朱子之先得我心之同然，且慨夫世之学者，徒守朱子中年未定之说，而不复知求其晚岁既悟之论，竞相呶呶，以乱正学，不自知其已入于异

---

①束景南先生指出："正德十三年阳明实尚未提出致良知思想，至正德十六年，其改定《大学古本傍释序》，特意新加进如下文句：'止至善之则，致知而已矣。''动而后有不善，而本体之知，未尝不知也。''致其本体之知，而动无不善，然非即其事而格之，则亦无以致其知者。故致知者，诚意之本也；格物者，致知之实也。物格则知致，意诚而后有以复其本体。''乃若致知，则存乎心悟；致知焉，尽矣。'全讲'致良知'，盖是其正德十四年以后提出之说。故阳明正德十六年改定《大学古本傍释序》，乃是阳明大揭良知之教之标志。"（《长编》第1058页）

端，辄采录而裒集之，私以示夫同志。庶几无疑于吾说，而圣学之明可冀矣。"

【注】 关于阳明先生作《朱子晚年定论》的始末，束景南先生在《王阳明年谱长编》中数次提到，他认为阳明作此书的用意在于终结正德十年以来与王道等人之间的"朱陆论战"，而且只是游戏文字，不具有多少学术价值，《朱子晚年定论》准确地讲是"六月十五日刊刻于雩都"。①束先生此说可备参考。

《与安之书》曰："留都时，偶因饶舌，遂至多口，攻之者环四面。取朱子晚年悔悟之说，集为《定论》，聊借以解纷耳。门人辈近刻之雩都，初闻甚不喜，然士夫见之，乃往往遂有开发者。无意中得此一助，亦颇省颊舌之劳。近年篁墩诸公尝有《道一》等编，见者先怀党同伐异之念，故卒不能有入，反激而怒。今但取朱子之所自言者表章之，不加一辞，虽有褊心，将无所施其怒矣。【聊往数册，】有志向者，一出指示之。"

八月，门人薛侃刻《传习录》。

【注】 薛侃于虔所刊刻《传习录》为三卷本。正德七年，徐爱最先开始编纂《传习录》，当时只有徐爱录一卷，也并未刊刻。此时薛侃编刻《传习录》总共包括三卷：徐爱录一卷，陆澄录一卷，薛侃录一卷。也就是今通行本《传习录》的卷上部分。

---

①束景南先生指出：正德十年，"王道改升吏部验封入京，自是在京与魏校、邵锐辈讲论朱学，同阳明弟子展开朱陆论战。阳明致书论辩批评，终不合，辛乃作《朱子晚年定论》以终结论战"。（《长编》第806页）又，"前考《朱子晚年定论》乃是阳明朱陆论战游戏文字，本不具有学术思想之价值与意义。阳明于书中虚构了一个朱熹晚年悔悟己说之非、思想转向陆学之故事，与其《游海诗》一书有异曲同工之妙。……用以掩饰自己反朱学、主陆学之立场"。（《长编》第862页）又，"今《朱子晚年定论》前序署'正德乙亥冬十一月朔，后学余姚王守仁序'，乃是其序定《朱子晚年定论》之日，非刊刻之日。《王阳明全集》卷七有《朱子晚年定论序》，注'戊寅'作，乃误。钱德洪《阳明先生年谱》谓'七月，刻《朱子晚年定论》'，并谓'《定论》首刻于南、赣'，皆误。今据袁庆麟跋，可确知《朱子晚年定论》乃六月十五日刊刻于雩都"。（《长编》第1053页）

侃得徐爱所遗《传习录》一卷，序二篇，与陆澄各录一卷，刻于虔。【爱自述曰："先生于《大学》'格物'诸说，悉以旧本为正，盖先儒所谓误本者也。爱始闻而骇，既而疑，已而殚精竭思，参互错综，以质于先生，然后知先生之说若水之寒，若火之热，断断乎百世以俟圣人而不惑者也。先生明睿天授，然和乐坦易，不事边幅。人见其少时豪迈不羁，又尝泛滥于词章，出入二氏之学，骤闻是说，皆目以为立异好奇，漫不省究。不知先生居夷三载，处困养静，精一之功固已超入圣域，粹然大中至正之归矣。爱朝夕炙门下，但见先生之道，即之若易而仰之愈高，见之若粗而探之愈精，就之若近而造之愈益无穷，十余年来竟未能窥其藩篱。世之君子，或与先生仅交一面，或犹未闻其謦欬，或先怀忽易愤激之心，而遽欲于立谈之间，传闻之说，臆断悬度，如之何其可得也？从游之士，闻先生之教，往往得一而遗二，见其牝牡骊黄而弃其所谓千里者。故爱备录平日之所闻，私以示夫同志，相与考而正之，庶无负先生之教云。"】

是年爱卒，先生哭之恸，爱及门独先，闻道亦早【，接人和易谦冲。虽无意亲人，而人自亲之，所作有《传习录》《同志考》】。尝游南岳，梦一瞿昙抚其背曰："尔与颜子同德，亦与颜子同寿。"自南京兵部郎中告病归，与陆澄谋耕霅上之田以俟师，【归为同志久聚计，】年才三十一。先生每语辄伤之。

九月，修濂溪书院。

四方学者辐辏，始寓射圃，至不能容，乃修濂溪书院居之。【邹守益辈来见。】

先生大征既上捷，一日，设酒食劳诸生，且曰："以此相报。"诸生瞿然【不安，】问故。先生曰："始吾登堂，每有赏罚，不敢肆，常恐有愧诸君。【自谓：'无过举矣。'】比与诸君相对久之，尚觉前此赏罚犹未也，于是思求其过以改之。【几番磨擦，】直至登堂行事，与诸君相对时，无少增损，方始心安【，然已不知费多少力气矣】。此即诸君之助，①固不必事事烦【诸君】口齿为也。"诸生闻言，愈省各畏②。

【黄弘纲问："戒惧是己所不知时工夫，慎独是己所独知时工夫，如何？"先生曰："只是一个。无事时，固是独知；有事时，亦是独知。人若不于此独知之地用力，只在人所共知处用功，便是作伪，便是见君子而后掩然。此独知处便是诚的萌芽，此处不论善念恶念，更无虚假，一是百是，一错百错，正是王伯、义利、诚伪、善恶界头，于此一立立定，便是端本澄源，便是立诚。古人许多诚身的工夫、精神命脉，全体只在此处。真是莫见莫显、无时无处、无终无始。只是此个功夫。今若又分戒惧为己所不知的工夫，便支离，亦有间断。既戒惧，即是知，己若不知，是谁戒惧？如此见解，便要流入断灭禅定。"】

十月，举乡约。

先生自大征后，以为民虽格面，未知格心，乃举乡约告谕父老子弟，使相警戒，辞有曰："顷者顽卒倡乱，震惊远迩。父老子弟，甚忧苦骚动。彼冥顽无知，逆天叛伦，自求诛戮，究言思之，实足悯悼。然亦岂独冥顽者之罪，有司抚养之有缺，训迪之无方，均有责焉。虽然，父老之所以倡率饬励于平日，无乃亦有所未至欤？今倡乱渠魁，皆就擒灭，胁从无辜，悉已宽贷。地方虽以宁复，然创今图后，父老所以教约其子弟者，自此不可以不豫。故今特为保甲之法，以相警戒。聊属父老，其率子弟慎行之：务和尔邻里，齐尔姻族，德义相劝，过失相规，敦礼让之风，成淳厚之俗。【本院奉命抚巡兹土，属有哀疾，未遑葡萄，未问父老疾苦，兼有司之不职，究民之利弊而兴除之。故先遣告谕父老子弟，使各知悉。方春，父老善相保爱，督子弟，及时农作，毋惰！】"

---

① "此即诸君之助"，嘉靖本作"此即诸君教诲所在"。
② "愈省各畏"，嘉靖本作"愈益省畏"。

【注】 阳明先生"举乡约"之事的时间，束景南先生认为一定是在"正德十四年二月"，而非"十月"。因为《告谕父老子弟》"此告谕文下明标'正德十四年二月'作，以文中言'方春'，当不误，可见阳明举乡约必在正德十四年二月。钱德洪《阳明先生年谱》引此告谕文，有意略去'方春'等句，竟作为正德十三年十月发布之文，定阳明举乡约在正德十三年十月，云：'正德十三年十月，举乡约。先生自大征后，以为民虽革面，未知格心，乃举乡约告谕父老子弟。'其说大误。五百年来人未有知其误者，何耶？"（《长编》第1104页）

十[有一]月，再请疏通盐法。

据户部覆疏，所允南、赣暂行盐税例止三年。先生念连年兵饷，不及小民，而止取盐税，所谓"不加赋而财足"，所助不少。且广盐止行于南、赣，其利小，而淮盐必行于袁、临、吉，以滩高也。故三府之民，长苦乏盐；而[私贩者]水发舟多，蔽河而下，寡不敌众，势莫能遏。乃上议以为："广盐行，则商税集，而用资于军饷，赋省于贫民。广盐止，则私贩兴，而弊滋于奸宄，利归于豪右。况南、赣巢穴虽平，残党未尽，方图保安之策，未有撤兵之期。若盐税一革，军饷之费，苟非科取于贫民，必须仰给于内帑。夫民已贫而敛不休，是驱之从盗也；外已竭而殚其内，是复残其本也。臣窃以为宜开复广盐，著为定例。"朝廷从之，至今军民受其利。①

[《王文成公全书》卷之三十二终]

---

① "朝廷从之，至今军民受其利"，嘉靖本作"得谕旨。后嘉靖十五年十二月奉新例，广盐止行于南、赣、吉，至于今"。

[《王文成公全书》卷之三十三　附录二　年谱二]

十[有]四年己卯,先生四十八岁,在江西。

【注】阳明先生始揭"致良知"之教时间,钱德洪认为是"正德十六年",束景南先生则确定为"正德十四年"①。

正月,疏谢升荫。

以三浰、九连功荫子锦衣卫,世袭副千户。[上疏辞免,谓:"荫子实非常典,私心终有未安;疾病已缠,图报无日。"疏入,不允。]

【辞免不准。疏谢略曰:"臣窃惟因劳而进秩者,朝廷赏功之典;量能而受禄者,人臣自守之节,故功宜②惟重。虽圣帝之宽仁,而食浮于行,尤君子所深耻。陛下之赐,行其赏功之典也。臣之不敢当者,亦惟伸其自守之节而已。军志有之,该罚而请不罚者,有诛;该赏而请不赏者,有诛。古之人君,执其赏罚,坚如金石,信如四时,是以令之所播如轰霆,兵之所加无坚敌,而功之所成无怨期。今日之事,兵事也。汉臣赵充国云:'兵事当为后法。'臣诚自知贪冒之耻,然亦安敢徇一己之小节,以乱陛下之军政乎?但荫子实非常典,私心终有所未安。黾勉受命,忧惭交集。自恨疾病之已缠,深惧图报之无日。"】

疏乞致仕,不允。

---

①束景南先生指出:"阳明于正德十四年在赣首揭'致良知'之教,正德十四年是阳明'良知之悟'之年。聂豹所云'妙悟良知之秘',实亦是指阳明于是年妙悟'良知'之秘;而诗所云'我亦当年苦旧迷',实即是阳明自谓正德十四年由'迷'入'悟'——妙悟'良知'之秘。稍后(八月)陈九川来南昌问学,阳明与其更进一步大阐'良知'之说,至有《论良知心学文》之作,更可确证阳明正德十四年始揭'良知'之教,正德十四年是阳明妙悟'良知'之年矣。历来以为阳明在龙场已大悟'良知'(龙场之悟),钱德洪以为阳明正德十六年始揭'良知'之教,其误自不待辨,阳明何时妙悟'良知'此一未解之谜今可揭开矣。"(《长编》第1111页)

②"宜",嘉靖本作"疑"。

以祖母疾亟故也。上书王晋溪琼曰："郴、衡诸处群孽，漏殄尚多。盖缘进剿之时，彼省土兵不甚用命，广兵防夹稍迟，是以致此。【今亦未敢动作，但恐一二年后不能保耳。】闽中之变，亦由积渐所致，始于延平，继于邵武，又发于建宁，于汀、漳，于沿海诸卫所。将来之祸，不可胜言，固非迂劣如某①所能办此也。又况近日祖母病危，日夜痛苦，方寸已乱。【伏】望【曲加矜悯】改授，使【得】全首领[以]归。【非生一人之幸也。】"

【注】钱德洪于正德十四年正月"疏乞致仕"下引阳明上书王晋溪中之语，束景南先生认为"大误"。因为此《上晋溪司马》书作于"正德十二年闰十二月"，两件事的时间相差悬殊。②

六月，奉敕勘处福建叛军。十五日丙子，至丰城，闻宸濠反，遂返吉安，起义兵。

时福州三卫军人进贵等胁众谋叛，奉敕往勘。以六月初九日启行，【亦移之外境以防变琼之微也。】十五日午，至丰城，知县顾佖迎，告濠反。【□先期十有四日，是为乙亥，】[先生]遂返舟。

先是，宁藩世蓄异志③，至濠奸恶尤甚【，矫饰叵测，而淫凶秽言，不忍闻】。正德初，与瑾纳结，尝风南昌诸生呈举孝行，抚按诸司表奏，以张声誉。安成举人刘养正素有诗文名，【以不化自高，】屈致鼓众，株连富民，朘剥财产，纵大贼闵念四、凌十一等四出劫掠，以佐妄费。【有不便己即甘心焉，而仕江右者又后多为鹰犬自容。】按察使陆完因濠器重，遂相倾附。及为本兵，首复护卫，树羽翼。而濠欲阴入第二子为武宗【皇帝】后。【大

---

① "某"，嘉靖本作"守仁"。
② 束景南先生指出："钱德洪《阳明先生年谱》于'正德十四年正月，疏乞致仕'下，引《王阳明全集》卷二十一《上晋溪司马》书一中语，乃大误。按此《上晋溪司马》书一论平汀、漳寇及建县治、设屯堡事，作在正德十二年闰十二月（见前，《王阳明全集》于此书题下注作于戊寅，乃误）。书中所言'张御史'即即张鳌山，字汝立，号石磐，安福人，阳明弟子。时丁忧服阕，起复赴京师（见《罗洪先集》卷二十二《石磐张君墓志铭》）。"（《长编》第1087页）
③ "宁藩世蓄异志"，嘉靖本作"宁藩世□失德"。

臣、诸奄故皆茹贿，至是多藏，亡命京师，】[其]内官阎顺等【被奏，】[潜至京师，发奏，]朝廷【悉】置不问，且①谪顺等孝陵净军，濠益无忌。【闻上行边，计纳都督马昂寡妹中之。】完改吏部，王琼代【策】[为本兵]，[度]濠必反，乃申军律，督责抚臣修武备，以待不虞。而诸路戒严，捕盗甚急。凌十一系狱劫逃，琼责期必获。濠始恐，复风诸生颂己贤孝，挟当道奏之，【以解。都御使孙燧不得已，随众类署，别奏其不法事，前后七上，皆为濠卒遮留。比】武宗见奏，惊曰："保官好升，保宁王贤孝，欲何为耶？【且将置我何地耶？】"是时江彬[方]宠幸【日盛】，太监张忠欲附彬以倾钱宁，闻是言，乃密应曰："钱宁、臧贤交通宁王，其意未可测也。"太监张锐初通濠，复用南昌人张仪言，附忠、彬自固。而御史熊兰居南昌，素仇濠，少师杨廷和亦欲革护卫免患，交为内主。上【入忠言，】[乃]令太监韦霖传旨："故事，王府奏事人辞见有常，【无愆期者，】今稽②违非制。【曷治之？】"

于是试御史萧淮上疏【略】曰："近奉敕旨，王人无事不得延留京师，臣有以仰窥陛下微意矣。臣不忍隐默，窃见宁王不遵祖训，包藏祸心，多杀无辜，横夺民产，虐害忠良，招纳亡命，私造兵器，潜谋不轨。交通官校有年③，如致仕侍郎李仕实【等】[、前镇守太监毕真，及诸前后附势者，]皆今日乱臣贼子，关系宗社【生灵】安危，非细故也。【陛下宜敕锦衣卫】[或]逮系【党与】至京，或坐名罢削。④布政使郑岳、副使胡世宁，皆守正蒙害，宜亟起用，庶几人知顺逆，祸变可弭矣。"疏入，忠、彬等【极口】赞羡【之】，欲内阁降敕【切】责镇巡，【以抑之，】而给事中徐之鸾、御史沈约等又具奏其不法⑤。廷和恐祸及，欲⑥濠上护卫自赎，同官外廷不知也。

---

① "且"，嘉靖本作"止"。
② "稽"，嘉靖本作"故"。
③ "交通官校有年"，嘉靖本作"官校交通，积有年岁"。
④ 嘉靖本作"陛下宜敕锦衣卫，逮系党与至京，究治以快人心，前镇守太监毕真等首保贤行，及诸前后附势者，宜坐名罢削"。
⑤ "具奏其不法"，嘉靖本作"俱连章"。
⑥ "欲"，嘉靖本作"将劝"。

一日，驸马都尉崔元遣问琼曰："适闻宣召，明早赴阙，何事？"琼【莫应，诣诘】[问]廷和。廷和佯惊曰："何[事]？"琼微笑曰："公勿欺我。"廷和忸怩①，徐曰："宣德中，有疑于赵，尝命驸马袁泰往谕，竟得释，或此意也。"明旦，琼至左顺门，见元领敕，谓曰："此大事，何不廷宣？"乃留，当廷领之，敕有曰："萧淮所言，关系宗社大计，朕念亲亲，不忍加兵，特遣太监赖义、驸马都尉崔元、都御史颜颐寿往谕，革其护卫。"【盖用内阁意也。】元【等】[领敕]既行，廷和复令兵部发兵，观变。琼曰："此不可泄。近给事中孙懋、易讃建议选兵操江，为江西[流贼设]备。[疏入，]留中日久，第请如拟行之[，备兵之方无出此矣]。"廷和默然。[会濠]侦卒林华者，闻朝议二三，不得实，【又逮奸细，】昼夜【才十八日】奔告。值濠生辰，宴诸司，闻言大惊，以为诏使此来，必用昔日蔡震擒荆藩故事。且旧制凡抄解宫眷，始遣驸马亲臣，固不记赵王事也。宴罢，密召士实、【及承奉】刘吉等谋之。养正曰："事急矣，明旦诸司入谢，即可行事。"【濠深谓然。】是夜集【闵念四、凌十一、吴十三等饬】兵以俟②。

比旦，诸司入谢，濠出，立露台，宣言于众曰："汝等知大义否？"都御史孙燧对曰："不知。"濠曰："太后有密旨，令我起兵监国，汝保驾否？"燧曰："天无二日，民无二王，此是大义，不知其他。"濠怒，令缚之。③按察[司]副使许逵从下大呼曰："【孙都御史】朝廷所遣大臣，【汝】反贼敢擅杀耶！"【顾燧曰："我欲先发不听。今制于人，尚何言？"】骂不绝口。校尉火信曳出惠民门外，同遇害。

是时日午，天忽阴晴，遂劫镇巡诸司下狱，夺其印。于是太监王宏，御史王金，公差主事马思聪，金山布政使胡濂，参政陈杲、刘斐，参议许效

---

① "忸怩"，嘉靖本作"愧发"。
② "俟"，嘉靖本作"候"。
③ "宣言于众曰"后嘉靖本作："孝宗为李广所误抱养民间子。我祖宗不血食者十四年于兹矣。太后有旨，令起兵讨贼，共伸大义，汝等知否？燧曰：'请旨看。'濠曰：'不必多言。我往南京，汝保驾否？'燧曰：'天无二日，民无二王，此是大义，不知其它。'濠戟手怒曰：'你既说我孝行如何？又遣人奏我如此反复，岂知大义？'令缚之。"

廉、黄宏，佥事顾凤，都指挥许清、白昂，皆在系。思聪、宏不食死。濠乃伪置官属，以吉暨涂钦、万锐等为太监，迎士实为太师，先期①迎养正南浦驿为国师，闵念四等各为都指挥【等官】，参政王伦为兵部尚书，季敩暨佥事潘鹏、师夔辈俱听役。胁②布政使梁宸、按察使杨璋、副使唐锦、都指挥马骥，【复为所胁，】移咨府部，传檄远近，革【正德】年号，【指】斥乘舆，分遣所亲娄伯、王春等四出收兵。

始濠闻武宗嬖伶官臧贤，乃遣秦荣就学音乐，馈万金及金丝宝壶。一日，武宗幸贤，贤以壶注酒，讶其精泽巧丽，曰："何从得此？"贤吐实。武宗曰："宁叔何不献我？"是时小刘新得幸，濠失贿，深衔之。比罢归，小刘笑曰："爷爷尚思宁王物，宁王不思爷爷物足矣，不记荐疏乎？"武宗乃益疑，忠、彬因赞萧疏，遂及贤，贤不知也。濠遣人留贤家，多复壁，外钥木橱，开则长巷，后通屋。甚隐，人无觉者。有旨大索贤家，林华遽走会同馆，得马，故速归。

初，宁献王臞仙传惠、靖、康三王。康王久无子，宫人南昌冯氏以成化丁酉生濠。康王梦蛇入宫，啖人殆尽，心恶之，欲弗举。以内人争免，遂匿优人家，与秦渶同寝处。稍长，淫宫中。康王忧愤且死，不令入诀。弘治丙辰袭位，通书史歌词。【而是时武宗初生，李广用事，外间不察，妄为飞语。濠始怀异。】至是谋逆，期以八月十五日因入试官吏生校举事，比林华至，始促反。

【刘养正，字子吉，尝举奇童。会试时，误入飞语，有诗曰："桃红李白年年是，谁识园林旧主非？"辛未后不复会试。制隐士服，部使者候其门，得而为幸。而士宾以名士，数受濠馈，闻变就缢，为群妾所守，不得死。白沙尝简以诗曰："风光何处可邻生，共把闲愁向酒倾。今日花巷前日

---

① "先期"，嘉靖本作"择期"。
② "胁"，嘉靖本作"遣"。

看，少年人到老年更。秦倾武穆凭张后，蜀取刘璋病孔明。千古此冤谁洗得？老夫无计挽东溟。"若豫为悲叹者吁，异哉！】

【先生发赣，时参随取敕印作一扛，留后堂，俟随舆出。少顷，仓卒封门，遂忘之。行之吉安，先生登岸取敕印，左右始觉。乃发指挥某往取，以是沿途迟留。不尔，正遘宸濠宴期，不闻报于丰城矣，於乎，天乎！】

十九日，疏上变。

【丰城令顾佖别后，风迅舟驶，已至曲江，先生亟召参随入。参随望见色变，已疑有它，问曰："曾闻顾言否？"曰："未"。曰："宁王反矣！"参随口噤莫能对。先生曰："汝谋走计，何为若此？"且曰："若辈盘缠少，吾有俸银可分。"又曰："自此西可入瑞州，吾善行无忧也。"光曰："夫人在舟，奈何？"先生曰："彼意在我，得老妪何为？"光曰："善行莫如马，顷刻十里，曷若舟便？"于是始定小舟计，计甫定，舟已至黄土脑矣。参随牵小舟，苦风逆，先生自至舟首，】[濠既戕害守臣，因劫诸司，据会城，乃悉拘护卫，集亡命，括丁壮，号兵十万，夺运船顺下。戊寅，袭南康，知府陈霖等遁。己卯，袭九江，兵备曹雷、知府汪颖、指挥刘勋等遁，属县闻风皆溃。濠初谋欲径袭南京，遂犯北京，故乘胜克期东下。先生闻变，返舟，值南风急，舟弗能前，乃]焚香拜泣告天曰："天若哀悯生灵，许我匡扶社稷，愿即反风【助顺】。若无意斯民，守仁无生望矣。"须臾，风渐止，北帆尽起。濠遣内官喻才领兵追急，是夜乃与幕士萧禹、雷济等潜入鱼舟得脱。①然②念两京仓卒无备，[欲沮挠之，使迟留旬月。]于是故为两广机密火牌，备【云】兵部咨及都御史颜咨云："率领狼达官兵四十八万江西公干。"【又】令[雷]济等【故为南赣】飞报摇之。

---

① "须臾，风渐止，北帆尽起。濠遣内官喻才领兵追急，是夜乃与幕士萧禹、雷济等潜入鱼舟得脱"，嘉靖本作"言与泪下，遂与萧禹、雷济、龙光等登船脱走，少顷，风渐止。北帆尽起，内官喻才来，追不及"。

② "然"，嘉靖本作"尤"。

【先生登小舟时，问光等："何故遣忘一物？"曰："何？""黄伞。"比过临江，语实，皆曰是何诳我，及张盖，舟夫始渡江来。至新淦，方登战船。邑令李美善练士，坚请留。先生登城曰："汝意甚善，惜城小耳。"】[濠见檄，果疑惧，迟延未发。]先生四昼夜至吉安，明日庚辰，上疏告变。【因推都御史王懋中、评事罗侨才识，复荐裁华兵备副使罗循，养病副使罗钦德，郎中曾直，御史周鲁，同知郭祥鹏，省亲进士郭持平，驿丞李忠、王思，当擢用，以劝忠贞。】乃与知府伍文定等计①，【于是遵便宜制，】传檄四方，暴[发逆]濠罪状，檄列郡起兵[以勤王]。疏留。复命巡按御史谢源、伍希儒、纪功，张疑兵于丰城，又故张②接济官军公移③，备云兵部咨题，准令许泰、郤永分领边军四万，从凤阳[陆路进]；刘晖、桂勇分领京边官军四万，从徐、淮水陆并进，王守仁领兵二万，杨旦等领兵八万，陈金等领兵六万，分道[并进，克期]夹攻南昌。且以原奉机密敕旨为据，故令各兵徐行，待其出城，遮击前后以误之。又为[李]士实、[刘]养正[内应]伪书，[贼将]凌十一、闵念四[投降]密状，【反间，】令济、光等亲人计入于濠。

【濠既害守臣，劫诸司，据会城，乃悉拘护卫，集亡命，括丁壮，命凌十一等分将钦监之，夺运船顺下。戊寅，袭南康，知府陈霖等遁。己卯，袭九江，兵备曹雷、知府汪颖、指挥刘勋等遁，属县闻风皆溃。濠初谋欲径袭南京，遂犯北京，为诸诈所沮。】[濠乃留兵会城以观变。]至七月三日④，谍知非实，【遂乘胜东下。】乃属宗支棋橍与[万]锐等，留兵万余守南昌，[遣潘鹏持檄说安庆，季敩说吉安，]而自与宗支棋栟、士实、养正等[东下。贼众]六万人，号十万，以[刘]吉为监军，[王]纶参赞军务，指挥葛江为伪都督，总一百四十余队，分五哨。出鄱阳，【舳舻蔽江，】过九江，令[师]夔

---

① "计"，嘉靖本作"共谋牵制"。
② "张"，嘉靖本作"诈为"。
③ "移"，嘉靖本作"务"。
④ "三日"，嘉靖本作"二日"。

守之，【而】以鹏说安庆。时钦、凌等攻围【安庆】[虽已]浃旬，知府张文锦、守备都指挥杨锐、指挥使崔文同守不下①。

[按：]是时巡抚南畿都御史李克②嗣飞章告变，琼请会议左顺门。众观望，犹不敢斥言濠反【，但称故事】。琼独曰："竖子素行不义，今仓卒举乱，殆不足虑③。都御史王守仁据上游蹑之，成擒必矣。"乃[从直房]顷刻覆十三疏，首[请下]诏削濠属籍，正贼名。次请命将出师，趋南都，命④伯方寿祥防江都，御史俞谏率淮兵翊南都【，且戒严】。尚书王鸿儒主给饷。[次请命]守仁率南赣兵由临、吉，都御史秦金率湖兵由荆、瑞会南昌，克⑤嗣镇镇江，许廷光镇浙江，丛兰镇仪真，遏贼冲。传檄江西诸路，但有忠臣义士，能倡义旅，以擒反者，封侯。【且曰：如此，则贼如釜中鱼，安能为乎？】又请南京守备操江武职并五府掌印金书官各自陈取上裁，务在得人，以固根本。诏悉从之。

先生在吉安，守益趋见曰："闻濠诱叶芳兵夹攻吉安。"先生曰："芳必不叛。诸贼旧以茅为屋，叛则焚之。我过其巢，许其伐巨木创屋万余【金】。[今]其党各千余【金】，不肯焚矣。"益曰："彼从濠，望封拜，可以寻常计乎？"先生默然良久曰："天下尽反，我辈固当如此做。"益惕然，一时胸中利害如洗。次早复见曰："昨夜思之，濠若遣逮老父奈何？已遣报之，急避他所。"

壬午，再告⑥变。

叛党方盛，恐中途有阻，故再上。

疏乞便道省葬，不允。

---

① "同守不下"，嘉靖本作"固守不能下"。
② "克"，嘉靖本作"充"。
③ "殆不足虑"，嘉靖本作"岂足为虑"。
④ "命"，嘉靖本作"敕"。
⑤ "克"，嘉靖本作"充"。
⑥ "告"，嘉靖本作"上"。

先生起兵，未奉成命。上便道省葬疏，意示遭变暂留，姑为牵制攻讨①，俟命师之至，[即从初心。时]奉旨："着督兵讨贼，所奏省亲事，待贼平之日来说。"

疏上伪檄。

六月二十二日，参政季敩同南昌府学教授赵承芳旗校十二人，赍伪檄榜谕吉安府，至墨潭，领哨官缚送军门。先生即固封以进。其②疏略曰："陛下在位一十四年，屡经变难，民心骚动，尚尔巡游不已，致使宗室谋动干戈，冀窃大宝。且今天下之觊觎，岂特一宁王？天下之奸雄，岂特在宗室？言念及此，懔骨寒心。昔汉武帝有轮台之悔，而天下向治；唐德宗下奉天之诏，而士民感泣。伏望皇上痛自克责，易辙改弦；罢出奸谀，以回天下豪杰之心；绝迹巡游，以杜天下奸雄之望；则太平尚有可图，群臣不胜幸甚。"

甲辰，义兵发吉安。丙午，大会于樟树。己酉，誓师。庚戌，次市汊。辛亥，拔南昌。

[先生闻]濠兵既出，[乃促]列郡兵克期会[于]樟树。自督知府伍文定[等及]通判谈储、推官王昈，以十三日甲辰发吉安。于是临江知府戴德孺，袁州知府徐琏，赣州知府邢珣，瑞州通判胡尧元、童琦，南安推官徐文英，赣州都指挥余恩，新淦知县李美，泰和知县李楫，宁都知县王天与，万安知县黄③冕，各以[其]兵[来]赴。

【初欲登台誓师，以事多病作，乃自书牌曰："伍不用命者，斩队将。队将不用命者，斩副将。副将不用命者，斩主将。"次早乙酉，呼文定四知府入，手是牌授□曰："此是实语，不相诳也。"师遂行。】

[己酉，誓师于樟树，]次丰城。谍知贼设④伏于新旧厂，以为省城之应①，[乃]遣奉新知县刘守绪，领兵从间道夜袭破之【，以乱城中】。

---

① "攻讨"，嘉靖本作"攻守"。
② "其"，嘉靖本作"上"。
③ "黄"，嘉靖本作"王"。
④ "设"，嘉靖本作"役"。

庚戌，发市汊［，分布既定，薄暮齐发］。

辛亥黎明，各至信地。先是城中为备甚严，及厂［贼］溃奔入城，一城皆惊。又见我师骤集，益夺［其］气。众乘之，呼噪梯绲而登。遂入城，擒棋檄、万锐等千有余人，所遗宫眷纵火自焚。先生乃抚定居民，分释胁从，封府库，收印信，人心始宁。于是胡濂、刘裴②、许效廉、唐锦、赖凤、王玘等皆自投首。

初，会兵樟树，众以安庆被围，【甚】急，宜引兵赴③之。先生曰："［今］南康、九江皆为贼据④，我兵若越二城，直趋安庆，贼必回军死斗，【安庆势不能援，】是我腹背受敌也。莫若先破南昌⑤，贼失内据，势必归援。如此，则安庆之围自解，而贼成擒矣。"卒如计［云］。

遂促兵追濠。甲寅，始接战。乙卯，战于黄家渡。丙辰，战于八字脑。丁巳，获濠樵舍，江西平。

初，濠闻南昌告急，即欲归援，遂解安庆围，移沅子港。先分兵二万趋南昌，身旋继之。二十二日，先生侦知其故，问众：计安出？多以贼势强盛，宜坚壁观衅，徐图进止。先生曰："贼势虽强，未逢大敌，惟以爵赏诱之。今进不得逞，退无所归，众已消沮。若出奇击惰，不战自溃，所谓先人有夺人之气也。"会抚州知府陈槐、进贤知县刘源清提兵亦至。乃遣伍文定、邢珣、徐琏、戴德孺各领兵五百，分道并进，击其不意。又遣余恩以兵四百，往来湖上诱致之。陈槐、胡尧元、童琦、谈储、王昈、徐文英、李美、李楫、王冕、王轼、刘守绪、刘源清等，各引兵百余，四面张疑设伏，候文定等合击之。

---

① "以为省城之应"，嘉靖本作"以应省城"。
② "裴"，嘉靖本作"斐"。
③ "赴"，嘉靖本作"救"。
④ "据"，嘉靖本作"有"。
⑤ "莫若先破南昌"，嘉靖本作"今南昌既破"，两个本子在叙事时间方面有所差异，孰是孰非有待细考。

分布既定，甲寅，乘夜急进。文定以正兵当贼锋，恩继之，珣绕出贼后，琎、德孺张两翼以分其势。

乙卯，贼兵鼓噪乘风逼黄家渡，气骄甚。文定、恩【兵】佯北［以致之］，贼争趋利，前后不相及。珣从后横击，直贯其中。文定、恩乘之，夹以两翼，四面伏起。贼大溃，退保八字脑。濠惧，厚赏勇者，且令尽发九江、南康守城兵益之。是日，建昌知府曾玙兵亦至。先生以为九江不破，则湖无外援；南康不复，则我难后蹑。乃遣槐领兵四百，合饶州知府林瑊兵攻九江，以广信知府周朝佐取南康。

丙辰，贼复并力挑战。【时风势不便，】我兵少却，文定立铳炮间，火燎其须，殊死战。炮入①濠副舟，贼大败，擒斩二千余，溺死者无算。乃聚樵舍，连舟为方阵，尽出金银赏士。先生乃密为火攻具，使珣击其左，琎、德孺出其右，恩等设伏，期火发以合。

丁巳，濠方晨朝群臣，责不用命者，将引出斩之。争论未决，我兵掩至，火及濠副舟，众遂奔散。妃嫔与濠泣别，多赴水死。濠为知县王冕所执，与其世子眷属及伪党士实、养正、刘吉、余钦②、王纶、熊琼、卢衍、卢横、丁槚、王春、吴十三、秦荣、葛江、刘勋、何塘、王行、吴七、火信等数百，复执胁从官王宏、王金、杨璋、金山、王畤、程杲、潘鹏、梁宸、郏文、马骥、白昂等，擒斩三千，落水二万余，衣甲器械财物与浮尸横十余里。余贼数百艘逃溃，乃分兵追剿。

戊午，及于昌邑，大破之。至吴城，复斩擒千余，死水中，殆尽。

己未，得槐等报，各擒斩复千余。盖自起兵至破贼，曾不旬日，纪③功凡一万一千有奇。

---

① "入"，嘉靖本作"及"。
② "涂钦"，嘉靖本作"余钦"。
③ "纪"，嘉靖本作"其"。

初先生屡疏力疾赴闽，值宁藩变，臣子义不容舍。又阖省方面并无一人，事势几会，间不容发，故复图为牵制攻守，以俟命师之至。疏入未报，即以捷闻。

【因具述宁王罪状，与积威劫人之久。及领兵知府伍文定、邢珣、徐琏、戴德孺、陈槐、曾兴、林珹、周朝，佐署都指挥佥事余恩，分哨通判胡尧元、童琦、谈储，推官王皞、徐文英，知县李美、李楫、王冕、王轼、刘源清、刘守绪、傅南乔，随哨通判杨昉、陈旦，指挥马玺、高睿、孟俊，知县张淮、应恩、王廷、顾伽、万士贤、马津，各分辨等第以上，复举都御使王懋中，编修邹守益，御史张鳌山，郎中曾直，评事罗侨，佥事刘蓝，进士郭持平，驿丞王思、李中，按察使刘逊，参政黄绣，知府刘昭，当加爵赏，其克敌制胜之故，皆实不谬，防御委曲有疏，所不能尽，惟同事者知之。】

洪尝见龙光述张疑行间事甚悉，尝问曰："事济否？"先生曰："未论济与不济，且言疑与不疑。"光曰："疑固不免。"曰："但得渠一疑，事济矣。"后遇河图为武林驿丞，又言公欲稽留宸濠，"何时非间？何事非间？"尝问光曰："曾会刘养正否？"光对曰："熟识。"即使光行间，移养正家属城内，善饮食之。缚赍檄人欲斩，济蹑足，遂不问。一①日发牌票二百余，左右莫知所往。临省城，先以顺逆祸福之理谕官民。闻锐与瑞昌王助逆，遣其心腹胡景隆私招②各兵[，以离其党]。徒见成功之易，而不知其伐谋之神也③。黄弘纲闻安吉④居人，疑曰："王公之戈，未知何向。"亟入告，先生笑而不答。出兵誓师，斩失律者殉营中，军士股栗，不敢仰视，不知即前赍檄人也。后贼平，张、许谤议百出，天下是非益乱，非先生自信于心，乌能遽白哉？

---

① "一"，嘉靖本作"每"。
② "招回"，嘉靖本作"私招"。
③ "而不知其伐谋之神也"，嘉靖本作"而不知制御之甚密也"。
④ "安吉"，嘉靖本作"吉安"。

先是，先生思豫备，会汀、漳兵备佥事周期雍以公事抵赣，知可与谋①，且官异省，屏左右语之。雍归，即阴募骁勇，部勒以俟，故晨奉檄而夕就道。福建左布政使席书、岭东兵备佥事王大用，亦以兵来，道闻贼平，乃还。致仕都御史林俊闻变，夜范锡为佛狼机铳，并火药法，遣仆从间道来遗，勉以讨贼【，识以诗】。

先生入城，日坐都察院【中】，开中门②，令可见前后。【坐】对士友，论学不辍。报至，即登堂遣之。有言伍焚须状，暂如侧席，遣牌斩之【，略不见颜色】。还坐，众咸色怖③惊问。先生【从容】曰："适闻对敌小却，此兵家常事，不足介意。"后闻濠④已擒⑤，【细】问故行赏讫。还坐，咸色喜惊问，[先生]【从容】曰："适闻宁王已擒，想不伪，但伤死者众耳。"理前语如常，【不少遗，】傍观者服其学【力】。

濠就擒，乘马入，望见远近街衢⑥行伍整肃，笑曰："此我家事，何劳费心如此？"一见先生，辄托曰："娄妃，贤妃也。自始事至今，苦谏未纳，适投水死，望遣葬之。"比使往，果得尸，盖周身皆纸绳内结，极易辨。娄为谅女，有家学，故处变能自全。

【擒濠次日，守益入曰："喜成不世之功！"先生曰："不然！且喜昨晚沉睡，盖自闻报，至是私心稍安。"】

八月，疏谏亲征。

是时兵部会议命将讨贼。武宗诏曰："不必命将，朕当亲率六师，奉天征讨。"于是假威武大将军镇国公行事，命太监张永、张忠，安边伯许泰，都督刘晖，率京边官军万余，给事祝续、御史张纶，随军纪功。虽捷音久上，不发，皆云："元恶虽擒，逆党未尽，不捕必遗后患。"先生具疏谏止，略

---

① "谋"，嘉靖本作"言"。
② "中门"，嘉靖本作"照壁门"。
③ "众咸色怖"，嘉靖本作"众惴惴"。
④ "濠"，嘉靖本作"宁王"。
⑤ "擒"，嘉靖本作"拿"。
⑥ "衢"，嘉靖本作"渠"。

曰："臣于告变之后，选将集兵，振威扬武，先攻省城，虚其巢穴，继战鄱湖，击其惰归。今宸濠已擒，谋党已获，从贼已扫，闽、广赴调军士已散，地方惊搅之民已帖。窃惟宸濠擅作辟威，睥睨神器，阴谋久蓄；招纳叛亡，辇毂之动静，探无遗迹；广置奸细，臣下之奏白，百不一通。发谋之始，逆料大驾必将亲征，先于沿途伏有奸党，期为博浪、荆轲之谋。今逆不旋踵，遂已成擒。法宜解赴阙门，式昭天讨。然欲付之部下各官，诚恐潜布之徒乘隙窃发，或虞意外，臣死有余憾矣。"盖时事方艰，贼虽擒，乱未已也。

是月疏免江西税，益王、淮王饷军，留朝觐官，恤重刑以实军伍，处置署印府县从逆人，参九江、南康失事，便道省葬，前后凡九上。

再乞便道省葬，不允。

与王晋溪书曰："始恳疏乞归，以祖母鞠育之恩，思一面为诀。后竟牵滞兵戈，不及一见，卒抱终天之痛。今老父衰疾，又复日亟，而地方已幸无事，何惜一举手投足之劳，而不以曲全之乎？"

九月壬寅，献俘钱塘，以病留。

九月十一日，先生献俘，发南昌。忠、泰等欲追还之，议将纵之鄱湖，俟武宗亲与遇战，而后奏凯论功。连遣人追至广信。先生不听，乘夜过玉山、草萍驿。张永候于杭，先生见永谓曰："江西之民，久遭濠毒。今经大乱，继以旱灾，又供京边军饷，困苦既极，必逃聚山谷为乱。昔助濠尚为胁从，今为穷迫所激，奸党群起，天下遂成土崩之势。至是兴兵定乱，不亦难乎？"永深然之，乃徐曰："吾之此出，为群小在君侧，欲调护左右，以默辅圣躬，非为掩功来也。但皇上顺其意而行，犹可挽回，万一若逆其意，徒激群小之怒，无救于天下大计矣。"于是先生信其无他，以濠付之，称病西湖净慈寺。

武宗尝以威武大将军牌，遣锦衣千户追取宸濠，先生不肯出迎，【曰："大将军一品，文武元不相属，何迎为？"往返数日。】三司苦劝。先生曰："人子于父母乱命，若可告语，当涕泣以从，忍从谀乎？"不得已，令参随负敕【出】，同迎以入。有司问劳锦衣礼，先生曰："止可五金。"锦衣怒不纳。次日来辞，先生执其手曰："我在正德间下锦衣狱甚久，未见轻财重义有如公者。昨薄物出区区意，只求备礼。闻公不纳，令我惶愧。我无他长，止善作文字。他日当为表章，令锦衣知有公也。"于是复再拜以谢。其人竟不能出他语而别。

奉敕兼巡抚江西。

十一月，返江西。

先生称病，欲坚卧不出，闻武宗南巡，已至淮扬。群奸在侧，人情汹汹，不得已，从京口将径趋行在。大学士杨一清固止之。会奉旨兼巡抚江西，遂从湖口还【，遂游庐山白鹿洞，及开先寺】。

忠等方挟宸濠搜罗百出，军马屯聚，糜费不堪。续、纶等望风附会，肆为飞语，时论不平。先生既还南昌，北军肆坐【，晓夜呼名】慢骂，或故①冲导起衅。先生一不为动，务待以礼。豫令巡捕官谕市人移家于乡，而以老羸应门。【冬至将近，务哭奠如礼，】始欲犒赏北军，泰等预禁之，令勿受。乃传示内外，谕②北军离家苦楚，居民当敦主客礼。每出，遇北军丧，必停车问故，厚与之槥，嗟叹乃去。久之，北军咸［服，］【曰："王都堂待我有礼，我安得犯之？"】会冬至，节近，预令城市举奠③。家家上坟，哭亡酹酒者声闻不绝。北军无不思家，泣下求归。先生与忠等语，不稍徇，渐已知畏。忠、泰自居所长，［与先生］较射［于］教场中【对的，莫上一矢，戏以相强】，意［先生］必大屈。先生【不得已】勉应之，【忠、泰含笑相随，

---

① "故"，嘉靖本作"放"。
② "谕"，嘉靖本作"述"。
③ "节近，预令城市举奠"，嘉靖本作"又新经濠乱"。

连】三发三中,每一中,北军在傍哄然,举手啧啧。忠、泰大惧,曰:"我军皆附王都耶!"遂班师。①

十有五年庚辰,先生四十九岁,在江西。

【注】 束景南先生指出:正德十五年,阳明先生大力阐发"良知之教",可参看《传习录》中的黄以方于正德十五年所录。钱德洪所言"阳明正德十六年始揭良知之教"是错误的。②

正月,赴召,次芜湖。寻得旨,返江西。

忠、泰在南都,谗先生必反,惟张永[持正]保全之。武宗问忠等曰:"以何验反?"对曰:"召必不至。"有诏面见,先生即行。忠等恐语相违③,复拒之芜湖半月。不得已,入九华山,每日宴坐草庵中。适武宗遣人觇之,曰:"王守仁学道人也,召之即至,安得反乎?"乃有[返]江西之命。始忠等屡矫伪命,先生不赴。至是永有幕士顺天检校钱秉直急遣报,故得实。

先生赴召至上新河,为诸幸谗阻,不得见。中夜默坐,见水波拍岸,汩汩有声。思曰:["以一身蒙谤,死即死耳,如老亲何?"谓门人曰:"此时若有一孔可以窃父而逃,吾亦终身长往,不悔矣。"]【闻鸡鸣促就寝曰:"彼必不来。"】④

---

① "北军在傍哄然,举手啧啧。忠、泰大惧,曰:'我军皆附王都耶!'遂班师",嘉靖本作:"北军在傍同声喝彩,远近啧啧。忠、泰大不乐而罢,且曰:'我军皆附于彼,奈何?'遂班师!"
② 束景南先生指出:"是岁,阳明大揭'良知'之教,门人黄直多有记录。以'良知'为心之本体,立'致良知'为'心学'诀窍,通过致良知工夫以复心之本体。……《传习录》卷下中,自'黄以方问'至'何曾著父子、君臣、夫妇的相',皆为黄直(以方)所记语录。前考黄直正德十五年卒业北雍后来虔问学,又据其《祭王心斋奠文》,其于是年年底回金溪,故可确知此十六条黄直记语录皆为其正德十五年中所记,意义重大。大抵《传习录》卷下中陈九川与黄直一前一后所记录,是阳明正德十五年向门人弟子大阐'良知'之教之铁证,足以破除钱德洪所谓阳明正德十六年始揭'良知'之教之误说矣。"(《长编》第1353—1354页)
③ "违",嘉靖本作"连"。
④ 嘉靖本此段与其下一段前后对调。

江彬欲不利于先生，先生私计彬有他，即计执彬武宗前，数其图危宗社罪，以死相抵，亦稍偿天下之忿，徐得永解。其后刑部①判彬有曰："虎旅夜惊，已幸寝谋于牛首；宫车宴驾，那堪遗恨于豹房。"若代先生言之者。②

【《重游化城寺》　爱山日日望山晴，忽到山中眼自明。鸟道渐非前度险，龙潭更比旧时清。会心人远空遗洞，识面僧来不记名。莫谓中丞喜忘世，前途风浪苦难行。】

【《有僧坐岩中三年诗励吾党》　莫怪岩僧木石居，吾侪真切几人如？经营日夜身心外，剽窃糠粃齿颊余。俗学未堪欺老衲，昔贤取善及陶渔。年来奔走成何事？此日斯人亦起予。】

以晦日重过开先寺，留石刻读书台后，词曰："正德己卯六月乙亥，宁藩濠以南昌叛，称兵向阙，破南康、九江，攻安庆，远近震动。七月辛亥，臣守仁以列郡之兵复南昌，宸濠擒，余党悉定。当此时，天子闻变赫怒，亲统六师临讨，遂俘宸濠以归。於赫皇威！神武不杀，如霆之震，靡击而折，神器有归，孰敢窥窃？天鉴于宸濠，式昭皇灵，嘉靖我邦国。正德庚辰正月晦，提督军务都御史王守仁书。"从征官属列于左方。明日游白鹿洞，徘徊久之，多所题识。

二月，如九江。

[先生以车驾未还京，心怀忧惶。是月出，观兵九江，]因游东林、天池、讲经台诸处。

是月，还南昌。

三月，请宽租。

江西自己卯三月不雨，至七月，禾苗枯死。继遭濠乱，小民乘隙为乱。先生尽心安戢，许乞优恤。至是部使数至，督促日迫，先生上疏略曰："日者流移之民，闻官军将去，稍稍胁息，延望归寻故业，足未入境，而颈已系

---

① "刑部"，嘉靖本作"六科"。
② 嘉靖本此段与上一段前后对调。

于追求者之手矣！夫荒旱极矣，而因之以变乱；变乱极矣，而又加之以师旅；师旅极矣，而又加之以供馈。益之以诛求，亟之以征敛。当是之时，有目者不忍观，有耳者不忍闻，又从而刳其膏血，有人心者尚忍乎？宽恤之虚文，不若蠲租之实惠；赈济之难及，不若免税之易行。今不免租税，不息诛求，而徒曰宽恤赈济，是夺其口中之食，而曰吾将疗汝之饥；刳其腹肾之肉，而曰吾将救汝之死；凡有血气者，皆将不信之矣。"

［按：是年与巡按御史唐龙、朱节上疏，计处宁藩变产官银，代民上纳，民困稍苏。］

三疏省葬，不允。

五月，江西大水，疏自劾。

是年四月，江西大水，漂溺公私庐舍，田野崩陷。先生上疏自劾四罪。且曰："自春入夏，雨水连绵，江湖涨溢，经月不退。自赣、吉、临、瑞、广、抚、南昌、九江、南康，沿江诸路，无不被害。黍苗沦没，室庐漂荡，鱼鳖之民聚栖于木杪，商旅之舟经行于闾巷，溃城决堤，千里为壑，烟火断绝，惟闻哭声。询之父老，皆谓数十年所未有也。伏惟皇上轸灾恤变，别选贤能，代臣巡抚。即不以臣为显戮，削其禄秩，黜还田里，以为人臣不职之戒，庶亦有位知警，民困可息，天变可弭，人怨可泄，而臣亦死无憾矣。"

［按：是时武宗犹羁南畿，进谏无由，姑叙地方灾异以自劾，冀君心开悟而加意黎元也。］

六月，如赣。

【注】 束景南先生指出："阳明在六月上旬启行如赣。是次赴赣之行，钱德洪未明其行意。按阳明时任江西巡抚，其赴赣之行实即巡抚地方，至赣处置有关宸濠叛乱善后事宜，故特偕巡按江西御史唐龙同行。"（《长编》第1273页）

十四日，从章口入玉笥大秀宫。十五日，宿云储。十八日，至吉安，游青原山，和黄山谷诗，遂书碑。行至泰和，少宰罗【整庵公】钦顺以书问学。先生答曰:"来教训①某《大学》古本之复,以人之学但当求之于内,而程、朱格物之说不免求之于外,遂去朱子之分章,而削其所补之传。非敢然也。学岂有内外乎?《大学》古本乃孔门相传旧本耳。朱子疑其有脱误,而改正补缉之。在某,则谓其本无脱误,悉从其旧而已矣。失在过信孔子则有之,非故去朱子之分章而削其传也。

夫学贵得之心。求之于心而非也,虽其言之出于孔子,不敢以为是也,而况其未及孔子者乎?求之于心而是也,虽其言之出于庸常,不敢以为非也,而况其出于孔子者乎?且旧本之传数千载矣,今读其文辞,既明白而可通;论其功夫,又易简而可入,亦何所按据而断其此段之必在于彼,彼段之必在于此?与此之如何而缺,彼之如何而误?而遂正补缉之,无乃重于背朱而轻于叛孔已乎?

来教谓:'如必以学不资于外求,但当反观内省以为务,则"正心诚意"四字,亦何不尽之有?何必入门之际,使困以"格物"一段工夫也?'诚然诚然。若语其要,则'修身'二字亦足矣,何必又言'正心'?'正心'二字亦足矣,何必又言'诚意'?'诚意'二字亦足矣,何必又言'致知',又言'格物'?惟其工夫之详密,而要之只是一事,所以为'精一'之学,此正不可不思者也。

夫理无内外,性无内外,故学无内外。讲习讨论,未尝非内也;反观内省,未尝遗外也。夫谓学必资于外求,是以己性为有外也,是义外也,用智者也;谓反观内省为求之于内,是以己性为有内也,是有我也,自私者也;是皆不知性之无内外也。故曰:'精义入神,以致用也;利用安身,以崇德也。'性之德也,合内外之道也。此可以知格物之学矣。

格物者,《大学》之实下手处,彻首彻尾,自始学至圣人,只此工夫而已。非但入门之际,有此一段也。夫正心、诚意、致知、格物,皆所②以修身

---

① "教训",嘉靖本作"谓"。
② "所",嘉靖本作"可"。

而格物者，其所以用力日可见之地。故格物者，格其心之物也，格其意之物也，格其知之物也；正心者，正其物之心也；诚意者，诚其物之意也；致知者，致其物之知也：此岂有内外彼此之分哉？

理一而已。以其理之凝聚而言，则谓之性；以其主宰而言，则谓之心；以其主宰之发动而言，则谓之意；以其发动之明觉而言，则谓之知；以其明觉之感应而言，则谓之物。故就物而言，谓之格；就知而言，谓之致；就意而言，谓之诚；就心而言，谓之正。正者，正此也；诚者，诚此也；致者，致此也；格者，格此也：皆所谓穷理以尽【性】也。

天下无性外之理，无性外之物。学之不明，皆由世之儒者认理为外，认物为外。而不知义外之说，孟子盖尝辟之，乃至袭陷其内而不觉，岂非亦有似是而难明者欤？不可以不察也。凡执事所以致疑于格物之说者，必谓其是内而非外也；必谓其专事于反观内省之为，而遗弃其讲习讨论之功也；必谓其一意于纲领本原之约，而脱略于支条节目之详也；必谓其沉溺于枯槁虚寂之偏，而不尽于物理人事之变也。审如是，岂但获罪于圣门，获罪于朱子？是邪说诬民，叛道乱正，人得而诛之也，而况于执事之正直哉？审如是，世之稍明训诂，闻先哲之绪纶者，皆知其非也，而况执事之高明乎哉？凡某之所谓格物，其于朱子九条之说，皆包罗统括于其中；但为之有要，作用不同：正所谓毫厘之差耳。然毫厘之差，而千里之谬，实起于此，不可不辨。"

是月至赣。

先生至赣，大阅士卒，教战法。江彬遣人来觇动静。相知者俱请回省，无蹈危疑。先生不从，作《啾啾吟》解之，有曰："东家老翁防虎患，虎夜入室衔其头。西家小儿不识虎，持竿驱虎如驱牛。"且曰："吾在此与童子歌诗习礼，有何可疑？"门人陈九川等亦以为言。先生曰："公等何不讲学？吾昔在省城，处权竖，祸在目前，吾亦帖然；纵有大变，亦避不得。吾所以不轻动者，亦有深虑焉耳。"

[洪昔茸师疏，《便道归省》与《再报濠反疏》同日而上，心疑之，岂当国家危急存亡之日而暇及此也？当是时，倡义兴师，濠且旦夕擒矣，犹疏请命将出师，若身不与其事者。至《谏止亲征疏》，乃叹古人处成功之际，难矣哉！]

七月，重上江西捷音。

武宗留南都既久，群党欲自献俘袭功。张永曰："不可。昔未出京，宸濠已擒，献俘北上，过玉山，渡钱塘，经人耳目，不可袭也。"于是以大将军钧帖令重上捷音。先生乃节略前奏，入诸人名于疏内，再上之，始议北旋。

尚书霍韬曰："是役也，罪人已执，犹动众出师；地方已宁，乃杀民奏捷。误先朝于过举，摇国是于将危。盖忠、泰之攘功贼义，厥罪滔天，而续、纶之诡随败类，其党恶不才，亦甚矣。"御史黎龙曰："平藩事，不难于成功，而难于倡义。盖以逆濠之反，实有内应，人怀观望，而一时勤王诸臣，皆捐躯亡家，以赴国难。其后忌者构为飞语，欲甘心之，人心何由服乎？后有事变，谁复肯任之者？"费文献公宏《送张永还朝序》曰："兹行也，定祸乱而不必功出于己；开主知而不使过归乎上；节财用不欲久困乎民；扶善类而不欲罪移非辜。且先是发瑾罪状，首以规护卫为言，实以逆谋之成，萌于护卫之复，其早辨预防，非有体国爱民之心，不能及此。"

[洪谓："'平藩事不难于倡义，而难于处忠、泰之变。'盖忠、泰挟天子以偕乱，莫敢谁何？豹房之谋，无日不在畏，即据上游不敢骋，卒能保乘舆还宫，以起世宗之正始。开先勒石，所谓：'神器有归，孰敢窥窃？'又曰：'嘉靖我邦国。'则改元之兆先征于兹矣。噫！岂偶然哉！"]

先生在赣时，有言万安上下多武士者。先生令参随往纪之。命之曰："但多膂力，不问武艺【如何】。"已而得三百余人。龙光问曰：【"不问武艺，何也？"先生曰："膂力难得，有膂力学武艺，将易易耳。"至是，光问曰：】"宸濠既平，纪此何为？"曰："吾闻交址有内难，出其不意而捣之，一机会也。"后二十年，有登庸之役［，人皆相传先生有预事谋，而不知当时计有所在也］。

八月，咨部院雪冀元亨冤状。

先是宸濠揽结名士助己，凡仕江右者，多隆礼际。武陵冀元亨为公子正宪师，忠信可托，故遣往谢，【濠不知谓"即其人"，以它语相调。】徉与濠论学。①濠大笑曰："人痴乃至此耶！"立与绝。比返赣，述故，先生曰："祸在兹矣。"乃卫之间道归。及是张、许等索衅不得，遂逮元亨，备受拷掠，无片语阿顺。于是科道交疏论辩，先生【尤痛苦之，】备咨部院白其冤。

世宗登极②，诏将【见】释。前③已得疾，后五日卒于狱。同门陆澄、应典辈备棺殓。讣闻，先生为位恸哭之。元亨，字惟乾，举乡试。其学以务实不欺为主，而谨于一念。在狱视诸囚不异一体，诸囚日涕泣，至是稍稍听学自慰。湖广逮其家，妻李与二女俱不怖，曰："吾夫平生尊师讲学，肯有他④乎？"手治麻枲不辍，暇则诵《书》歌《诗》。事白，守者欲出之。李曰："不见吾夫，何归？"按察诸僚妇欲相会，辞不敢赴。已乃洁一室，就视，则囚服不释麻枲。有问者，答曰："吾夫之学，不出闺门衽席间。"闻者悚愧。元亨既卒，先生移文恤其家。

［罗］洪先《赠女兄夫周汝方序》略曰："忆龙冈尝自赣病归，附庐陵刘子吉舟。刘与阳明先生素厚善，会母死，往请墓志，实【以】濠事暗相邀结，不合而返。至舟，顾龙冈呻吟昏瞀，意其熟寝也。呼门人王储，叹曰：'初意专倚阳明，两日数调以言，若不喻意，更不得一肯綮，不上此船明矣。此事将遂已乎，且吾安得以一身当重担也？'储拱手曰：'先生气弱，今天下【大事】属先生，先生安所退托？阳明何足为有无哉？'刘曰：'是

---

① "徉与濠论学"，嘉靖本作"元亨详与论学"。
② "世宗登极"，嘉靖本作"后遇今上登极"。
③ "前"，嘉靖本作"然"。
④ "他"，嘉靖本作"它"。

固在我，多得数人更好。阳明曾经用兵尔。'储曰：'先生以阳明为才乎，吾见其怯也。'刘曰：'诚然！赣州峒贼髦头耳，乃终日练兵。若对大敌，何其张惶哉？'相与大笑而罢。龙冈反舍，语予若此，己卯二月也。其年六月，濠反，子吉与储附之。七月，阳明先生以兵讨贼。八月俘濠。是时议者纷然，予与龙冈窃叹，莫能辨。比见诋先生者，问之曰：'吾恶其言是而行非，盖其伪也。'龙冈舌尚在，至京师，见四方人士，犹有为前言者否乎？盍以语予者语之。其后养正既死，先生过吉安，令有司葬其母，复为文以奠。辞曰：'嗟嗟！刘生子吉，母死不葬，爱及干戈；一念之差，遂至于此，呜呼哀哉！今吾葬子之母，聊以慰子之魂。盖君臣之义，虽不得私于子之身，而朋友之情，犹得以尽于子之母也，呜呼哀哉！'其事在是年六月。"

闰八月，四疏省葬，不允。

初，先生在赣，闻祖母岑太夫人讣，及海日翁病，欲上疏乞归，会有福州之命。比中途遭变，疏请命将讨贼，因乞省葬。朝廷许以贼平之日来说。至是凡四请。尝闻海日翁病危，欲弃职逃归，后报平复，乃止。一日，问诸友曰："我欲逃回，何无一人赞行？"门人周仲曰："先生思归一念，亦似着相。"先生［良久］曰："此相安能不着？"

九月，还南昌。

先生再至南昌。武宗驾尚未还宫，百姓嗷嗷，乃兴新府工役，檄各院道取濠废地［逆产］，改造贸易，以济饥代税，境内稍苏。尝遗守益书曰："自到省城，政务纷错，不复有相讲习如虔中者。虽自己舵柄不敢放手，而滩流悍急，须仗有力如吾谦之者持篙而来，庶能相助，更上一滩耳。"

泰州王银服古冠服，执木简，以二诗为贽，请见①。先生［异其人，］降阶迎之。②既上坐，问："何冠？"曰："有虞氏冠。"问："何服？"曰：

---

① "请见"，嘉靖本作"以宾礼见"。
② "先生异其人，降阶迎之"，嘉靖本作"先生下阶迎之"。

"老莱子服。"曰:"学老莱子乎?"曰:"然。"曰:"将止学服其服,未学上堂诈跌①,掩面啼哭也?"银色动,坐渐侧。及论致知格物,悟曰:"吾人之学,饰情抗节,矫【强】诸外;先生之学,精深极微,得之心者也。"遂反服,执弟子礼。先生易其名为"艮",字以"汝止"。

[进贤舒芬以翰林谪官市舶,自恃博学,见先生问律吕。先生不答,且问元声。对曰:"元声制度颇详,特未置密室经试耳。"先生曰:"元声岂得之管灰黍石间哉?心得养则气自和,元气所由出也。《书》云'诗言志',志即是乐之本;'歌永言',歌即是制律之本。永言和声,俱本于歌。歌本于心,故心也者,中和之极也。"芬遂跃然拜弟子。]

是时陈九川、夏良胜、万潮、欧阳德、魏良弼、李遂[、舒芬]及裘衍日侍讲席,而巡按御史唐龙、督学佥事邵锐,②皆守旧学相疑,唐复以"彻讲择交"相劝。先生答曰:"吾真见得良知人人所同,特学者未得启悟,故甘随俗习非。今苟以是心至,吾又为一身疑谤,拒不与言,于心忍乎?求真才者,譬之淘沙而得金,非不知沙之汰者十去八九,然未能舍沙以求金为也。"当唐、邵之疑,人多畏避,[见同门方巾中衣而来者,俱指为异物。]独王臣、魏良政、良器、钟文奎[、吴子金]等挺然不变,相依而起者日众③。

【注】 束景南先生指出:"《传习录》中陈九川所记语录,意义重大,阳明生平于此进一步发'致良知'之说,以'良知'为'诀窍',如灵丹一粒,点铁成金;将《大学》'致知'解说为'致良知',以'致良知'(致知)为'千古圣传之秘'。阳明自谓此'致良知'之说为'我亦近年体贴出来如此分明','这里一觉,都自消融'。故可谓若正德十四年为阳明体贴'良知'觉悟之年,则正德十五年为阳明体贴'致良知'觉悟之年。至此阳明已形成完整之'致良知'思想体系(所谓'体贴出来如此分明'),钱德

---

① "未学上堂诈跌",嘉靖本作"拟学其上堂诈跌"。
② "而巡按御史唐龙、督学佥事邵锐",嘉靖本作"而巡按御史唐公虞佐、督学佥事邵公思抑"。
③ "相依而起者日众",嘉靖本作"人难之"。

洪谓阳明正德十六年始揭'良知'之教,其误自不待辨矣。"(《长编》第1288页)

【十二月】

【先生官中稍暇,即静坐。比在都府,无事一日嘿嘿坐花园亭中。龙光外侍,先生呼光入,问曰:"外间有何闻?"曰:"无有。"光喜得间,因造膝密告曰:"光有一语,怀之甚久,不敢言。"先生曰:"弟言之。"光曰:"宸濠就擒,江西人人自庆再生。但后主未立,光辈报恩无地,以此耿耿耳。"先生慰起之,良久曰:"汝所言,吾亦思之。天地生人,自有分限,吾亦人,此学两千年来,不意忽得真窍,已为过望。今侥幸成此功,若又得子,不大完全乎?汝不见草木,那有千叶石榴结果者?"光闻之悚然。】

十[有]六年辛巳,先生五十岁,在江西。

正月,居南昌。

是年,先生始揭致良知之教。①

先生闻前月十日武宗驾入宫,始舒忧念。自经宸濠、忠、泰之变,益信良知真足以忘患难,出生死,所谓考三王,建天地,质鬼神,俟后圣,无弗同者。②

乃遗书守益曰:"近来信得'致良知'三字,真圣门正法眼藏。往年尚疑【良知恐有】未尽,今自多事以来,只此良知无不具足。譬之操舟得舵,平澜浅濑,无不如意,虽遇颠风逆浪,舵柄在手,可免没溺之患矣。"

---

① "揭致良知之教",嘉靖本作"言致良知"。
② 嘉靖本该段作:"先生自南都以来,凡禀学者,皆令存天理去人欲以为本。有问所谓,则令自求之,未尝指天理为何也。间语友人曰:'近欲发挥此学,只觉有一言发不出,津津然如含诸口,莫能相度。'久乃曰:'近觉得此学更无有它,只是这些子,了此更无余矣。'旁有健羡不已者,则又曰:'连这些子亦无放处。'其后经宸濠、张、许之难,始有良知之说。"

一日，【门人在侍，】先生喟然发叹。九川问曰："先生何叹也？"曰："此理简易明白若此，乃一经沉埋数百年【来，不得出露头面，是何说也】！"九川曰："亦为宋儒从知解上入，认识神为性体，故闻见日益，障道日深耳。今先生拈出'良知'二字，此古今人人真面目，更复奚疑？"先生曰："然！譬之人有冒别姓坟墓为祖墓者，何以为辨？只得开圹，将子孙滴血，真伪无可逃矣。我此'良知'二字，实千古圣圣相传一点滴骨血也。"

又曰："某于此'良知'之说，从百死千难中得来，【不是容易见得到此。此本是学者究竟话头，可惜沦落淹埋已久。学者苦于闻见障蔽，无入头处。】不得已，与人一口说尽。只恐学者得之容易，把作一种光景玩弄，不【得】实落用功，负此知耳。"

【又曰："此道至简至易的，亦至精至微的。孔子曰：'其如示诸掌乎！'且人于掌，何日不见？及至问他掌中多少文理，却便不知。即如我'良知'二字，一讲便明，谁不知得？若欲的见良知，却谁能见得？"问曰："此知恐是无方体的？最难捉摸。"先生曰："良知即是《易》，其'为道也屡迁，变动不居，周流六虚，上下无常，刚柔相易，不可为典要，惟变所适'，此知如何捉摸得？见得透时便是圣人。"】

【又与同志书曰："圣贤论学，无不可用之工，只是'致良知'三字尤简易，有实下手处，更无走失。同志亦已知其说，而实用工者绝少，皆缘见'良知'未真，又将'致'字看太易了，是以多未得力。虽比支离稍有头绪，然五十步百步之间耳。"】

【又曰："良知在夜气发的方是本体，以其无物欲之杂也。学者要使事物纷扰之时，常如夜气一般，就是通乎昼夜之道而知。"】

【洪先考先生之学，始而驰骋于词章，既以考索遇奇疾，乃学长生，居夷三年，困顿备尝，无复杂念，而一专意圣学。然在滁以前，喜人静中悟入，已而畏其沉空守寂，不可以经世宰物也。南都后，拳拳于"存天理"

"去人欲"两言，久之，自觉此心本灵不昧，此灵无往不善，故辛巳以后，方有"致良知"之说。而教人亦且三变，然其所指良知，固即悟入之处，天理之真而未尝一有所异。尝语学者曰："我此良知，苍蝇停脚不得。"盖言微乎其微，学者须用力而自得之，不可以言传，而亦不能以言传也。"戊寅岁，叙《大学》古本，有曰："不务诚意而徒以格物，谓之支；不事格物而徒以诚意，谓之虚。"至是增曰："不本于致知而徒以格物诚意者，谓之妄。支、虚与妄，其于至善也远矣。"末又改曰："乃若致知，则存乎心悟，致知焉尽矣。"似与初本结语，若两人然。呜呼！吾党曷亦反复先生之学，详其始末所由，凡几变而后良知益觉光莹，其无轻于立言哉！】

［先生自南都以来，凡示学者，皆令存天理去人欲以为本。有问所谓，则令自求之，未尝指天理为何如也。间语友人曰："近欲发挥此，只觉有一言发不出，津津然如含诸口，莫能相度。"久乃曰："近觉得此学更无有他，只是这些子，了此更无余矣。"旁有健羡不已者，则又曰："连这些子亦无放处。"今经变后，始有良知之说。①］

录陆象山子孙。

先生以【陆】象山［得孔、孟正传，其］学术久抑而未彰②，［文庙尚缺配享之典，子孙未沾褒崇之泽，］牌行抚州府金溪［县］官吏，将陆氏嫡派子孙仿③各处圣贤子孙事例，免其差役；有俊秀子弟，具名提学道，送学肄业。

【先生尝刻《象山集》为序略曰："世儒之支离，外索于刑名器数之末，以求明其所谓物理者，而不知吾心即物理，初无假于外也。佛、老之空虚，遗弃其人伦事物之常，以求明其所谓吾心者，而不知物理即吾心，不可得而遗也。至宋周、程二子，始复追寻孔、颜之宗，而有'无极而太极''定之以仁义，中正而主静'之说，'动亦定，无内外，无将迎'之论，庶几'精一'之旨矣。自是而后，有象山陆氏，虽其纯粹和平，若不逮于二

---

① 嘉靖本中"先生自南都以来……"一段位于"是年，先生始言致良知"之后。
② 嘉靖本作"先生以陆象山学术久抑而未彰"。
③ "仿"，嘉靖本作"访"。

子，而简易直截，真有以接孟子之传。其议论开辟，时有异者，乃其气质意见之殊，而要其学之必求诸心，则一而已。故吾尝断以'陆氏之学，孟氏之学也'。"席元山尝闻先生论学于龙场，作《鸣冤录》以寄。】

【注】 束景南先生指出："（《象山文集序》）为阳明生平阐述其'心学'之最为简约详明之文，尤有重要意义。《王阳明全集》卷七有此序，题作《象山文集序》，但无最后两句，致向不知此序所作具体年月日。《王阳明全集》于此序题下注'庚辰'作，乃误。钱德洪《阳明先生年谱》将此序定在正德十六年正月，亦误。"（《长编》第1396页）

【先生《答杨士鸣书》曰："此学如立在空中，四面皆无倚靠，万事不容染着，色色信他本来，不容一毫增减。若涉些安排，着些意思，便不是合一功夫。虽言句时有未莹，亦是议拟仿象，已后只做得一个弄精魄的汉，虽症候稍有不同，其为病痛一而已矣。"】

[按：象山与晦翁同时讲学，自天下崇朱说，而陆学遂泯。先生刻《象山文集》，为序以表彰之。席元山尝闻先生论学于龙场，深病陆学不显，作《鸣冤录》以寄先生。称其身任斯道，庶几天下非之而不顾。

五月，集门人于白鹿洞。①

是月，先生有归志，欲同门久聚，共明此学。适南昌府知府吴嘉聪欲成《府志》，时蔡宗兖为南康府教授，主白鹿洞事，遂使开局于洞中，集夏良胜、舒芬、万潮、陈九川同事焉。先生遗书促[邹]守益曰："醉翁之意盖有在，不专以此烦劳也。区区归遁有日，圣天子新政英明，如谦之亦宜束装北上②，此会宜急图之，不当徐徐而来也。"

【始】庚辰春，甘泉湛先生避地发履冢下，与霍兀崖韬、方叔贤同时家居为会，先生闻之曰："英贤之生，何幸同时共地，又可虚度光阴，失此机会耶？"是秋，兀崖过洪都，论《大学》，辄持旧见。先生曰："若

---

① "五月，集门人于白鹿洞"，嘉靖本作"五月，修《南昌府志》于白鹿洞"。
② "上"，嘉靖本作"止"。

传习书史，考正古今，以广吾见闻，则可。若欲以是求得入圣门路，譬之采摘枝叶，以缀本根，而欲通其血脉，盖亦难矣。"至是，甘泉寄示《学庸测》，叔贤寄《大学》《洪范》。先生遗书甘泉曰："随处体认天理，是真实不诳语。【鄙说初亦如是。及】究兄命意发端，却有毫厘未协【，然亦终当殊途同归也】。修齐治平，总是格物，但欲如此节节分疏，亦觉说话太多。且语意务为简古，比之本文，反更深晦。【读者愈难寻求，此中不无□有心病，】莫若【明白】浅易其词，略指路径，使人自思得之，更觉意味深长也。"

遗书叔贤曰："【承示《大学原》，知用心于此深密矣。】道一而已。论其大本一原，则《六经》《四书》无不可推之而同者，又不特《洪范》之于《大学》而已，譬之草木，其同者，生意也。其花实之疏密，枝叶之高下，亦欲尽比而同之，吾恐化工不如是之雕刻也。【学之不明，几百年矣。近幸同志相与切磋讲求，颇有端绪，念叔贤志节远出流俗，所进超卓，海内诸友，实罕其俦。今忽复牵滞文义若此，吾将谁望乎！】君子论学，固惟是之从，非以必同为贵。至于入门下手处，则有不容于不辨者【，所谓毫厘之差，千里之谬矣】。"

先是伦彦式以训尝过虔①中问学，是月遣【其】弟以谅遗书问曰："学无静根，感物易动，处事多悔，如何？"先生曰："三言者，病亦相因，惟学而别求静根，故感物而惧其易动；感物而惧其易动，是故处事而多悔也。心无动静者也。【其静也者，以言其体也；其动也者，以言其用也。】故君子之学，【无间于动静，】其静也常觉，而未尝无也，【故常应其动也，常定而未尝有也，】故【常寂。】常应常寂，动静皆有事焉，是之谓集义。集义，故能无祗悔，所谓'动亦定，静亦定'者也。心一而已，静其体也，而复求静根焉，是挠其体也，动其用也，而惧其易动焉，是废其用也。故求静之心即动也，恶动之心非静也，是之谓动亦动，静亦动，将迎起伏相迎于无

---

① "虔"，嘉靖本作"赣"。

穷矣。故循理之谓静，从欲之谓动。【欲也者，非必声色货利外诱也。有心之私，皆欲也。故循理焉，虽酬酢万变，皆静也。濂溪所谓'无欲'之谓也，是谓集义者也，从欲焉，虽心齐坐忘，亦动也。告子之强制正助之谓也，是外义者也。】"

【或问"未发、已发"。先生曰："只缘后儒将未发、已发分说了，只得劈头说个无未发、已发，使人自思得之。若说有个已发、未发，听者依旧落在后儒见解。若真见得无未发、已发，说个有未发、已发，原不妨，原有个未发、已发在。"问曰："未发未尝不和，已发未尝不中。譬如钟声，未扣不可谓无，既扣不可谓有，毕竟有个扣与不扣，何如？"先生曰："未扣时原是惊天动地，既扣时也只是寂天寞地。"】

六月，赴内召，寻止之，升南京兵部尚书，参赞机务。遂疏乞便道省葬。

六月十六日，奉世宗①敕旨，以"尔昔能剿平乱贼，安静地方，朝廷新政之初，特兹召用。敕至，尔可驰驿来京，毋或稽迟。"先生即于是月二十日起程，道由钱塘。[辅臣阻之，]潜②讽科道建言，以为"朝廷新政，武宗国丧，资费浩繁，不宜行宴赏之事"。先生至钱塘，上疏恳乞便道归省。朝廷准令归省，升南京兵部尚书，参赞机务。

[按：]《乞归省疏》略曰："【窃念】臣自两年以来，四上归省奏，皆以亲老多病，恳乞暂归省视【，实皆出于人子迫切之至情】。复权奸谗嫉，③[恐惧暧昧之祸，故其时虽以暂归为请，而实有终身丘壑之念矣。既而天启神圣，入承大统，亲贤任旧，向之为谗嫉者，皆以诛斥，阳德兴而公道显。臣于斯时，若出陷阱而登之春台也，岂不欲朝发夕至，一快其拜舞踊跃之私乎？顾]臣父老且病，顷遭谗构【之厄，危疑震恐汹汹】，朝夕常有父子不相见之痛。今幸脱洗殃咎，复睹天日，父子之情，固思一见颜面，以叙其悲惨离隔之怀【，少尽菽水欢欣之乐】。况臣取道钱塘，迂程乡土，止有一日。

---

① "世宗"，嘉靖本作"今上皇帝"。
② "潜"，嘉靖本作"有"。
③ "复权奸谗嫉"，嘉靖本作"而其时复以权奸当事，谗嫉交兴"。

此在亲交之厚，将不能已于情，而况父子乎？①[然不以之明请于朝，而私窃行之，是欺君也；惧稽延之戮，而忍割情于所生，是忘父也。欺君者不忠，忘父者不孝：故臣敢冒罪以请。]"

与陆澄论养生②："京中人回，闻以多病之故，将从事于养生。区区往年盖尝毙力于此矣，后乃知【其不必如是。复一意于圣贤之学，大抵】养德、养身只是一事。元静所云'真我'者，果能戒谨恐惧③，而专心于是，则神住、气住、精住，而仙家所谓长生久视之说，亦在其中矣。

【神仙之学，与圣人异，然其造端托始，亦惟欲引人于道。《悟真篇后序》中所谓'黄、老悲其贪着，乃以神仙之术渐次导之者'，元静试取而观之，其微旨亦自可识。自尧、舜、禹、汤、文、武，至于周公、孔子，其仁民爱物之心，盖无所不至，苟有可以长生不死者，亦何惜以示人？如】老子、彭篯之徒，乃其禀赋有若此者，非可以学而至。后世如白玉蟾、丘长春之属，皆是彼所称述以为祖师者，其得寿皆不过五六十。则所谓长生之说，当必有所指也。元静气弱多病，但[宜]【遗弃声名，】清心寡欲，一意圣贤，如前所谓'真我④'之说。不宜轻信异道，徒自惑乱聪明，毙精竭神[，无益也]。【神废靡岁月，久而不返，将遂为病狂丧心之人，不难矣？昔人谓'三折肱为良医'，区区非良医，盖尝三折肱者。元静其慎听毋忽。】"

【又尝曰："仙家说到虚，圣人岂能虚上加得一毫实？佛氏说到无，圣人岂能无上加得一毫有？但仙家说虚，从养生上来。佛氏说无，从出离生死苦海上来。却于本体上加却这些子意在。良知之虚，便是天之太虚。良知之无，便是太虚之无形。日月风雷，山川民物，凡有貌象形色，皆在太虚、无形中发用流行，未尝作得天的障碍。圣人只是顺其良知之发用，天地万物俱在我良知的发用流行中，何尝又有一物超于良知之外，能作得障碍？"】

---

① "而况父子乎"，嘉靖本作"而况父子天性之爱，重以连年苦切之思乎"。
② "与陆澄论养生"，嘉靖本作"与陆澄书曰"。
③ "果能戒谨恐惧"，嘉靖本作"果能戒谨不睹，恐惧不闻"。
④ "我"，嘉靖本作"义"。注：嘉靖本当有误。

八月，至越。

九月，归余姚省祖茔。

【注】 束景南先生认为："阳明是次归余姚，一在省祖母岑太夫人、母郑氏墓，二在访瑞云楼出生地，三在访余姚宗亲姻党、亲朋好友。按竹轩（公）王伦葬于穴湖山，故岑太夫人亦当祔葬穴湖山。又阳明母郑氏亦葬穴湖山。故阳明省祖茔乃主要往穴湖山也。阳明是次归余姚，当居秘图山王氏故居，所访'宗族'，即指居秘图山之王氏族人。所访'亲友'乃指谢迁、胡东皋、诸用明、闻人诠及冯兰、倪宗正、严时泰、邵贇等人。瑞云楼时已为心渔钱希明（钱德洪父）僦居，故阳明访瑞云楼亦当访钱希明、钱德洪父子也。阳明归余姚多有诗咏，惜皆亡佚。"（《长编》第1415页）

先生归省祖茔，访瑞云楼，指藏胎衣地，收①泪久之，盖痛母生不及养，祖母死不及殓也。日与宗族亲友宴游，随地指示良知。德洪[昔]闻先生讲学江右，久思及门，乡中故老犹执先生往迹为疑，洪独潜伺动支②，深信之，乃排众议，请亲命，③率二侄大经、应扬及郑寅、俞大本，因王正心通贽请见。明日，夏淳、范引年、吴仁、柴凤、孙应奎、诸阳、徐珊、管州、谷钟秀、黄文涣、周于德、杨珂等【见】，凡七十四人。

【《归兴》 百战归来白发新，青山从此作闲人。峰攒尚忆冲蛮阵，云起犹疑见虏尘。岛屿微茫沧海暮，桃花烂漫武陵春。而今始信还丹诀，却笑当年识未真。】

十[有]二月，封新建伯。

---

① "收"，嘉靖本作"抆"。注：嘉靖本是也。
② "支"，嘉靖本作"止"。
③ "乃排众议，请亲命"，嘉靖本作"乃请亲命，排众议"。

■ 王阳明年谱校注

【注】 阳明先生"封新建伯"的时间，钱德洪作"十二月"，而《阳明先生年谱》中此条，束景南先生认为其叙事错乱而"误甚"，并有相关考辨，可参看。①

制曰："江西反贼剿平，地方安定，各该官员，功绩显著。你部里既会官集议，分别等第明白。王守仁封新建伯，奉天翊卫②推诚宣力守正文臣，特进光禄大夫柱国，还兼两京兵部尚书，照旧参赞机务，岁支禄米壹千石，三代并妻一体追封，给与诰卷③，子孙世世承袭。正德十六年十二月十九日，[准]兵部吏部题。"差行人赍白金文绮慰劳。兼下温旨存问父华于家，赐以羊酒。至日，适海日翁诞辰，【明旦，语门人曰："昨日腰玉，人谓至荣，晚来解衣就寝，依旧一身穷骨头，何曾添得分毫？乃知荣辱原不在人，人自迷耳。"】[亲朋咸集，先生捧觞为寿。翁蹙然曰："宁濠之变，皆以汝为死矣而不死，皆以事难平矣而卒平。逸构朋兴，祸机四发，前后二年，岂乎知不免矣。天开日月，显忠遂良，穹官高爵，滥冒封赏，父子复相见于一堂，兹非其幸欤！然盛者衰之始，福者祸之基，虽以为幸，又以为惧也。"先生洗爵而跪曰："大人之教，儿所日夜切心者也。"闻者皆叹会遇之隆，感盈成之戒。]

---

① 束景南先生指出钱德洪《阳明先生年谱》云："十月二日，封新建伯。"误甚。按语曰："钱氏于此叙事舛误颠倒，几不堪卒读。如钱氏于'十月二日封新建伯'下竟引十二月十九日制，不知所云。按钱氏所引敕旨乃阳明于十二月十九日所奉，非谓敕旨作在十二月十九日，阳明《辞封爵普恩赏以彰国典疏》述之甚明，可见'正德十六年十二月十九日'一句乃钱氏臆加。又钱氏于十二月十九日封新建伯下忽云：'至日，适海日翁诞辰，亲朋咸集，先生捧觞为寿。'其说大误。王华诞辰在九月二十九日，阳明奉圣旨在十二月十九日，二者无关，何来'适海日翁诞辰'？其误自不待辨。"（《长编》第1445页）
② "卫"，嘉靖本作"运"。
③ "卷"，嘉靖本作"券"。

[《王文成公全书》卷之三十四　附录三　年谱三]

【今上皇帝】嘉靖元年壬午，先生五十一岁，在越。

正月，疏辞封爵。

[先是，]先生平贼擒濠，俱琼先事为谋，假以便宜行事，每疏捷，必先归功本兵，[宰辅憾焉。至是，]欲阻先生之进①，乃抑同事诸人，将纪功册[改造]，务为删削。先生曰："册中所载，可见之功耳。若夫帐下之士，或[诈]【作】为兵檄，以挠其进止；或伪书反间，以离其腹心；或犯难走役，而填于沟壑；或以忠抱冤，而构死狱中。有将士所不与知，部领所未尝历，幽魂所未及泄者，非册中所能尽载。今于其可见之功，而又裁削之，何以励效忠赴义之士耶！"乃上疏乞辞封爵，且谓："殃莫大于叨天之功，罪莫大于掩人之善，恶莫深于袭下之能，辱莫重于忘己之耻：四者备而祸全。此臣之不敢受爵者，非以辞荣也，避祸焉尔已。"疏上，不报。

二月，龙山公卒。

二月十二日己丑，海日翁[年七十，]疾且革。[时]朝廷推论征藩之功，进封翁及竹轩、槐里【两】公【而下】俱为新建伯。是日，部咨适至，翁闻使者已在门，促先生及诸弟出迎，曰："虽仓遽，乌可以废礼？"问已成礼②，然后瞑目而逝。先生戒家人勿哭，加新冕服拖绅，饬内外含襚诸具，始举哀，一哭顿绝，病不能胜。

门人子弟纪丧，因才任使。[以]仙居金克厚[谨恪，使监]【典】厨，[克厚出纳品物惟谨，有不慎者追还之，]内外井井。[室中斋食，]百日后，令弟侄辈稍进干肉，曰："诸子蒙养习久，强其不能，是恣其作伪也。稍宽之，使之各求自尽可也。"越俗宴吊客必列饼糖，设文绮，烹鲜割肥，以竞

---

① "欲阻先生之进"，嘉靖本作"诸有怀憾者欲阻其之进"。
② "问已成礼"，嘉靖本作："问：'已成礼否？'"

丰侈，先生尽革之。惟遇高年远客，素食中间肉二器，曰："斋素行于幕内，若使吊客同孝子食，非所以安高年而酬宾旅也。"后甘泉先生来吊，见肉食不喜，遗书致①责，先生引罪不辩。是年克厚与洪同贡于乡，【克厚】连举进士，谓洪曰："吾学得司②厨而大益[，且私之以取科第。先生常谓学必操事而后实，诚至教也]。"

先生卧病，远方同志日至，乃揭帖于壁曰："某鄙劣无所知识，且在忧病奄奄中，故凡四方同志之辱临者，皆不敢相见；或不得已而相见，亦不敢有所论说，各请归而求诸孔、孟之训可矣。夫孔、孟之训，昭如日月，凡支离决裂，似是而非者，皆异说也。有志于圣人之学者，外孔、孟之训而他求，是舍日月之明，而希光于萤爝之微也，不亦缪乎？"

七月，再疏辞封爵。

七月十九日，准吏部咨："钦奉圣旨：【论功行赏，古今论典，诗书所载，俱可考见。】卿倡义督兵，剿除大患，尽忠报国，劳绩可嘉，特加封爵，以昭公义。宜勉承恩命，所辞不允。【钦此。】"先是，先生上疏辞爵，乞普恩典，[盖以]当国者不明军旅之赏，而阴行考察，或赏或否，或不行赏而并削其绩，或赏未及播而罚已先行，或虚受升职之名而因使退闲，或冒蒙不忠之号而随以废斥，【先生】乃[叹]曰："同事诸臣，延颈而待且三年矣！此而不言，谁复有为之论列者？均秉忠义之气，以赴国难，而功成行赏，惟吾一人当之，人将不食其余矣。"乃再上疏【，略】曰："日者宸濠之变，【实起仓卒，】其横气积威，虽在千里之外，无不震骇失措，而况江西诸郡县近切剥床者乎？[臣以逆旅孤身，举事其间。然而]未受巡抚之命，则各官[非统属也；]未奉讨贼之旨，其[事乃义倡也，若使其时郡县各官，]果畏死偷生【之心】，[但以未有成命，各保土地为辞，]则臣亦可如何哉？然而闻臣之调，[即感激奋励，挺身而来，是非真有捐躯赴难之义，戮力报主

---

① "致"，嘉靖本作"相"。
② "司"，嘉靖本作"典"。

之忠，孰肯]甘粉齑之祸，从赤族之诛，以希万一难冀之功乎？[然则凡在与臣共事者，]皆有忠义之诚者也。夫考课之典，军旅之政，固并行而不相悖，然亦不可混而施之。今也将明军旅之赏，而阴以考课之意，行于其间，人但见其赏未施而罚已及，功不录而罪有加，不能创奸警恶，而徒以阻忠义之气，快谗嫉之心；譬之投杯醪于河水，而求饮者之醉，可得乎？"疏上不报。

时御史程启充、给事毛玉倡议论劾，①[以遏正学，承宰辅意也。]【以公论皆不平，】陆澄[时]为刑部主事，[上疏为]六辩以折之。先生闻而止之曰："无辩止谤，尝闻昔人之教矣。况今何止于是？四方英杰，以讲学异同【之故】，议论纷纷，吾侪可胜辩乎？惟当反求诸己，苟其言而是欤，吾斯尚有未信欤，则当务求其非，不得辄是己而非人也。使其言而非欤，吾斯既以自信欤，则当益【致践履之实，以务】求于自慊，所谓'默而成之，不言而信'者也。然则今日之多口，孰非吾侪动心忍性，砥砺切磋之地乎？且彼议论之兴，非必有所私怨于我，亦将以为卫夫道也。况其说本自出于先儒之绪论，【固各有所凭据，】而吾侪之言骤异于昔，反若凿空杜撰者，【乃不知圣人之学本来如是，而流传失真耳。彼既先横不信之念，莫肯虚心讲究，加以吾侪议论之间，或为胜心浮气所乘，未免过为矫激，则】固宜其非笑而骇惑矣。【此吾侪之责，】未可专以罪彼为也。"【澄乃止。】

是月，德洪【辞】赴省试②，辞先生，请益③，先生曰："胸中须常有舜、禹有天下不与气象。"[德洪]请问，先生曰："舜、禹有天下而身不与，又何得丧介于其中【耶】？"

九月，葬龙山公于石泉山。

---

① 此句嘉靖本作"时御史程启充、给事毛玉欲相率论劾"。
② "省试"，嘉靖本作"会试"。
③ "请益"，嘉靖本作"请教"。

【嘉靖】二年癸未，先生五十二岁，在越。

二月。

南宫策士以心学为问，阴以辟先生①。门人徐珊读《策问》，叹曰："吾恶能昧吾知以幸时好耶！"【即】不答而出。闻者难之。曰："尹彦明后一人也。"同门欧阳德、王臣、魏良弼等直接发师旨不讳，亦在取列，识者以为进退有命。德洪下第归，深恨时事之乖，见先生，先生喜而相接曰："圣学从兹大明矣。"德洪曰："时事如此，何见大明？"先生曰："吾学恶得遍语天下士？今会试录，虽穷乡深谷无不到矣。吾学既非，天下必有起而求真是者。"

邹守益、薛侃、黄宗明、马明衡、王艮等侍，因言谤议日炽。先生曰："诸君且言其故。"有言先生势位隆盛，是以忌嫉谤；有言先生学日明，为宋儒争异同，则以学术谤；有言天下从游者众，与其进不保其往，又以身谤。先生曰："三言者诚皆有之，特吾自知诸君论未及耳。"请问。曰："吾自南京已前，尚有乡愿意思。【在】今[只]信【得良知，只从】良知真是真非处，更无掩藏回护，【今】才做得狂者。使天下尽说我行不掩言，吾亦只依良知行。"

请问乡愿、狂者之辨。曰："乡愿以忠信廉洁见取于君子，以同流合污无忤于小人，故非之无举，刺之无刺。【其处身亦周矣。】然究其心，【则暗然以媚世也，】乃知忠信廉洁所以媚君子也，同流合污所以媚小人也，其心已破坏矣，故不可与入尧、舜之道。狂者志存古人，一切纷嚣俗染，举不足以累其心，真有凤凰翔于千仞之意，一克念即圣人矣。惟不克念，故阔略事情，而行常②不掩。惟其不掩，故心尚未坏，而庶可与裁。"曰："乡愿何以断其媚世？"曰："自其议狂狷而知之。狂狷不与俗谐，而谓生斯世也，为斯世也，善斯可矣，此乡愿志也。故其所为，皆色取不疑，所以谓之

---

① "阴以辟先生"，嘉靖本作"阴寓去取之意"。
② "常"，嘉靖本作"尝"。

'似'。三代以下，士之取盛名于时者，不过得乡愿之似而已。然究其忠信廉洁，或未免致疑于妻、子也。虽欲纯乎乡愿，亦未易得，而况圣人之道乎？"曰："狂狷为孔子所思，然至于传道，终不及琴张辈，而传曾子，岂曾子亦狷者之流乎？"先生曰："不然！琴张辈狂者之禀也，虽有所得，终止于狂。曾子中行之禀也，故能悟入圣人之道。"

先生《与[黄]宗贤书》曰："近与尚谦、子华①、宗明讲《孟子》'乡愿狂狷'一章，颇觉有所警发，相见时须更②一论。四方朋友去来无定，中间不无切磋砥砺之益，但真有力量能担荷得者，亦自少见。大抵近世学者，无有必为圣人之志，胸中有物未得清脱耳。闻引接同志，孜孜不怠，甚善！但论议须谦虚简明为佳。若自处过任，而词意重复，却恐无益而有损【也】。"

《与尚谦书》曰："谓自咎罪疾只缘轻傲二字【累倒】，足知用力恳切。但知轻傲处便是良知，致此良知，除却轻傲，便是格物。[得]致知二字，【是孔门正眼法藏，】千古人品高下真伪一齐觑破，毫发不容掩藏。前所论乡愿，可熟味也。【致知】二字在虔时终日论此，同志中尚多未彻。近于古本序中改数语，颇发此意，然见者往往亦不能察。今寄一纸，幸更熟味，此乃千古圣学之秘。从前儒者多不曾悟到，故其说入于支离外道而不觉也。"

【《别谦之》 珍重江船冒暑行，一宵心话更分明。须从根本求生死，莫向支流辨浊清。久奈世儒横臆说，竟搜物理外人情。良知底用安排得？此物由来自浑成。】

九月，改葬龙山公于天柱峰，郑太夫人于徐山。

郑太夫人尝附葬余姚穴湖，既改③殡郡南石泉山，[及]合葬公，开圹【比启土】有水患。先生梦寐不宁，遂改葬。

十[有]一月，至萧山。

---
① 嘉靖本作"子莘"。
② "更"，嘉靖本作"与"。
③ "既改"，嘉靖本作"至是欲改"。

见素林公自都御史致政归，道钱塘，渡江来访，先生趋迎于萧山[，宿]浮峰寺。公相对感慨时事，慰从行诸友及时勉学，无负初志。

张元冲在舟中问："二氏与圣人之学所差毫厘，谓其皆有得于性命也。但二氏于性命中着些私利，便谬千里矣。今观二氏作用，亦有功于吾身者，不知亦须兼取否。"先生曰："说兼取，便不是。圣人尽性至命，何物不具，何待兼取？二氏之用，皆我之用。即吾尽性至命中完养此身谓之仙，即吾尽性至命中不染世累谓之佛。但后世儒者不见圣学之全，故与二氏成二见耳。譬之厅堂三间共为一厅，儒者不知皆吾所用，见佛氏，则割左边一间与之；见老氏，则割右边一间与之；而己则自处中间，皆举一而废百也。圣人与天地民物同体，儒、佛、老、庄皆吾之用，是之谓大道。二氏自私其身，是之谓小道。"

【嘉靖】三年甲申，先生五十三岁，在越。

正月。

[门人日进。]

郡守南大吉以座主称门生，然性豪旷，不拘小节，【不甚相信，见门人日益，心疑焉。故遣弟逢吉觇之，闻言归，备以告。如是数日，语曰"所学是也"，始数来见。】[先生与论学有悟，乃告先生曰：]"大吉临政多过，先生何无一言？"先生曰："何过？"大吉历数其事。先生曰："吾言之矣。"大吉曰："何？"先生曰："吾不言，何以知之？"[吉]曰："良知。"先生曰："良知非我常言，而何？"大吉笑谢而去。居数日，复自数过加密，且曰："与其过后悔改，曷若预言不犯为佳也。"先生曰："人言不如自悔之真。"大吉笑谢而去。居数日，复自数过益密，且曰："身过可勉，心过奈何？"先生曰："昔镜未开，可得藏垢；今镜明矣，一尘之落，自难住脚。此正入圣之机也，勉之！"于是辟稽山书院，聚八邑彦士，[身率讲习以督之。]于是①萧璆、杨汝荣、杨绍芳等来自湖广,杨仕鸣、薛宗铠、黄梦星等来自广东,王艮、孟源、周冲等来自直隶,何秦、黄弘纲等来自南赣,刘邦采、刘文敏等来自安福,魏良政、魏良器等来自新建,曾忭来自泰和。宫刹卑隘,至不能容。盖环坐而听者三百余人。先生临之,只发《大学》"万物同体"之旨,使人各求本性,致极良知,以至于至善。功夫有得,[则]因方设教,故人人悦其易从。

【二月。】

海宁董沄号萝石,以能诗闻于江湖,年六十八,来游会稽。闻先生讲学,以杖肩其瓢笠诗卷来访。入门,长揖,上坐。先生异其气貌,[礼]敬之,与[之]语连日夜。沄有悟,因何秦强②纳拜。【先生不许,归与其妻织一缣为贽,复因秦来强】。先生与之徜徉山水间。沄日有闻,忻然乐而忘归也。其乡子弟社友皆招之返,且曰:"翁老矣,何乃自苦若是?"沄曰:"吾方幸逃于苦海,悯若之自苦也,顾以吾为苦耶?吾方扬鬐于渤澥,而振羽于云霄之上,安能复投网罟而入樊笼乎?去矣,吾将从吾之所好。"遂自号曰"从吾道人",先生为之记。

【德洪携二弟仲冕、仲实与先生仲弟守文读书城南之谢墅。已而魏良器辈与游禹穴诸胜,十日忘返,德洪父心渔翁疑妨举业。二子曰:"讲学以求晦翁之说,譬打蛇寻七寸也。翁何忧?"疑不释,以问先生,曰:"圣贤之学,果无妨课业乎?"先生曰:"岂特无妨?乃大益耳。"请问焉,曰:"学圣贤者,譬之治家,其产业、第宅、服食、器物,皆所自置而自享用。欲请客,出其所有以享之。客去,其物具在,还以自享终身,用之无穷也。今之为举业者,譬之治家,不务居积,专以假贷为功。欲请客,自厅事以至供具百物,莫不遍借。客幸而来,则诸贷之物一时丰裕可观。客去,则尽以还人,一物非所有。若请客不至,则时过气衰,借贷,亦须不备,终身奔劳

---

① "于是",嘉靖本作"而"。
② "强",嘉靖本作"请"。

作，一窭人而已，是求无益于得，求在外也。"明年乙酉，大比稽山书院，钱楩与魏良政并发解江浙。翁闻之笑曰："打蛇得七寸矣。"后仲实与诸侄竟相继登第。】

【四月】

【绍兴名其莅政之堂曰"亲民"，先生记之，略曰："至善也者，明德亲民之极，天命之性粹然至善，其灵昭不昧，皆其至善之发见。是乃明德之本体，而所谓良知者也。至善之发见，是而是焉，非而非焉，固吾心天然自有之则，而不容有所拟议加损于其间也。有所拟议加损于其间，则是私意小智，而非至善之谓矣。人惟不知至善之在吾心，而用其私智以求之于外，是以昧其是非之则。至于横鹜决裂，人欲肆而天理亡，明德亲民之学大乱于天下。故至善之于明德亲民也，犹之规矩之于方圆也，尺度之于长短也，权衡之于轻重也。方圆而不止于规矩，爽其度矣；长短而不止于尺度，乖其制矣；轻重而不止于权衡，失其准矣；明德亲民而不止于至善，亡其则矣。夫是之谓大人之学。大人者，以天地万物为一体也。夫然，后能以天地万物为一体。"】

【先生《答陆澄书》有曰："妄心则动也，照心非动也；恒照则恒动恒静，天地之所以恒久而不已也。照心固照也，妄心亦照也；其为物不贰，则其生物不息，有刻暂停则息矣，非至诚无息之学矣。"】

【又曰："良知者，心之本体，即前所谓恒照者也。心之本体，无起无不起，虽妄念之发，而良知未尝不在，但人不知存，则有时而或放耳；虽昏塞之极，而良知未尝不明，但人不知察，则有时而或蔽耳。虽有时而或放，其体实未尝不在也，存之而已耳；虽有时而或蔽，其体实未尝不明也，察之而已耳。若谓良知亦有起处，则是有时而不在也，非其本体之谓也。"】

【又曰："'精一'之'精'，以理言；'精神'之'精'，以气言。理者，气之条理；气者，理之运用。无条理，则不能运用；无运用，则亦无以见其所谓条理者矣。精则精，精则明，精则一，精则神，精则诚；一则

精,一则明,一则神,一则诚,原非有二事也。但后世儒者之说与养生之说各滞于一偏,不相为用,然而作圣之功,实亦不外此。"】

【又曰:"良知,一也。以其妙用而言谓之神,以其流行而言谓之气,以其凝聚而言谓之精,安可以形象方所求哉?真阴之精,即真阳之气之母;真阳之气,即真阴之精之父。阴根阳,阳根阴,亦非有二也。"】

【又曰:"未发之中,即良知也。无前后内外,而浑然者也。有事无事,可以言动静,而良知无分于有事无事也。寂然感通,可以言动静,而良知无分于寂然感通也。动静者,所遇之时。心之本体,固无分于动静也。理无动者也,动即为欲。循理则虽酬酢万变,而未尝动也;从欲则虽槁心一念,而未尝静也。'动中有静,静中有动',又何疑乎?有事而感通,固可以言动,然而寂然者,未尝有增也;无事而寂然,固可以言静;然而感通者,未尝有减也。'动而无动,静而无静',又何疑乎?无前后内外,而浑然一体,则至诚有息之疑,不待解矣。未发在已发之中,而已发之中未尝别有未发者在;已发在未发之中,而未发之中未尝别有已发者存。是未尝无动静,而不可以动静分者也。凡观古人言语,在以意逆志,而得其大旨。】

【周子'静极而动'之说,苟不善观,亦未免有病。盖其意从太极'动而生阳,静而生阴'说来。太极生生之理,妙用无息,而常体不易。太极之生生,即阴阳之生生。就其生生之中,指其妙用无息者,而谓之动,谓之阳之生,非谓动而后阳也;就其生生之中,指其常体不易者,而谓之静,谓之阴之生,非谓静而后阴也。若果静而后生阴,动而后生阳,则是阴阳动静,截然各自为一物矣。阴阳一气也,一气屈伸而为阴阳;动静一理也,一理隐显而为动静。春夏可以为阳为动,而未尝无阴与静也;秋冬可以为阴为静,而未尝无阳与动也。春夏此不息,秋冬此不息,皆可谓之阳、谓之动也;春夏此常体,秋冬此常体,皆可谓之阴、谓之静也。自元、会、运、世、岁、月、日、时以至刻、秒、忽、微,莫不皆然。所谓动静无端,阴阳无始,在知道者默而识之,非可以言语穷也。"】

【又曰："'照心非动'者，以其发于本体明觉之自然，而未尝有所动也。有所动即妄矣。'妄心亦照'者，以其本体明觉之自然者，未尝不在于其中，但有所动耳。无所动，即照矣。无妄无照，非以妄为照，以照为妄也。照心为照，妄心为妄，是犹有妄有照也。有妄有照，则犹二也，贰则息矣。无妄无照，则不贰，不贰则不息矣。"】

【又曰："乐是心之本体，虽不同于七情之乐，而亦不外于七情之乐。虽则圣贤别有真乐，而亦常人之所同有，但常人有之而不自知，反自求许多忧苦，自加迷弃。虽在忧苦迷弃之中，而此乐又未尝不存，但一念开明，反身而诚，则即此而在矣。每与原静论，无非此意。而原静尚有'何道可得'之问，犹是未免'骑驴觅驴'之蔽也。"】

【又曰："圣人致知之功，至诚无息。其良知之体皎如明镜，略无纤翳，妍媸之来，随物见形，而明镜曾无留染，所谓情顺万事而无情也。'无所住而生其心'，佛氏曾有是言，未为非也。明镜之应物，妍者妍，媸者媸，一照而皆真，即是生其心处；妍者妍，媸者媸，一过而不留，即是无所住处。病疟之喻，诚已见其精切，则此节所问可以释然。病疟之人，疟虽未发，而病根自在，则亦安可以其疟之未发，而遂忘其服药调理之功乎？若必待疟发而后服药调理，则既晚矣。致知之功，无间于有事无事，而岂论于病之已发、未发？大抵原静所疑，前后虽若不一，然皆起于自私自利，将迎意必之为祟。此根一去，则前后所疑，自将冰消雾释，有不待于问辨者矣。"】

【《答周道通书》有曰："'生之谓性'，生字即是气字，犹言'气即是性'也。气即是性，人生而静以上不容说，才说'气即是性'，即已落在一边，不是性之本原矣。孟子'性善'，是从本原上说。然性善之端，须在气上始见得。若无气，亦无可见矣。恻隐、羞恶、辞让、是非，即是气。程子谓：'论性不论气，不备；论气不论性，不明。'亦是为学者各认一边，只

得如此说。若见得自性明白时，气即是性，性即是气，原无性气之可分也。"】

八月[，宴门人于天泉桥]。

【是年】中秋月白①如昼，先生命侍者设席[于碧霞池上]，门人在侍者百余人②。酒半酣，【先生退，令侍者劝饮，于是】歌声渐动。久之，或投壶聚算③，或击鼓，或泛舟【，尽兴而罢】。先生见诸生兴剧，退而作诗，④有"铿然舍瑟春风里，点也虽狂得我情"之句。

明日，诸生入谢。先生曰："昔者孔子在陈，思鲁之狂士。世之学者，没溺于富贵声利【嗜欲】之场，如拘如囚，【自投桎梏，】而莫之省脱。及闻孔子之教，始知一切俗缘，皆非性体，乃豁然脱落。但见得此意，不加【躬修】实践，以【日】入于精微，则渐⑤有轻灭世故、阔略伦物之病。虽比世之庸庸琐琐者不同，【然其过中失正，】其为未得于道一也。故孔子在陈，思归[以]裁【以进】之[，使入于道耳]。【今】诸君【在此】讲学，但患未得此意。今幸见此⑥，正好精诣力造，求志于道。无以一见自足[而]终止于狂【可】也。"

是月，舒柏有敬畏累洒落之问，刘侯有入山养静之问。

先生曰："君子之所谓敬畏[者]，非恐惧忧患之谓也，戒谨不睹，恐惧不闻之谓耳。君子之所谓洒落者，非旷荡放逸之谓也，⑦乃其心体不累于欲，无入而不自得之谓耳。夫心之本体，即天理也。天理之昭明灵觉，所谓良知也。君子戒惧之功⑧，【惟恐其昭明灵觉者，或有所昏昧放逸，流于非僻邪

---

① "月白"，嘉靖本作"月色"。
② "门人在侍者百余人"，嘉靖本作"款门人百余天泉桥上"。
③ "或投壶聚算"，嘉靖本作"或投壶，或聚骰"。
④ "先生见诸生兴剧，退而作诗"，嘉靖本作"先生旁观悦之"。
⑤ "渐"，嘉靖本作"便"。
⑥ 嘉靖本作"今幸有见"。
⑦ "戒谨不睹，恐惧不闻之谓耳。君子之所谓洒落者，非旷荡放逸之谓也"，嘉靖本作"乃戒谨不睹，恐惧不闻之谓耳。君子之洒落，非旷荡放逸、纵情肆意之谓也"。
⑧ "君子戒惧之功"，嘉靖本作"君子之戒慎恐惧"。

妄，而失其本体之正耳。戒慎恐惧①之功】无时或间，则天理常存，而其昭明灵觉之本体，[自]无所昏蔽，[自]无所牵扰，【无所意必固我，】[自]无所歉馁愧怍，【和融莹彻，充塞流行，】动容周旋而中礼，从心所欲而不逾：斯乃所谓真洒落矣。是洒落生于天理之常存，天理常存生于戒慎恐惧之无间，孰谓敬畏之心，反为洒落累耶？②"

[谓]刘侯[曰："]【入坐穷山绝世，故屏思虑，养于灵明，通昼夜而不息，然后以无情应世。故且云，于静中求之似为径直，切勿流于空寂而已。观前后所论，皆不为无见。但为学】[君子养心之学]如良医治病，随其虚实、寒热而斟酌补泄之，是在去病而已，初无一定之方，必使人人服之也。【君子养心之学，亦自量其受病之深浅，而斟酌为之耳。】若③专欲[入坐穷山]，绝世故，屏思虑，【偏于虚静，】则恐既已养成空寂之性，虽欲勿流于空寂，不可得矣。【大抵治病，虽无一定之方，而以去病为主，则是一定之法。若但知随病用药，而不知因药发病，其失一而已矣。"】

【又尝见学者持守太坚，了无生意。问曰："吾见诸生数日，得无差却宗指乎？"诸生曰："先生尝言不睹不闻是本体，戒慎恐惧是工夫，以此工夫守此本体，未尝敢错。"先生曰："今见得正，不然。不睹不闻是工夫，戒慎恐惧是本体。"于是争论数日，不决。久之，先生乃解曰："不睹不闻，若非工夫，安得逼真？戒慎恐惧，若非本体，安得无意？故吾尝言：'合得本体便是工夫，做得工夫才是本体。'"一时闻者，无不洒然。】

【一日，先生入寺访黄弘纲、魏良器、良政。一道者在旁打坐，闻语起立。先生与二人问答，移时迨暮乃去，未尝一目道者。王畿素善良器，尝以妨误举业病之。良器多方诱劝，务俾转移，竟与同门。后良器卒。畿语及，必下涕。】

---

① "恐惧"，嘉靖本作"恐慎"。
② "孰谓敬畏之心，反为洒落累耶？"嘉靖本作"孰谓敬畏之增，乃为洒落累耶？"
③ "若"，嘉靖本作"但"。

[论圣学无妨于举业。]

[德洪携二弟德周仲实读书城南。洪父心渔翁往视之。魏良政、魏良器辈与游禹穴诸胜,十日忘返。问曰:"承诸君相携日久,得无妨课业乎?"答曰:"吾举子业无时不习。"家君曰:"固知心学可以触类而通,然朱说亦须理会否?"二子曰:"以吾良知求晦翁之说,譬之打蛇得七寸矣,又何忧不得耶?"家君疑未释,进问先生。先生曰:"岂特无妨,乃大益耳!学圣贤者,譬之治家,其产业、第宅、服食、器物皆所自置,欲请客,出其所有以享之;客去,其物具在,还以自享,终身用之无穷也。今之为举业者,譬之治家,不务居积,专以假贷为功,欲请客,自厅事以至供具百物,莫不遍借,客幸而来,则诸贷之物一时丰裕可观;客去,则尽以还人,一物非所有也;若请客不至,则时过气衰,借贷亦不备;终身奔劳,作一婆人而已。是求无益于得,求在外也。"明年乙酉大比,稽山书院钱楩与魏良政并发解江、浙。家君闻之笑曰:"打蛇得七寸矣。"]

是时"大礼议"起,先生夜坐碧霞池【上】,有诗曰:"一雨秋凉入夜新,池边孤月倍精神。潜鱼水底传心诀,栖鸟枝头说道真。莫谓天机非嗜欲,须知万物是①吾身。无端礼乐纷纷议,谁与青天扫旧②尘?"又曰:"独坐秋庭月色新,乾坤何处更闲人?高歌度与清风去,幽意自随流水春。千圣本无心外诀,《六经》须拂镜中尘。却怜扰扰周公梦,未及惺惺陋巷贫。"盖[有感时事,二诗]已示其微矣。

四月,服阕,朝中屡疏引荐。霍兀厓、席元山、黄宗贤、黄宗明先后皆以[大]礼问,竟不答。

---

① "是",嘉靖本作"本"。
② "旧",嘉靖本作"宿"。

【九月】

【《秋声》 秋来万木发天声，点瑟回琴日夜清。绝调迥随流水远，余音细入晚云轻。洗心空已真千古，倾耳谁能辨九成？徒使清风传律吕，人间瓦缶正雷鸣。**】**

十月，门人南大吉续刻《传习录》。

《传习录》薛侃首刻于虔，凡三卷。至是年，大吉取先生论学书，复增五卷，续刻于越。

【逢吉有疑于博约先后之训，先生曰："理，一而已矣；心，一而已矣。故圣人无二教，而学者无二学。博文以约礼，格物以致其良知，一也。故先后之说，后儒支缪之见也。夫礼也者，天理也。天命之性具于吾心，其浑然全体之中，而条理节目森然毕具，是故谓之天理。天理之条理谓之礼。是礼也，其发见于外则有五常百行，酬酢变化，语默动静，升降周旋，隆杀厚薄之属。宣之于言而成章，措之于为而成行，书之于册而成训，炳然蔚然。其条理节目之繁，至于不可穷诘，是皆所谓文也。是文也者，礼之见于外者也；礼也者，文之存于中者也。文，显而可见之礼也；礼，微而难见之文也，是所谓体用一源而显微无间者也。是故君子之学也，于酬酢变化、语默动静之间，而求尽其条理节目焉，非他也，求尽吾心之天理焉耳矣；于升降周旋、隆杀厚薄之间，而求尽其条理节目焉，非他也，求尽吾心之天理焉耳矣。求其条理节目焉者，博文也；求尽吾心之天理焉者，约礼也。文散于事而万殊者也，故曰博；理根于心而一本者也，故曰约。博文而非约之以礼，则其文为虚文，而后世功利辞章之学矣；约礼而非博学于文，则其礼为虚礼，而佛老空寂之学矣。是故约礼必在于博文，而博文乃所以约礼。二之而分先后焉者，是圣学之不明，而功利异端之说乱之也。昔者颜子之始学于夫子也，盖亦未知道之无方体形像也，而以为有方体形像也；未知道之无穷尽止极也，而以为有穷尽止极也，是犹后儒之见事事物物，皆有定理者也，是以求之仰钻瞻忽之间，而莫得其所谓。及闻夫子博约之训，既竭吾才以求之，然后知天下之事，虽千变万化，而皆不出于此心之一理。然后知殊途而同归，百虑而一致。然后知斯道之本无方体形象，而不可以方体形象求之也；本无穷尽止极，而不可以穷尽止极求之也。故曰：'虽欲从之，末由也已。'盖颜子至是而始有真实之见矣。博文以约礼，格物以致其良知也，亦宁有二学乎哉？"在越数年，门人日进，上自缙绅，下至艺术，莫不毕聚。每入见，各以类从，不相混杂。有疑问者，谓之曰："如此，彼此心安，不至动气耳。"】

【《示诸生》 尔身各各自天真，不用求人更问人。但致良知成德业，谩从故纸费精神。乾坤是《易》原非画，心性何形得有尘？莫道先生学禅语，此言端的为君陈。】

【阳明先生年谱中卷】

【阳明先生年谱下卷】

【门人钱德洪编次】

【后学罗洪先考订】

四年乙酉，先生五十四岁，在越。

【注】 束景南先生指出："是岁，阳明审订《九声四气歌法》，教书院诸生歌诗用。"（《长编》第1734页）此"阳明歌诗法"对于当今的国学教育当有助益之处。

正月，夫人诸氏卒。

四月，祔葬[于]徐山。

是月，作稽山书院《尊经阁记》。①

略曰："【昔者】圣人之扶人极、忧后世而述《六经》也，犹之富家者之父祖，虑其产业库藏之积，其子孙者或至于遗亡失散，卒困穷而无以自全也，而记籍其家之所有以贻之，使之世守其产业库藏之积而享用焉，以免于困穷之患。故《六经》者，吾心之记籍也，而《六经》之实则具于吾心；犹之产业库藏之实，种种色色，具存于其家，其记籍者，特名状数目而已。而世之学者不知求《六经》之实于吾心，而徒考索于影响之间，牵制于文义之末，硁硁然以为是《六经》矣。是犹富家之子孙，不务守成规，享用其产业库藏之实积，日遗忘散失，至于窭人丐夫，而犹嚣嚣然指其记籍曰：'斯吾产业库藏之积也。'何以异于是？"

按：是年南大吉匾莅政之堂曰"亲民堂"，山阴知县吴瀛重修县学，提学佥事万潮与监察御史潘仿拓新万松书院于省城南，取试士之未尽录者廪饩之，咸以记请，先生皆为作记。

【略曰："夫圣人之学，心学也。学以求尽其心而已。尧、舜、禹之相授受曰：'人心惟危，道心惟微，惟精惟一，允执厥中。'道心者，率性之谓，而未杂于人。无声无臭，至微而显，诚之源也。人心，则杂于人而危矣，伪之端矣。见孺子之入井而恻隐，率性之道也；从而内交于其父母焉，要誉于乡党焉，则人心矣。饥而食，渴而饮，率性之道也；从而极滋味之美焉，恣口腹之饕焉，则人心矣。惟一者，一于道心也。惟精者，虑道心之不

---

① "稽山书院《尊经阁记》"，嘉靖本作"《稽山书院建尊经阁先生记》"。

一，而或二之以人心也。道无不中，一于道心而不息，是谓'允执厥中'矣。圣人既没，心学晦而人伪行，功利、训诂、记诵辞章之徒纷沓而起，支离决裂，岁盛月新，相沿相袭，各是其非，人心日炽而不复知有道心之微。间有觉其纰缪而略知反本求源者，则又哄然指为禅学而群訾之。

呜呼！心学何由而复明乎！夫禅之学与圣人之学，皆求尽其心也，亦相去毫厘耳。圣人之求尽其心也，以天地万物为一体也。裁成辅相、成己成物，而求尽吾心焉耳。心尽而家以齐，国以治，天下以平。故圣人之学不出乎尽心。禅之学非不以心为说，然其意以为是达道也者，固吾之心也，吾惟不昧吾心于其中则亦已矣，而亦岂必屑屑于其外；其外有未当也，则亦岂必屑屑于其中。斯亦其所谓尽心者矣，而不知已陷于自私自利之偏。是以外人伦，遗事物，以之独善或能之，而要之不可以治家国天下。盖圣人之学无人己，无内外，一天地万物以为心；而禅之学起于自私自利，而未免于内外之分；斯其所以为异也。今之为心性之学者，而果外人伦，遗事物，则诚所谓禅矣；使其未尝外人伦，遗事物，而专以存心养性为事，则固圣门精一之学也，而可谓之禅乎哉！"】

六月，礼部尚书席书荐。

[先生服阕，例应起复，]御史石金等交章论荐，皆不报。尚书席书为疏特荐曰："生在臣前者见一人，曰杨一清；生在臣后者见一人，曰王守仁。且使亲领诰卷，趋阙谢恩。"于是杨一清入阁办事。明年有领卷谢恩之召，寻不果。

九月，归姚省墓。

先生[归，定会于]龙泉寺之中天阁，[每月以朔、望、初八、廿三为期。]书壁以勉诸生曰："虽有天下易生之物，一日暴之，十日寒之，未有能生者也。承诸君之不鄙，每予来归，咸集于此，以问学为事，甚盛意也。然不能旬日之留，而旬日之间又不过三四会。一别之后，辄复离群索居，不相见者动经年岁。然则岂惟十日之寒而已乎？若是而求萌蘖之畅茂条达，不可得矣。故予切望诸君：勿以予之去留为聚散，或五六日，八九日，虽有俗事相妨，亦须破冗一会于此。务在诱掖奖劝，砥砺切磋，使道德仁义之习日亲日近，则势利纷华之染亦日远日疏。所谓相观而善，百工居肆以成其事者也。相会之时，尤须虚心逊志，相亲相敬。大抵朋友之交，以相下为益，或议论未合，要在从容涵育，相感以成①；不得动气求胜，长傲遂非，务在默而成之，不言而信。其或矜己之长，攻人之短，粗心浮气，矫以沽名，讦以为直，挟胜心而行愤嫉，以圮族败群为志，则虽日讲时习于此，亦无益矣。【诸君念之，念之。会日每月以朔、望、初八、二十三为期。】"

答顾东桥璘书有曰："朱子所谓格物云者，【在即物而穷理，即物穷理者，是犹事事物物上求其所谓定理者也。】是以吾心而求理于事事物物之中，【析心与理而为二矣，夫求理于与事事物物者，】如求孝子之理于其亲之谓也。求孝之理果在于吾之心耶？抑果在于亲之身耶？假而果在于亲之身，而亲没之后，吾心遂无孝之理与？见孺子之入井，必有恻隐之理，是恻隐之理果在孺子之身与？抑在于吾身之良知与？【其或不可以从之于井欤？其或可以手而援之欤？是皆所谓理也，是果在于孺子之身欤？抑果出于吾心之良知欤？】以是例之，万事万物之理，莫不皆然。是可以见析心与理为二[之非矣]。【此告子'义外'之说，孟子之所深辟也。务外遗内，博而寡要，吾子既已知之矣。是果何谓而然哉？谓之玩物丧志，尚犹以为不可欤？】

若鄙人所谓致知格物者，致吾心之良知于事事物物也。吾心之良知，即所谓天理也。致吾心之天理于事事物物，则事事物物皆得其理矣。[故曰：]'致吾心之良知者，致知也。事事物物皆得其理者，格物也。'是合心与理而为一者也。合心与理而为一，则凡区区前之所云，与朱子晚年之论，皆可不言而喻矣。"

---

① "成"，嘉靖本作"诚"。注：嘉靖本是也。

又曰:"【区区论致知格物,正所以穷理,未尝戒人穷理,使之深居端坐而一无所事也。若谓即物穷理,如前所云务外而遗内者,则有所不可耳。昏暗之士,果能随事随物精察此心之天理,以致其本然之良知,则虽愚必明,虽柔必强,大本立而达道行,九经之属可一以贯之而无遗矣。尚何患其无致用之实乎?彼顽空虚静之徒,正惟不能随事随物精察此心之天理,以致其本然之良知,而遗弃伦理,寂灭虚无以为常,是以要之不可以治家国天下。孰谓圣人穷理尽性之学而亦有是弊哉?】心者身之主也,而心之虚灵明觉,即所谓本然良知也。其虚灵明觉之良知,应感而动者,谓之意;有知而后有意,无知则无意矣。知非意之体乎?意之所用,必有其物,物即事也,如意用于事亲,即事亲为一物;意用于治民,则治民为一物;意用于读书,即读书为一物;意用于听讼,即听讼为一物;凡意之所在,无有无物者:有是意,即有是物,无是意,即无是物。物,非意之用乎?

'格'字之义,有以'至'字训者。如'格于文祖',必纯孝诚敬,幽明之间,无一不得其理,而后谓之格;有苗之顽,实文德诞敷而后格,则亦兼有'正'字之义在其间,未可专以'至'字尽之也。如'格其非心''大臣格君心之非'之类,是则一皆'正其不正以归于正'之义,而不可以'至'字为训矣。且《大学》格物之训,又安知不以'正'字为义乎?如以'至'字为义者,必曰穷至事物之理,而后其说始通。是其用功之要全在一'穷'字,用力之地全在一'理'字也。若上去一'穷'字,下去一'理'字,而直曰'致知在至物',其可通乎?夫穷理尽性,圣人之成训见于《系辞》者也。苟格物之说而果即穷理之义,则圣人何不直曰'致知在穷理',而必为此转折不完之语,以启后世之弊耶?

盖《大学》格物之说,自与《系辞》穷理大旨虽同,而微有分辨。穷理者,兼格致诚正而为功也;故言穷理,则格致诚正之功皆在其中;言格物,则必兼举致知、诚意、正心,而后其功始备而密。今偏举格物而遂谓之穷理,【此所以专以穷理属知,而谓格物未尝有行,】[此]非惟不得格物之旨，并穷理之义而失之矣。【此后世之学所以析知行为先后两截，日以支离决裂，而圣学益以残晦者，其端实始于此。吾子盖亦未免承沿积习旧见，以为于道未相吻合，不为过矣。】"其末继以"拔本塞源"之论，其略曰："【夫】圣人之心，【以天地万物为一体，其】视天下之人无内外远近，凡有血气，皆其昆弟赤子之亲，莫不安全而教养之，以遂其万物一体之念。天下之人心，其始亦非有异于圣人也，特其间于有我之私，隔于物欲之蔽；大者以小，通者以塞。【人各有心，】甚①有视其父子、兄弟如仇雠者。圣人有忧之，是以推其天地万物一体之仁以教天下，使之皆有以克其私、去其蔽，以复其心体之同然。其教之大端，则尧、舜、禹之相授受，所谓'【人心惟危，】道心惟微，惟精惟一，允执厥中'。而其节目，则舜之命契，所谓'父子有亲，君臣有义，夫妇有别，长幼有序，朋友有信'五者而已。【唐、虞三代之世，教者惟以此为教，而学者惟以此为学。】当是之时，人无异见，家无异习，安此者谓之圣；勉此者谓之贤；而背此者，虽启明如朱，亦谓之不肖。下至闾井田野农工商贾之贱，莫不皆有是学，而惟以成其德行为务。何者？无有闻见之杂，记诵之烦，辞章之靡滥，功利之驰逐，而但使之孝其亲，弟其长，信其朋友，以复其心体之同然，【是盖性分之所固有，而非有假于外者，】则人亦孰不能之乎？学校之中，惟以成德为事；【而才能之异，或】有长于礼乐，长于政教，长于水土播植者，则就其成德，而因使益精其能【于学校之中】。迨夫举德而任，【则使之终身居其职而不易，】则用之者惟知同心一德，以共安天下之民，视才之称否，而不以崇卑为轻重【，劳逸为美恶】；效用者亦惟知同心一德，以共安天下之民，苟当其能，则终身【处于烦剧而不以为劳，】安于卑琐而不以为贱。当是【之】时，【熙熙暤暤，皆相视如一家之亲。】才质之下者，则安其农工商贾之分，各勤其业以相生相养，而无有乎希高慕外之心；【其】才能之异若

---

① "甚"，嘉靖本作"至"。

皋、夔、稷、契者，则出而各效其能，【若一家之务，】或营其衣食，或通其有无，或备其器用，集谋并力，以求遂其仰事俯育之愿。

【惟恐当其事者之或怠，而重己之累也。故稷勤其稼，而不耻其不知教，视契之善教，即己之善教也；夔司其乐，而不耻于不明礼，视夷之通礼，即己之通礼也。盖其心学纯明，而有以全其万物一体之仁，故其精神流贯，志气通达，而无有乎人己之分，物我之间。】譬之一【人之】身，【目视耳听，手持足行，以济一身之用，】目不耻其无聪，而耳之所涉，目必营焉；足不耻其无执，而手之所探，足必前焉。盖其元气充周，血脉条畅，是以痒疴呼吸，感触神应，有不言而喻之妙。此圣人之学所以【至易至简，易知易从，学易能而才易成者，正以大端】惟在复心体之同然，而知识技能，非所以与论也。三代[以降，]【之衰，王道熄而霸术猖；孔、孟既没，圣学晦而邪说横，】教者不复以此为教，而学者不复以此为学。霸者之徒，窃取先王之近似者，假之于外以内济其私【己之欲】，天下靡然宗之，圣人之道遂以芜塞。【相仿相效，日求所以富强之说、倾诈之谋、攻伐之计，一切欺天罔人，苟一时之得，以猎取声利之术，若管、商、苏、张之属者，至不可名数。既其久也，斗争劫夺，不胜其祸，斯人沦于禽兽夷狄，而霸术亦有所不能行矣。】

世之儒者慨然悲伤，搜猎先圣王之典章法制，而掇拾修补于煨烬之余；【盖其为心，良亦欲以挽回先王之道，圣学既远，霸术之传积渍已深，虽在贤知，皆不免于习染，其所以讲明修节，以求宣畅光复于世者，仅足以增霸者之藩篱，而】圣学之门墙，遂不可复观①。于是乎有训诂之学，而传之以为名；有记诵之学，而言之以为博；有词章之学，而侈之以为丽。【若是者纷纷籍籍，群起角立于天下，又不知其几家，万径千蹊，莫知所适。世之学者，如入百戏之场，欢谑跳浪、骋奇斗巧、献笑争妍者，四面而竞出，前瞻后盼，应接不遑，而耳目眩瞀，精神恍惑，日夜遨游淹息其间，如病狂丧心

---

① "不可复观"，嘉靖本作"不复可睹"。

之人，莫自知其家业之所归。时君世主亦皆昏迷颠倒于其说，而终身从事于无用之虚文，莫自知其所谓。间有觉其空疏谬妄，支离牵滞，而卓然自奋，欲以见诸行事之实者，极其所抵，亦不过为富强功利五霸之事业而止。圣人之学日远日晦，而功利之习愈趣愈下。其间虽尝瞽惑于佛、老，而佛、老之说，卒亦未能有以胜其功利之心；虽又尝折衷于群儒，而群儒之论，终亦未能有以破其功利之见。盖至于今，功利之毒沦浃于人之心髓，而习以成性也几千年矣。】相矜以知，相轧以势，相争以利，相高以技能，相取以声誉。其出而仕也，理钱谷者则欲并夫兵刑，典礼乐者又欲与于铨轴，处郡县则思藩臬之高，居台谏则望宰执之要。故不能其事，则不得以兼其官；不通其说，则不可以要其誉。记诵之广，适以长其敖①也；知识之多，适以行其恶也；闻见之博，适以肆其辩②也；辞章之富，适以饰其伪也。

【是以皋、夔、稷、契所不能兼之事，而今之初学小生皆欲通其说，究其术。其称名借号，未尝不曰吾欲以共成天下之务；而其诚心实意之所在，以为不如是则无以济其私而满其欲也。】呜呼！以若是之积染，以若是之心志，而又讲之以若是之学术，宜其闻吾圣人之教③，而视之以为赘疣枘凿[矣]。【则其以良知为未足，而谓圣人之学为无所用，亦其势有所必至矣！呜呼，士生斯世，而尚何以求圣人之学乎！尚何以论圣人之学乎！士生斯世而欲以为学者，不亦劳苦而繁难乎！不亦拘滞而险艰乎！呜呼！可悲也已！所幸天理之在人心，终有所不可泯，而良知之明，万古一日，则其闻吾'拔本塞源'之论，必有恻然而悲，戚然而痛，愤然而起，沛然若决江河而有所不可御者矣！】非【夫】豪杰之士无所待而兴者，吾谁与望乎？"

---

① "敖"，嘉靖本作"傲"。
② "辩"，嘉靖本作"辨"。
③ "教"嘉靖本作"学"。

【注】《答顾东桥书》为阳明先生生平最长的论学书信,束景南先生将其视为"《传习录》之'灵魂'",并且还是阳明先生阐释其良知心学思想体系具体而微之哲学大纲,为阳明良知心学思想成熟之标志。①

十月,立阳明书院于越城。

门人为之也。书院在越城西郭门内光相桥之东②。后十二年丁酉,巡按御史门人周汝员建祠于楼前,匾曰"阳明先生祠"。

五年丙戌,先生五十五岁,在越。

[三月,与邹守益书。]③

守益谪判广德州,筑复古书院以集生徒,刻《谕俗礼要》以风民俗。书至,先生复书赞之曰:"【《礼要》宗文公家礼,而简约之,切近人情,甚善!非吾谦之诚有益于化民成俗,未肯汲汲焉此也。】古之礼存于世者,老师宿儒当年不能穷其说,世之人苦其烦且难,遂皆废置而不行。故今之为人上而欲导民于礼者,非详且备之为难,惟简切明白而使人易行之为贵耳。中间如四代位次,及祔祭之类,【固区区】向时欲稍改以从俗者,今皆斟酌为之,于人情甚协。[盖天下古今之人,其情一而已矣。先王制礼,皆因人情而为之节文,是以行之万世而皆准。其或反之吾心而有所未安者,非其传记之讹阙,则必古今风气习俗之异宜者矣。此虽先王未之有,亦可以义起,三王之所以不相袭礼也。后世心学不讲,人失其情,难乎与之言礼。然良知之在人心,则万古如一日,苟顺吾心之良知以致之,则所谓不知足而为屦,我知其不为蒉矣。非天子不议礼制度,今之为此,非以议礼为也,徒以末世废礼

---

① 束景南先生指出:"《答顾东桥书》,为阳明生平最长之一篇论学书信,亦是阳明全面论述其良知心学思想最长之一篇论文(分量远远超过其《古本大学傍释》《大学问》),不啻是阳明阐释其良知心学思想体系具体而微之'哲学大纲'也。此书可视为阳明良知心学思想成熟之标志,是其自正德十四年以来建构良知心学体系之完成。该书选为《传习录》卷中首篇,有画龙点睛之妙,《答顾东桥书》,可谓《传习录》之'灵魂'也。"(《长编》第1706页)
② "东",嘉靖本作"西"。
③ "三月,与邹守益书",嘉靖本作"正月"。

之极，聊为之兆以兴起之，故]特为此简易之说，欲使之易知易从焉耳。冠、婚、丧、祭之外，附以乡约，其于民俗亦甚有补。至于射礼，似宜别为一书以教学者，而非所以求谕于俗。今以附于其间，却恐民间以非所常行，视为不切；又见其说之难晓，遂并其冠、婚、丧、祭之易晓者而弃之也。文公《家礼》所以不及于射，或亦此意也与？"

按：祠堂位祔之制。①

或问："文公《家礼》高、曾祖祢之位皆西上，以次而东，于心切有未安。"先生曰②："古者庙门皆南向，主皆东向。合祭之时，昭之迁主列于北牖，穆之迁主列于南牖，皆统于太祖东向之尊，是故西上，以次而东。今祠堂之制既异于古，而又无太祖东向之统，则西上之说诚有所未安。"曰："然则今当何如？"曰："礼以时为大，若事死如事生，则宜以高祖南向，而曾祖祢东西分列，席皆稍降而弗正对，似于人心为安。曾见浦江之祭，四代考妣皆异席，高考妣南向，曾祖祢考皆西向，妣皆东向，各依世次，稍退半席。其于男女之别，尊卑之等，两得其宜。【今吾家亦如此行。】但恐民间厅事多浅隘，而器物亦有所不备，则不能以通行耳。"

又问："无后者之祔，于己之子侄，固可下列矣，若在高、曾之行，宜何如祔？"先生③曰："古者大夫三庙，不及其高矣。适士二庙，不及其曾矣。今民间得祀高、曾，盖亦体顺人情之至，例以古制，则既为僭，况在行之无后者乎？古者士大夫无子，则为之置后，无后者鲜矣。后世人情偷薄，始有弃贫贱而不嗣者。古所谓无后，皆殇子之类耳。祭法：王下祭殇五，适子，适孙，适曾孙，适玄孙，适来孙。诸侯下祭三，大夫二，适士及庶人祭子而止。则无后之祔，皆子孙属也。

今民间既得假四代之祀，以义起之，虽及弟侄可矣。往年湖湘一士人家，有曾伯祖与堂叔祖皆贤而无后者，欲为立嗣，则族众不可，欲弗祀，则

---

① "按：祠堂位祔之制"，嘉靖本作"徐爱录祠堂位祔之制"。
② "先生曰"，嘉靖本作"阳明子曰"。
③ "先生"，嘉靖本作"阳明子"。

思其贤有所不忍。以问于某。某曰：'不祀二三十年矣，而追为之祀，势有所不行矣。若在士大夫家，自可依古族属①之义，于春秋二社之次，特设一祭。凡族之无后而亲者，各以昭穆之次配袝之，于义亦可也。'"

【《答友人问学》有曰："知之真切笃实处，便是行。行之明觉精察处，便是知。若知时，其心不能真切笃实，则其知便不能明觉精察。不是知之时，只要明觉精察，更不要真切笃实也。行之时，其心不能明觉精察，则其行便不能真切笃实。不是行之时，只要真切笃实，更不要明觉精察也。知天地之化育，心体原是如此，乾知大始，心体亦原是如此。"】

【《别诸生》：绵绵圣学已千年，两字良知是口传。欲识浑沦无斧凿，须从规矩出方圆。不离日用常行内，直造先天未画前。握手临歧更可②语？殷勤莫愧别离筵！】

四月[，复南大吉书]。

大吉入觐，见③黜[于时]，致书[先生，]千数百言，勤勤恳恳，惟以得闻道为喜、急问学为事，恐卒不得为圣人为忧，略无一字及于得丧荣辱之间。先生读之叹曰："此非真有朝闻夕死之志者，未易以涉斯境也！"[于是]复书【略】曰："世之高抗通脱之士，捐富贵，轻利害，弃爵禄，决④然长往而不顾者，亦皆有之。彼其或从好于外道、诡异之说，投情于诗酒、山水、技艺之乐，又或奋发于意气，【感激于愤悱，】牵溺于嗜好，有待于物以相胜，是以去彼取此而后能。及其所之既倦，意衡心郁，情随事移，则忧愁悲苦随之而作，果能捐富贵、轻利害、弃爵禄，快然终身，无入而不自得已乎？夫惟有道之士，真有以见其良知之昭明灵觉，【圆融洞彻，】廓然与太虚而同体。太虚之中，何物不有？而无一物能为太虚之障碍。故凡⑤慕富贵，

---

① "属"，嘉靖本作"厉"。
② "可"，嘉靖本作"何"。
③ "见"，嘉靖本作"被"。
④ "决"，嘉靖本作"快"。
⑤ "故凡"，嘉靖本作"其于"。

忧贫贱，欣戚得丧，爱憎取舍之类，皆足以蔽吾聪明睿知之体，窒吾渊泉时出之用。如明目之中而翳之以尘沙，聪耳之中而塞之以木楔也。其疾痛郁逆，将必速去之为快，而何能忍于时刻乎？"①关中自古多豪杰。【其忠信沉毅之质，明达英伟之器，四方之士，吾见亦多矣，未有如关中之盛者也。然自】横渠之后，此学不讲，或亦与四方无异矣。自此有所振发兴起，变气节为圣贤之学，将必自吾元善昆季始也。今日之归，谓天为无意乎？"②

[答欧阳德书。]

【欧阳】德初见[先生]于虔③，最年少④，时已领乡荐，先生恒⑤以"小秀才"呼之。故遣服役，德欣欣恭命，虽劳不怠，[先生]【尝】深器之。嘉靖癸未第进士，出守六安州。数月，奉书以为初政倥偬，后稍[次第，始]得与诸生讲学。先生曰："吾所讲学，正在政务倥偬中，岂必聚徒而后为讲学耶？"又⑥尝与书曰："良知不因见闻而有，而见闻莫非良知之用，故良知不滞于见闻，而亦不离于见闻。孔子云：'吾有知乎哉？无知也。'良知之外，则无知矣。故致良知是【学问大头脑，是】圣门教人第一义。今云专求之见闻之末，则落在第二义矣。⑦

【近时同志中，盖已莫不知有致良知之说，然其闻工夫尚多鹘突者，正是欠此一问。大抵学问工夫只要主意头脑是当，若主意头脑专以致良知为

---

① "爱憎取舍之类，皆足以蔽吾聪明睿知之体，窒吾渊泉时出之用。如明目之中而翳之以尘沙，聪耳之中而塞之以木楔也。其疾痛郁逆，将必速去之为快，而何能忍于时刻乎？"嘉靖本作："爱憎之相值，若飘风浮霭之往来，变化于太虚，而太虚之体，固常廓然其无碍也。元善今日之所造，其殆庶几于是矣乎！是岂有待于物以相胜而去彼取此？激昂于一时之意气者所能强而声音笑貌以为之乎？元善自爱！元善自爱！"
② "自此有所振发兴起，变气节为圣贤之学，将必自吾元善昆季始也。今日之归，谓天为无意乎？"嘉靖本作："自此关中之士，有所振发兴起，进其文艺于道德之归，变其气节为圣贤之学，将必自吾元善昆季始也。今日之归，谓天为无意乎？谓天为无意乎？"
③ "虔"，嘉靖本作"丁丑年"。注：嘉靖本记年，隆庆本记地。
④ "最年少"，嘉靖本作"年最少"。
⑤ "恒"，嘉靖本作"犹"。
⑥ "又"，嘉靖本作"后"。
⑦ "今云专求之见闻之末，则落在第二义矣"，嘉靖本作"则是失却头脑，而已落在第二义矣"。

事，则凡多闻多见，莫非致良知之功。盖日用之间，见闻酬酢，虽千头万绪，莫非良知之发用流行。除却见闻酬酢，亦无良知可致矣，故只是一事。】若曰致其良知而求之见闻，则语意之间未免为二。此与专求之见闻之末者，虽稍不同，其为未得精一之旨则一也①。"【"多闻择其善者而从之，多见而识之。"既云择，又云识，其良知亦未常不行于其间，但其立意乃专在多闻多见上去择识，则已失却头脑矣。崇一于此等处见得当已分晓，今日之问，正为发明此学，于同志中极有益。但语意未莹，则毫厘千里，亦不容不精察之也。】

德洪与王畿并举南宫，俱不廷对，偕黄弘纲、张元冲同舟归越。先生喜，凡初及门者，必令引导，俟志定有入，方请见。每临坐，默对焚香，无语。

【一日，王汝止出游归，先生问曰："游何见？"对曰："见满街都是圣人。"先生曰："不然。满街人到看你却是圣人在。"又一日，董萝石出游而归，见先生曰："今日见一异事！"先生曰："何异？"对曰："见满街都是圣人。"先生曰："此亦常事耳，何足为异？"先生锻炼人，每如此。】

八月［，答聂豹书］。

是［年］夏，【聂】豹以御史巡按福建，渡钱塘来见先生。别后致书，谓："思、孟、周、程，无意相遭于千载之下，与其尽信于天下，不若真信于一人。道固自在，学亦自在。【天下信之不为多，一人信之不为少，云云。】"先生答书［略］曰："读来谕，诚见君子不见是而无闷之心，【世之谆谆屑屑者，知未足以及此，】乃区区②则有大不得已者存乎其间，非以计人之信与不信也。夫人者，天地之心；天地万物，本吾一体者也。生民之困苦荼毒，孰非疾痛之切于吾身者乎？不知吾身之疾痛，无是非之心者也。是非

---

① "也"，嘉靖本作"而已"。
② "乃区区"，嘉靖本作"区区之情"。

之心，不虑而知，不学而能，所谓良知也。良知之在人心，无间于圣愚，天下古今之所同也。世之君子惟务致其良知，则自能公是非、同好恶，视人犹己，视国犹家，而以天地万物为一体，求天下无治，不可得矣。古之人所以能见善不啻若己出，见恶不啻若己入，视民之饥溺，犹己之饥溺，而一夫不获，若己推而纳诸沟中者，非故为是而蕲天下之信己也。务致其良知，求其自慊而已矣。

【尧、舜、三王之圣，言而民莫不信者，致其良知而言之也；行而民莫不悦者，致其良知而行之也。是以其民熙熙皞皞，杀之不怨，利之不庸，施及蛮貊，而凡有血气者莫不尊亲，为其良知之同也。呜呼！圣人之治天下，何其简且易哉！】后世良知之学不明，天下之人【用其私智以相比轧，是以人各有心，而偏琐僻陋之见，狡伪阴邪之术，至于不可胜说。】外假仁义之名，而内以行私利之实，诡词以阿俗，矫行以干誉，掩人之善而袭以为己长，讦人之私而窃以为己直，忿以相胜而犹谓之徇义，险以相倾而犹谓之疾恶，妒贤嫉能而犹自以为公是非，恣情纵欲而犹自以为同好恶。相凌相贼，自其一家骨肉之亲，已不能无【尔我胜负之意，】彼此藩篱之隔，而况于天下之大，民物之众，又何能一体而视之[乎]！【则亦无怪于纷纷籍籍，而祸乱相寻于无穷矣。】

仆诚赖天之灵，偶有见于良知之学，以为必由此而后天下可得而治，是以每念斯民之陷溺，则为之戚然痛心，忘其身之不肖，而思以此救之，亦不自知其量者。天下之人，见其若是，遂相与非笑而诋斥，以为是病狂丧心之人耳。呜呼！【是奚足恤哉，】吾方疾痛之切体，而暇计人之非笑乎！

【人固有见其父子兄弟之坠溺于深渊者，呼号匍匐，裸跣颠顿，扳悬崖壁而下拯之。士之见者，方相与揖让谈笑于其傍，以为是弃其礼貌衣冠而呼号颠顿若此，是病狂丧心者也。故夫揖让谈笑于溺人之傍而不知救，此惟行路之人无亲戚骨肉之情者能之。然已谓之无恻隐之心，非人矣。若夫在父子兄弟之爱者，则固未有不痛心疾首，狂奔尽气，匍匐而拯之。彼将陷溺之祸有不顾，而况于病狂丧心之讥乎？而又况于蕲人之信与不信乎？呜呼！今之人虽谓仆为病狂丧心之人，亦无不可矣。天下之人心，皆吾之心也。天下之人，犹有病狂者矣，吾安得而非病狂乎？犹有丧心者矣，吾安得而非丧心乎？】

昔者孔子之在当时，有议其为谄者，有讥其为佞者，有毁其未贤，诋其为不知礼，而侮之以为'东家丘'者，有嫉而阻之者，有恶而欲杀之者。晨门、荷蒉之徒，皆当时之贤士，且曰：'是知其不可而为之者与？鄙哉硁硁乎，莫己知也，斯已而已矣。'虽子路在升堂之列，尚不能无疑于其所见，不悦于其所欲往，而且以之为迂。则当时之不信夫子者，岂特十之一二而已乎？然而夫子汲汲遑遑，若求亡子于道路，而不暇于暖席者，宁以蕲人之信我、知我而已哉？

【盖其天地万物一体之仁，疾痛迫切，虽欲已之而自有所不容已，故其言曰：'吾非斯人之徒与，而谁与？''欲洁其身而乱大伦。''果哉，末之难矣！'呜呼！此非诚以天地万物为一体者，孰能以知夫子之心乎？若其遁世无闷，乐天知命者，则固'无入而不自得，道并行而不相悖'也。】仆之不肖，何敢以夫子之道为己任？顾其心亦已稍知疾痛之在身，是以彷徨四顾，相求其有助于我者，相与讲去其病耳。今诚得豪杰同志之士【扶植赞翼】，共明良知之学于天下，使天下之人皆知自致其良知，【以相安相养，去其自私自利之蔽，】一洗谗妒胜忿之习，以跻于大同，则仆之狂病，固将脱然以愈，而终免于丧心之患矣，岂不快哉！

【嗟乎！今诚欲求豪杰同志之士于天下，非如吾文蔚者而谁望之乎？如吾文蔚之才与志，诚足以援天下之溺者；今又既知其具之在我，而无假于外求矣，循是以往，若决河注海，孰得而御哉！文蔚所谓一人信之不为少，其又能逊以委之何人乎？】

会稽素号山水之区，深林长谷，信步皆是，寒暑晦明，无时不宜。【安居饱食，尘嚣无扰，】良朋四集，道义日新。【优哉！优哉！】天地之间，宁复有乐于是者？孔子云'不怨天，不尤人，下学而上达'。仆与二三同志，方将请事斯语，奚暇外慕？独其切肤之痛，乃有未能恝然者，辄复云尔。"

[按：]豹初见称晚生，后六年出守苏州，先生已违世四年矣。见德洪、王畿曰："吾学诚得诸先生，尚冀再见称贽，今不及矣。兹以二君为证，具香案拜先生。"遂称门人。①

十一②月庚申，子正亿生。

[继室张氏出。先生初得子，]【正亿初生，先生年五十五矣。初名正聪，后避讳改。】乡先达有静斋、六有[者，皆逾九十，闻而喜，以二]诗为贺。先生次韵[谢答之]，有曰"何物敢云绳祖武？他年只好共爷长"[之句]，盖是月十有七日[也。先生初命名正聪，后七年壬辰，外舅黄绾因时相避讳，更今名]。

【注】 关于阳明先生之子王正亿（原名"王正聪"）的出生时间，束景南先生认为钱德洪之说（十一月十二日）有误。③

[十二月，作《惜阴说》。]

刘邦采合安福同志为会，名曰"惜阴"④，[请]先生书会籍。先生为之说曰："同志之在安成者，间月为会五日，谓之'惜阴'，其志笃矣。然五日之外，孰非惜阴时乎？离群而索居，志不能无少懈，故五日之会，所以相稽切焉耳。

呜乎！天道之运，无一息之或停，吾心良知之运，亦无一息之或停。良知即天道，谓之'亦'，则犹二之矣。知良知之运，无一息之或停者，则

---

① 此处嘉靖本作"豹初见先生未纳拜，后在闽，闻讣，始为位哭，称门生云"。
② "十一"，嘉靖本作"十二"。
③ 束景南先生指出："钱德洪谓正聪生于十一月十二日，乃误。以正聪十二月出生推之，阳明之娶继室张氏或即在嘉靖五年正月，盖去诸氏之卒一周年也。按阳明娶继室张氏同时，又纳妾多名，生子多人，非独正聪一子。"（《长编》第1800页）
④ "刘邦采合安福同志为会，名曰'惜阴'"，嘉靖本作"安福刘邦采等合同志为惜阴会"。

知惜阴矣。知惜阴者，则知致其良知矣。子在川上曰：'逝者如斯夫！不舍昼夜。'此其所以学如不及，至于发愤忘食也。尧、舜兢兢业业，成汤日新又新，文王纯亦不已，周公坐以待旦①，惜阴之功，宁独大禹为然？子思曰：'戒慎乎其所不睹，恐惧乎其所不闻，知微之显，可以入德矣。'或曰'鸡鸣而起，孳孳为利。凶人为不善，亦惟日不足'，然则小人亦可谓之惜阴乎？"

[按：先生]明年[丁亥]过吉安，寄安福诸同志书曰："诸友始为惜阴之会，当时惟恐只成虚语，迩来乃闻远近豪杰闻风而至者以百数，此可以见良知之同然，而斯道大明之几于此亦可以卜[之]矣。【喜慰可胜言耶？得虞卿及诸同志寄来书，所见比旧又加亲切，足验工夫之进。可喜！可喜！只如此用工去，当不能有他歧之惑矣。】明道有云：'宁学圣人而不至，不【欲】以一善而成名。'此为有志圣人而未能真得圣人之学者，则可如此说。若今日所讲良知之说，乃真是圣学之的传，但从此学圣人，却无不至者。惟恐吾侪尚有一善成名之意，未肯专心致志于此耳。【在会诸同志，虽未及一一面见，固已神交于千里之外。相见时幸出此，共勉之。】"

【先生既没，邹守益以祭酒致政归，与邦采、刘文敏、刘子和、刘阳、欧阳瑜、刘肇衮、尹一仁等建复古、连山、复真诸书院，为一邑四乡分会，合五郡为春秋二会于青原山。三十年来，四方同志之会日起，"惜阴"倡之也。】

六年丁亥，先生五十六岁，在越。
正月。
先生与宗贤书曰："人在仕途，比之退处山林时，工夫难十倍；非得良友时时警发砥砺，平日志向鲜有不潜移默夺，弛然日就颓靡者。近与诚甫

---

① "旦"，嘉靖本误刻作"且"。注：嘉靖本有若干误刻之字。

言，京师相与者少，二君必须彼此约定，便①见微有动气处，即须提起'致良知'话头，互相规切。凡人言语正到快意时，便截然能忍默得；意气正到发扬时，便翕然能收敛得；愤怒嗜欲正到腾沸时，便廓然能消化得：此非天下之大勇不能也。然见得良知亲切时，其功夫又自不难，缘此数病，良知之所本无，只因良知昏昧蔽塞而后有。若良知一提醒时，即如白日一出，魍魉自消矣。《中庸》谓：'知耻近乎勇。'只是耻其不能致得自己良知耳。今人多以言语不能屈服得人，意气不能陵轧得人，愤怒嗜欲不能直意任情为耻：殊不知此数病者，皆是蔽塞自己良知之事，正君子之所宜深耻者。【今乃反以不能蔽塞自己良知为耻，正是耻非其所当耻，而不知耻其所当耻也，可不大哀乎？诸君皆平日所知厚者，区区之心，爱莫为助，只愿诸君都做个古之大臣。】古之【所谓】大臣，更不称他【有甚】知谋才略，只是一个断断无他技，休休如有容而已。诸君知谋才略，自是超然出于众人之上，所未能自信者，只是未能致得自己良知，未全得断断休休体段耳。

【今天下事势如沈疴积痿，所望以起死回生者，实有在于诸君子。若自己病痛未能除得，何以能疗得天下之病？此区区一念之诚，所以不能不为诸君一竭尽者也。诸君每相见时，幸默以此意相规切之。】须是克去己私，真能以天地万物为一体，实康济得天下，挽回三代之治，方是不负如此圣明之君，方能不枉此出世一遭也②。"【病卧山林，只好修药饵，苟延喘息。但于诸君出处，亦有痛痒相关者，不觉缕缕至此也。】"

四月，邹守益刻《文录》于广德[州]。

守益录先生文字，请刻。先生自③标年月，命德洪类次，且遗书曰："所录以年月为次，不复分别体类，盖专以讲学明道为事，不在文辞④体制间

---

① "便"，嘉靖本作"但"。
② "方能不枉此出世一遭也"，嘉靖本作"方能报得如此知遇，不枉了因此一大事来出世一遭也"。
③ "自"，嘉靖本作"手"。
④ "辞"，嘉靖本作"词"。

也。"明日，德洪掇拾所遗[请刻]，【以请】。先生曰："此便非孔子删述《六经》手段。三代之教不明，盖因后世学者繁文盛而实意衰，故所学忘其本耳。比如孔子删《诗》【三千之多】，若以其词，岂止三百篇？惟其一以明道为志，故所取止此，例《六经》皆然。若以爱惜文词，便非孔子垂范后世之心矣。"德洪曰："先生文字，虽一时应酬不同，亦莫不本于性情。况学者传诵日久，恐后为好事者搀拾①，反失今日裁定之意矣。"先生许刻附录一卷，以遗守益，凡四册。

五月，命兼都察院左都御史，征思、田。

六月，疏辞，不允。

[先是]广西田州岑猛为乱，提督都御史姚镆征之。奏称猛父子悉擒，已降敕论功行赏讫。遗目卢苏、王受构众煽乱，攻陷思、恩。镆复合四省兵征之，久弗克，为巡按御史石金所论。朝议用侍郎张璁、桂萼荐，特起先生总督两广，及江西、湖广军务，度量事势，随宜抚剿，【议】设土[官]、流[官]孰便，并核当事诸臣功过以闻；且责以体国为心，毋或循例辞避。

先生闻命，上疏言："【臣自江西事平之后，身罹谗构危疑，幸得天日开明，进官封爵，召还京师，因乞便道归省，寻遭父丧，未获赴阙，陈谢服阙。卧病迄今六年于兹矣，尚未能一睹天颜，稽首阙下，耿耿热中。今奉有成命，总制四省军务，督同都御史姚镆等勘处夷情机宜。】臣伏念君命之召，当不俟驾而行，矧兹军旅，何敢言辞？顾臣患痰疾增剧，若冒疾②轻出，至于偾事，死无及矣。

臣又复思，思、田之役，起于土官仇杀，比之寇贼之攻劫郡县，荼毒生灵者，势尚差缓。若处置得宜，事亦可集。镆素老成，一时利钝，亦兵家之常【，要在责成，难拘速效】。御史石金据事论奏，【为国远图，】所以激励镆等，使之善后，收之桑榆也。

---

① "搀拾"，嘉靖本作"搀入"。
② "疾"，嘉靖本作"病"。

【臣本书生,不习军旅,往岁江西之役,皆偶会机宜,幸而成事。臣之才识,自视未及镆,况是役必尝熟虑,中事少沮,辄以臣之庸劣,参之所见,或有异同,镆等益难展布。夫军旅之任,在号令严一,赏罚信果。已择主帅,授以阃寄,且当听其所为。】臣以为【思、田】今日之事,宜专责镆等,隆其委任,重其威权,略其小过,假以岁月,而要其成功。至于终无底绩,然后别选才能,兼谙民情土俗,如尚书胡世宁、李承勋者,往代其任,事必有济。【而臣之迂疏多病,诚宜哀其不逮。病瘥,或可量置闲散,使得自效其愚,则朝廷于任贤御将之体,因物曲成之仁,道并行而不相悖矣。】"疏入,诏镆致仕,遣使敦促上道。

八月。

先生将入广,尝为《客坐私嘱》,曰:"但愿温恭直谅之友来此讲学论道,示以孝友谦和之行,德业相劝,过失相规,以教训我子弟,使无①陷于非僻。不愿狂躁惰慢之徒,来此博弈饮酒,长傲饰非,导以骄奢淫荡之事,诱以贪财黩货之谋,冥顽无耻,扇惑【子弟】鼓动,以益我子弟之不肖。呜乎!由前之说,是谓良士;由后之说,是为凶人;我子弟苟远良士而近凶人,是谓逆子。戒之戒之!嘉靖丁亥八月,将有两广之行,书此以戒我子弟,并以告夫士友之辱临于斯者,请一览教之。"

九月壬午,发越中。

是月初八日,德洪与畿访张元冲舟中,因论为学宗旨。畿曰:"先生说'知善知恶是良知,为善去恶是格物',此恐未是究竟话头。"德洪曰:"何如?"畿曰:"心体既是无善无恶,意亦是无善无恶,知亦是无善无恶,物亦是无善无恶。若说意有善有恶,毕竟心亦未是无善无恶。"德洪曰:"心体原来无善无恶,今习染既久②,觉心体上见有善恶在。为善去恶,

---

① "无",嘉靖本作"毋"。
② "今习染既久",嘉靖本作"今人与物应感"。

正是复那本体功夫。若见得本体如此，只说无功夫可用，恐只是见耳①。"畿曰："明日先生启行，【今】晚可同[进]请问。"

【注】《传习录》记载，有人问："先生尝谓'善恶只是一物'。善恶两端，如冰炭相反，如何谓只一物？"先生曰："至善者，心之本体。本体上才过当些子，便是恶了。不是有一个善，却又有一个恶来相对也。故善恶只是一物。"直因闻先生之说，则知程子所谓"善固性也，恶亦不可不谓之性"。又曰："善恶皆天理。谓之恶者本非恶，但于本性上过与不及之间耳。"其说皆无可疑。束景南先生指出："黄直所记此条语录，是阳明生平唯一一篇解说其'王门四句教'之文字，尤有重要意义。阳明从'四无'上解说'心'、'意'、'知'（良知）、'格'（正），修正了'四句教'。亦即是说，阳明从'本体'上讲'无善无恶'（四无），从'工夫'上讲'有善有恶'（四有）。阳明后来提出之'王门八句教'（四有教与四无教），于此几呼之欲出矣。疑钱德洪与王畿即是听了阳明是次讲论而于'王门四句教'理解产生歧义。"（《长编》第1825页）

是日夜分，客始散，先生将入内，闻【德】洪与畿候立庭下，先生复出，使移席天泉桥上。德洪举与畿论辩，请问。先生喜，曰："正要二君有此一问！我今将行，朋友中更无有论证及此者，二君之见正好相取，不可相病。汝中须用德洪功夫，德洪须透汝中本体。二君相取为益，吾学更无遗念矣。"

德洪请问。先生曰："有只是你自有，良知本体原来无有，本体只是太虚。[太虚之中，日月星辰，风雨露雷，阴霾饐气，何物不有？而又何一物得为太虚之障？人心本体亦复如是。]太虚无形，一过而化，亦何费纤毫气力？德洪功夫须要如此，便是合得本体功夫。"

畿请问。先生曰："汝中见得此意，只好默默自修，不可执以接人。上根之人，世亦难遇。一悟本体，即见功夫，物我内外，一齐尽透，此颜子、

---

① "只说无功夫可用，恐只是见耳"，嘉靖本作"更无功夫可用，恐只是见矣"。

明道不敢承当,岂可轻易望人?二君已后与学者言,务要依我四句宗旨:'无善无恶是心之体,有善有恶是意之动,知善知恶是良知,为善去恶是格物。'以此自修,直跻圣位;以此接人,更无差失。"

畿曰:"本体透后,于此四句宗旨何如?"先生曰:"此是彻上彻下语。自初学以至圣人,只此【一个】功夫。初学用此,循循有入,虽至圣人,穷究无尽。尧、舜精一功夫,亦只如此。"先生【言止,】又重嘱付曰:"二君以后再不可更此四句宗旨①。此四句,中人上下,无不接着。我年来立教,亦更【过】几番,今【较来较去,】始立此四句。人心自有知识以来,已为习俗所染,今不教他在良知上实用为善去恶功夫,只去悬空想个本体,一切事为,俱②不着实【,只养成一个虚寂】。此病痛不是小小,不可不早说破。"是日【德】洪、畿俱有省。

【注】 束景南先生提出"王门八句教"之新说,他认为:"天泉证道者,乃证'王门八句教'之道,而非证'王门四句教'之道。此本昭然可见,只因钱德洪与王畿两人记叙有异,后人不察,皆据钱德洪之说,以为阳明在天泉证道上提出'四句教',天泉证道乃是证'王门四句教'之道,可谓大误,后人以讹传讹,遂成阳明学研究一大千古错案。其实所谓'天泉证道'事本很简单:先是在天泉会之前钱德洪、王畿听受阳明'四句教'后理解各异,于是至天泉会上,两人各以所见请质,阳明乃修正原'四句教'之说,提出了'王门八句教'('四无教'与'四有教')。"(《长编》第1883页)

甲申③,渡钱塘。

先生游吴山、月岩、严滩,俱④有诗。《过钓台》曰:"忆昔过钓台,驱驰正军旅。十年今始来,复以兵戈起。空山烟雾深,往迹如梦里。微雨

---

① "二君以后再不可更此四句宗旨",嘉靖本作"二君以后再不要更我四句宗旨"。
② "俱",嘉靖本作"惧"。注:嘉靖本误。
③ "甲申",嘉靖本作"甲午"。
④ "俱",嘉靖本作"皆"。

林径滑，肺病双足胝。仰瞻台上云，俯濯台下水。人生何碌碌？高尚乃如此。疮痍念同胞，至人匪为己。过门不遑入，忧劳岂得已？滔滔良自伤，果哉末难已。"

跋曰："右正德己卯，献俘行在，过钓台而弗及登。今兹复来，又以兵革之役，兼肺病足疮，徒顾瞻怅望而已。书此付桐庐尹沈元材刻置亭壁，聊以纪经行岁月云耳。【嘉靖丁亥九月廿二日书。】时从行进士钱德洪、王汝中，建德尹杨思臣及元材，凡四人。"

丙申，至衢。

西安雨中，诸生出候，因寄德洪、汝中，并示书院诸生："几度西安道？江声暮雨时。机关鸥鸟破，踪迹水云疑。仗钺非吾事，传经愧尔师。天真泉石秀，新有鹿门期。"德洪、汝中方卜筑书院，盛称"天真"之奇，并寄及之："不踏天真路，依稀二十年。石门深竹径，苍峡泻云泉。泮壁环胥海，龟畴见宋田。文明原有象，卜筑岂无缘？"今祠有仰止祠、环海楼、太极、云泉、泻云诸亭①【及塑像，皆当道慕公为之者】。

戊戌，过常山。

【过山】诗曰："长生徒有慕，苦乏大药资。名山遍深②历，悠悠鬓生丝。微躯一系念，去道日远而。中岁忽有觉，九还乃在兹。非炉亦非鼎，何坎复何离？本无终始究，宁有死生期？彼哉游方士，诡辞反增疑。纷然诸老翁，自缚困多岐。乾坤由我在，安用他求为？千圣皆过影，良知乃吾师。"

十月，至南昌。

先生发舟广信，沿途诸生徐樾、张士③贤、桂轼等请见，先生俱谢以兵事未暇，许回途相见。徐樾自贵溪追至余干，先生令登舟。樾方自白鹿洞打坐，【归】有禅定意。先生目而得之，令举似。曰："不是。"已而稍变前语。又曰："不是。"已而更端。先生【点头】曰："近之矣。【"且曰：

---

① "太极、云泉、泻云诸亭"，嘉靖本作"太极、云泉二亭"。
② "深"，嘉靖本作"探"。
③ "士"，嘉靖本作"仕"。

"】此体岂有方所？譬之此烛，光无不在，不可以烛上为光。"因指舟中曰："此亦是光，此亦是光。"直指出舟外水面曰："此亦是光。"樾领谢而别。① 明日至南浦，父老军民俱顶香林立②，填途塞巷，至不能行。[父老顶舆传递入]都司[。先生]命父老军民就谒，东入西出，有不舍者，出且复入，自辰至③未而散，始举有司常仪。明日谒文庙，讲《大学》【首章】于明伦堂，诸生[屏拥，]多不得闻。唐尧臣献茶，得上堂旁听。初尧臣不信学，闻先生至，自乡出迎，心已内动。比见拥谒，惊曰："三代后，安得有此气象耶！"及闻讲，沛然无疑。同门有黄文明、魏良器辈笑曰："遁逃主亦来投降乎？"尧臣曰："须得如此大捕④人，方能降我，尔辈安能？⑤"

至吉安，大会士友螺川。

诸生彭簪、王钊、刘阳、欧阳瑜、【刘琼治】等偕旧游三百余，迎入螺川驿中。先生立谈不倦，曰："尧、舜生知安行的圣人，犹兢兢业业，用困勉的工夫。吾侪以困勉的资质，而悠悠荡荡，坐享生知安行的成功，岂不误己误人？"又曰："良知之妙，真是周流六虚、变通⑥不居，若假以文过饰非，为害大矣。"临别嘱曰："工夫只是简易真切，愈真切，愈简易；愈简易，愈真切。"

十一月，至肇庆。

是月十八日，抵肇庆，[先生]寄书德洪、畿曰："家事赖廷豹纠正，而德洪、汝中又相与熏陶切劘于其间，吾可以无内顾矣。绍兴书院中同志，不审近来意向如何。德洪、汝中既任其责，当能振作接引，有所兴起。会讲之约，但得不废，其间纵有一二懈弛，亦可因此夹持，不致遂有倾倒。余姚又得应、元诸友作兴鼓舞，想益日异而月不同。老夫虽出山林，亦每以自慰。

---

① "樾领谢而别"，嘉靖本作"樾受言有悟而别"。
② "顶香林立"，嘉靖本作"燃香拥聚"。
③ "至"，嘉靖本作"逮"。
④ "捕"，嘉靖本作"力"。
⑤ "能"，嘉靖本作"知"。
⑥ "变通"，嘉靖本作"变动"。

诸贤皆一日千里之足，岂俟区区有所警策，聊亦以此视①鞭影耳。即日已抵肇庆，去梧不三四日可到。方入冗场，绍兴书院及余姚各会同志诸贤，不能一一列名字【，千万心亮】。"

【注】 束景南先生指出："阳明赴两广前夕托家政于魏廷豹，其于寄正宪书中多有言及。书一：'家中事，凡百与魏廷豹相计议而行。'书二：'魏廷豹此时想在家，家众悉宜遵廷豹教训。'书三：'凡百家事及大小童仆，皆须听魏廷豹断决而行……德洪、汝中辈，须时时亲近，请教求益。聪儿已托魏廷豹，时常一看。廷豹忠信君子，当能不负所托。'"（《长编》第1875页）

乙未，至梧州，上谢恩疏。

二十日，梧州开府。十二月朔，上疏曰："田州之事，尚未及会议审处。然臣沿途咨访，颇有所闻，不敢不为陛下一言其略。臣惟岑猛父子固有可诛之罪，然所以致彼若是者，则前此当事诸人，亦宜分受其责。盖两广军门专为诸猺、獞及诸流贼而设，事权实专且重，若使振其兵威，自足以制服诸蛮。夫何军政日坏，上无可任之将，下无可用之兵，有警必须倚调土官狼兵，若猛之属者，而后行事。故此辈得以凭恃兵力，日增桀骜。及事之平，则又功归于上，而彼无所与，固不能以无怨愤。始而征发愆期，既而调遣不至。上嫉下愤，日深月积，劫之以势而威益亵，笼之以诈而术愈穷。由是，谕之而益梗，抚之而益疑，遂至于有今日。【加之以叛逆之罪，而欲征之。夫即其已暴之恶征之，诚亦非过，然所以致彼若是，已非一朝一夕之故。且当反思其咎，姑务自责自励，修我军政，布我威德，抚我人民，使内治外攘，而我有余力，则近悦远怀，而彼将自服，顾不复自反而一意愤怒之。夫所可愤怒者，不过岑猛父子及其党恶数人而已。自余万众，固皆无罪之人也。岑猛父子及其党恶数人既云诛戮，已足暴扬，所遗二酋之愤，遂不顾万余之命，兵连过结，然而二酋之愤至今尚未能雪也。】今山猺海贼，乘衅摇

---

① "视"，嘉靖本作"示"。

动,穷迫必死之寇,既从而煽诱之,贫苦流亡之民,又从而逃归之,其可忧危,奚啻十百于二酋者之为患?其事已兆,而变已形,顾犹不此之虑,而汲汲于二酋,则当事者之过计矣。

臣又闻诸两广士民之言,皆谓流官久设,亦徒有虚名,而受实祸。诘其所以,皆云未设流官之前,土人岁出土兵三千,以听官府之调遣;既设流官之后,官府岁发民兵数千,以防土人之反复。即此一事,利害可知。且思、恩自设流官,十八九年之间,反者数起,征剿日无休息。【朝廷曾不得其分寸之益,而反为之忧劳征发,】浚良民之膏血,而涂诸无用之地,此流官之无益,亦断可识矣。论者以为既设流官,而复去之,则有更改之嫌,恐招物议,是以宁使一方之民久罹涂炭,而不敢明为朝廷一言,宁负朝廷,而不敢犯众议。甚哉!人臣之不忠也。苟利于国而庇于民,死且为之,而何物议之足计乎?臣始至,虽未能周知备历,然形势亦可概见矣。田州切近交趾,其间深山绝谷,猺、獞盘据,动以千百。必须存土官,借其兵力,以为中土屏蔽。若尽杀其人,改土为流,则边鄙之患,我自当之;自撤藩篱,后必有悔。"奏下,尚书王时中持之,得旨:"守仁才略素优,所议必自有见。事难遥度,俟其会议熟处,要须情法得中,经久无患。事有宜亟行者,听其便宜,勿怀顾忌,以贻后患。"

初,总督命下,具疏辞免。[及豫言处分思、田机宜,凡]当路相知者,皆寓书致意。与杨少师曰:"惟大臣报国之忠,莫大于进贤去谗。自信山林之志已坚,而又素受知己之爱,不复嫌避,故辄言之。乃今适为己地也。【某本书生,不谙军旅,往岁江西之役,实幸偶成。忧病之余,惟与乡里子弟考订句读,使知向方,庶于保身及物,冀有少补,勿枉此生。此其自处亦既审矣。圣天子方用贤图治,明公荐贤为国,苟有寸长不以时出,则亦无其所矣。】昔有以边警荐用彭司马者,公独不可,曰:'彭始成功,今或少挫,非所以完之矣。'公之爱惜人才,而欲成全之也如此,独不能以此意推之某乎？果不忍终弃，病痊，或使得备散局，如南北太常国子之任，则图报当有日也。"

与黄绾书曰："往年江西赴义将士，功久未上，人无所劝。再出，何面目见之？且东南小丑，特疮疥之疾。百辟谗嫉朋比，此则腹心之祸，大为可忧者！诸公任事之勇，不思何以善后？大都君子道长，小人道消，疾病既除，元气自复。但去病太亟，亦耗元气，药石固当以渐也。"又曰："思、田之事，本无紧要，只为从前张惶太过，后难收拾：所谓'生事事生'是已。今必得如奏中所请，庶图久安，否则反复未可知也。"

与方献夫书曰："圣主聪明不世出，【诸公既受不世之知，安可不思图报？】今日所急，惟在培养君德，端其志向，于此有立，【政不足问，人不足适，】是谓一正君而国定。然非真有体国之诚，其心断断休休者，亦徒事其名而已。"又曰："诸公皆有荐贤之疏，此诚君子立朝盛节。但与名其间，却有所未喻者。此天下治乱盛衰所系，君子小人进退存亡之机，不可以不慎也。譬诸养蚕，便杂一烂蚕其中，则一筐好蚕尽为所坏矣。凡荐贤于朝，与自己用人不同：自己用人，权度在我；若荐贤于朝，则评品宜定。小人之才，岂无可用？如砒硫芒硝，皆有攻毒破痈之功，但混于参苓蓍术之间而进之，【养生之人用之不精，】鲜不误矣。"又曰："思、田之事已坏，欲以无事处之。要已不能，只求减省一分，则地方亦可减省一分之劳扰耳。此议深知大拂喜事者之心，然欲杀数千无罪之人，以求成一将之功，仁者之所不忍也。"

十有二月，命暂兼理巡抚两广，疏辞，不允。

七年戊子，先生五十七岁，在梧【州】。
二月，思、田平。

先生疏略曰："臣奉有成命，与巡按纪功御史石金、布政使林富等，副使祝品、林文①辂等，参将李璋、沈希仪等，会议思、田之役，兵连祸结，两省荼毒，已逾二年，兵力尽于哨守，民脂竭于转输，官吏罢于奔走。今日之事，已如破坏之舟，漂泊于颠风巨浪，覆溺之患，汹汹在目，不待知者而知之矣。"因详其十患十善、二幸四毁，反复言之。且曰："臣至南宁乃下令尽撤调集防守之兵。数日之内，解散而归者数万。惟湖兵数千，道阻且远，不易即归，仍使分留南宁，解甲休养，待间而发。初【卢】苏、【王】受等闻臣奉命处勘，始知朝廷无必杀之意，皆有投生之念，日夜悬望，惟恐臣至之不速。已而闻太监、总兵相继召还，至是又见守兵尽撤，其投生之念益坚，乃遣其头目黄富等先赴军门诉苦，愿得扫境投生，惟乞宥免一死。臣等谕以朝廷之意，正恐尔等有所亏枉，故特遣大臣处勘，开尔等更生之路。尔等果能诚心投顺，决当贷尔之死。因复露布②朝廷威德，使各持归省谕，克③期听降。

苏、受等得牌，皆罗拜踊跃，欢声雷动，率众扫境，归命南宁城下，分屯四营。苏、受等囚首自缚，与其头目数百人赴军门请命。臣等谕以朝廷既赦尔等之罪，岂复亏失信义？但尔等拥众负固，虽由畏死，然骚动一方，上烦九重之虑，下疲三省之民，若不示罚，何以泄军民之愤？于是下苏、受于军门，各杖之一百，乃解其缚，谕于今日宥尔一死者，朝廷天地好生之仁，必杖尔示罚者，我等人臣执法之义。于是众皆叩首悦服，臣亦随至其营，抚定其众，凡一万七千④，溅溅道路，踊跃欢闻，皆谓朝廷如此再生之恩，我等誓以死报，且乞即愿杀贼，立功赎罪。臣因谕以朝廷之意，惟欲生全尔等[，今尔等方来投生，岂忍又驱之兵刃之下]。尔等逃窜日久，且宜速归，完尔家室，修复生理。至于诸路群盗，军门自有区处，徐当调发尔等。于是又皆感

---

① "文"，嘉靖本作"大"。
② "露布"，嘉靖本作"开陈"。
③ "克"，嘉靖本作"刻"。
④ "一万七千"，嘉靖本作"七万一千"。

泣欢呼，皆谓朝廷如此再生之恩，我等誓以死报。臣于是遂委布政使林富、前副总张祐督令复业，方隅平安。①是皆皇上【至孝达顺之德，感格上下；】神武不杀之威，【震慑鬼神，】风行于庙堂之上，而草偃于百蛮之表，是以班师不待七旬，而顽夷即尔来格；不折一矢，不戮一卒，而全活数万生灵。是所谓'绥之斯来，动之斯和'者也。"[疏入，敕遣行人奖励，赏银五十两，纻丝四袭，所司备办羊酒，其余各给赏有差。]

先生为文勒石曰："嘉靖丙戌夏，官兵伐田，随与思、恩之人相比相煽，集军四省，汹汹连年。于时皇帝忧悯元元，容有无辜而死者乎？乃令新建伯王守仁曷往视师，其以德绥，勿以兵虔。班师撤旅，信义大宣，诸夷感慕，旬日之间，自缚来归者一万七千。②悉放之还农，两省以安。昔有苗徂征，七旬来格；今未期月而蛮夷率服，绥之斯来，速于邮传，舞干之化，何以加焉？爰告思、田，毋忘帝德。爰勒山石，昭此赫赫。文武圣神，率土之滨。凡有血气，莫不尊亲。"

四月，议迁都台于田州，不果。

先是有制，王守仁暂令兼理巡抚两广，既受命，先生乃疏言："臣以迂疏多病之躯，谬承总制四省军务之命，方怀不胜其任之忧，今又加以巡抚之责，岂其所能堪乎？且两广之事，实重且难，巡抚之任，非得才力精强者，重其事权，进③其官阶，而久其职任，殆未可求效于岁月之间也。【前此当事诸人，虽才能相继，而治效未究者，□此之故也。】致仕副都御史伍文定，往岁宁藩之变，常从臣起兵，具见经略；侍郎梁材、南赣副都御史汪铉，亦皆才能素著，足堪此任；愿选择而使之。"会侍郎方献夫建白，宜于田州特设都御史一人，抚绥诸夷，下议。

先生复疏言："布政使林富可用，或量改宪职，仍听臣等节制，暂于思、田住札，抚绥其众。然而要之蛮夷之区，不可治以汉法。虽流官之设，

---

① "方隅平安"，嘉靖本作"地隅平定"。
② "一万七千"，嘉靖本作"七万一千"。
③ "进"，嘉靖本作"渐"。注：嘉靖本误。

尚且弗便，而又可益之以都台乎？今且暂设，凡一切廪饩舆马，悉取办于南宁府卫，取给于军饷，不以干思、田之人。俟年余经略有次，思、田止责知府理治，或设兵备宪臣一人于宾州，或以南宁兵备兼理；如此，则目前既得辑宁之效，而日后又可免烦劳之扰矣。"又以柳庆缺参将，特荐用沈希仪，且请起用前副总兵张佑，俾与富协心共事。未几，升富副都御史，抚治郧阳以去。先生再荐布政使王大用、按察使周期雍，【才皆可大用，】又以边方缺官，且①言副使陈槐、施儒、杨必进，知府朱衮，皆堪右江兵备之任；知州林宽可为田州知府；推官李乔木可为同知。且言②："任贤图治，得人实难，其在边方反复多事之地，其难尤甚。盖非得忠实勇果、通达坦易之才，未易以定其乱。有其才矣，使不谙其土俗，则亦未易以得其本心；得其心矣，使不耐其水土，亦不能以久居其地，以成其功。故用人于边方，必兼是三者而后可。如前四人者，固皆可用之才；今乃皆为时例所拘，弃置不用，而更劳心远索，则亦过矣。"【臣今求才于边方而不可必得，不得已就其见在而使之，而卒无可器使者，亦何怪乎斯土之民曰"入于乱而过日以深也"哉！是故相沿积习之弊，不及今一洗而改革之，边患未见其能有瘳也。③】疏上，俱未果行。

【岭南士人曰："先生田州之兵未尝不善，田州南接交夷，须有障蔽。岑氏世有其地，裂土而官之，使自为守。彼力既分，又可藩我。故田州自用兵后，迄今无变，而谤不止，岂君子所为，众人固不识也乎！"】

【大】兴思、田学校。

---

① "且"，嘉靖本作"具"。
② "言"，嘉靖本作"谓"。
③ 隆庆本《王文成公全书》原文为："臣近于南宁、思、田诸处，因无可用之才，调取其发身科第以迁谪而至者三四人，其志向才识果自不群，足可任用。但到未旬日而辄以患病告归，皆相继狼狈扶携而去矣。不得已，就其见在者而使之，则皆庸劣陋下，素不可齿于士类者。然无可奈何，则略其全体之恶而用其一肢之能，既其终事，所就不能以尺寸，而破坏则寻丈矣。用是观之，亦何怪乎斯土之民愈困，乱愈积，而祸日以深也哉！是固相沿积习之弊，不及今一洗而改革之，边患未见其能有瘳也。"嘉靖本年谱有改动。

先生以田州新服，用夏变夷，宜有学校。但疮痍逃窜，尚无受廛之民，即欲建学，亦为徒劳。然风化之原，又不可缓也。乃案行提学道，着属儒学，但有生员，无拘廪增，愿改田州府学，及各处儒生愿附籍入学者，本道选委教官，暂领学事，相与讲肄游息，兴起孝弟，或倡行乡约，随事开引，渐为之兆。俟建有学校，然后将各生徒通发该学肄业，照例充补廪增起贡。

五月，抚新民①。

先生因左江道参议［等官］汪必东等称："古陶、白竹、石马等贼，近虽诛剿，然尚有流出府江诸处者。诚恐日后为患，乞调归顺土官岑璘兵一千名，万承、龙英共五百名，或韦贵兵一千名，住札平南、桂平冲要地方。及该府知府程云鹏等，亦申量留湖兵，及调武靖州狼兵防守。"乃谕之曰："始观论议，似亦区画经久之计；徐考成功，终亦支吾目前之计。盖用兵之法，伐谋为先；处夷之道，攻心为上。今各猺征剿之后，有司即宜诚心抚恤，以安其心。若不服其心，而徒欲久留湖兵，多调狼卒，凭借兵力以威劫把持，谓为可久之计，则亦末矣！【何也？】殊不知远来客兵，怨愤不肯为用，一也。供馈之需，稍不满意，求索訾詈，将无抵极，二也。就居民间，骚扰浊乱，易生仇隙，三也。困顿日久，资财耗竭，适以自弊，四也。欲借此以卫民，而反为民增一苦；欲借此以防贼，而反为吾招一寇。

【各官之意，岂不虞各贼乘间突出？故欲振扬兵威，以苟幸目前之无事，抑亦不睹其害矣。前岁湖兵之调，既已大拂其情，乃今复欲留之，其可行乎？夫刑赏之用当，而后善有所劝，恶有所惩。劝惩之道明，而后政得其安。今稔恶各徭，举兵征剿，刑既加于有罪矣，然破败奔窜之余，即欲招抚，彼亦未必能信。必须先从其傍良善各巢加厚抚恤，使为善者益知所劝，而不肯与之相连相比，则党恶自孤，而其势自定。使良善各巢传道引谕，使各贼咸有回心向化之机，然后吾之招抚可得而行。而凡绥怀御制之道，可以次而举矣。夫柔远人而抚戎狄，谓之柔与抚者，岂专恃兵甲之盛、威力之强

---

① "抚新民"，嘉靖本作"绥远人"。

而已乎？古之人能以天地万物为一体，故能通天下之志。凡举大事，必顺其情而使之，因其势而导之，乘其机而动之，及其时而兴之。是以为之但见其易，而成之不见其难，此天下之民所以阴受其庇，而莫知其功之所自也。今皆反之，岂所见若是其相远乎？亦由无忠诚恻怛之心以爱其民，不肯身任地方利害，为久远之图。凡所施为，不本于精神心术，而惟事补辏掇拾，支吾粉饰于其外，以苟幸吾身之无事，此盖今时之通弊也。】[其可行乎？合]行知府程云鹏，公同指挥周胤宗，及各县知县等官，亲至已破贼巢各邻近良善村寨，以次加厚抚恤，给以告示，犒以鱼盐，待以诚信，敷以德恩，谕以朝廷所以诛剿各贼者，为其稔恶不悛。若尔等良善守分村寨，我官府何尝轻动尔等一草一木？尔等各宜益坚向善之心，毋为彼所扇惑摇动，从而为之推选众所信服，立为酋长，以连属之。【优其礼待，厚其犒赏，以渐绥来调习，使之日益亲附。又喻以稔恶各贼，彼若不改，一征不已，至于再；再征不已，至于三，至于四五，至于六七，必使灭绝而后已。此后官府若行剿除，尔等但要安心乐业，无有惊疑。】

若各贼果能改恶迁善，实心向化，今日来投，今日即待以良善，【即开其自新之路，】决不追既往之恶。尔等即可以此意传告开谕之。我官府【未尝有必欲杀彼之心，若彼贼果有相引来投者，】亦就实心抚安招来，量给盐米，为之经纪生业。亦就为之选立酋长，使有统率，毋令涣散。一面清查侵占田土，开立里甲，以息日后之争。禁约良民，毋使乘机报复，以激其变。如农夫之植嘉禾，以去稂莠，深耕易耨，芸蓞灌溉，专心一事，勤诚无惰，必有秋获。夫善者益知所劝，则助恶者日衰；恶者益知所惩，则向善者益众：此抚柔之道，而非专有恃于甲兵者也。

【至于近行十家牌谕，诚亦弭盗安民之良法。而今之有司，概以虚文抵塞，莫肯实心推求举行。虽已造册缴报，而尚不知其间所属何意，所处地方。该道仍要用心督责整理，诚使此法一行，则不待调发，而处处皆兵；不待屯聚，而家家皆兵；不待蓄养，而人人皆兵。无馈运之劳，而粮饷足；无关隘之设，而守御固。习之愈久，而法愈精；行之弥广，而功弥大。其前项区处摘调之兵，有虚名而无实用，可张惶于暂时，而不可施行于永久者。劳逸烦简，相去远矣。】"

又曰："该府①议欲散撤顾倩机快等项，调取武靖州土兵，使之就近防守一节，区画颇当。然以三千之众，而常在一处屯顿坐食，亦未得宜。必须分作六班，每五百名为一班，每两个月日而更一次。若有雕剿等项，然后通行起调，然必须于城市别立营房，毋使与民杂处，然后可免于骚扰嫌隙。盖以十家牌门之兵，而为守土安民之本；以武靖起调之兵，而备追捕剿截之用：此亦经权交济相须之意也。【其该州土目人等，】自今以后，免其秋调各处哨守等役，专在浔州地方听凭[守备参将]调用。[凡遇紧急调取，即要星驰赴信地，不得迟违时刻。守巡]各官仍要时加戒谕抚辑，毋令日久玩弛，又成虚应故事。

【自惟疏才多病，精力不足，不能躬亲细务；独其忧患地方，欲为建立久安长治一念，真切自不能已。是以不觉其言之叨叨。各官务体此意，毋厌其多言，而必务为绸绎；毋谓其迂远，而必再与精思。务竭其忠诚，务行其切实。同心协德，共济时艰。事有相类者，悉以此意推而行之。】"

六月，【大】兴南宁学校。

先生谓："理学不明，人心陷溺，是以士习日偷，风教不振。"日与各学师生朝夕开讲，已觉渐有奋发之志。又恐穷乡僻邑，不能身至其地，委原任监察御史降合浦县丞陈逅主教灵山诸县，原任监察御史降揭阳县主簿季本主教敷文书院。仍行牌谕曰："仰本官每日拘集该府县学诸生，为之勤勤开诲，务在兴起圣贤之学，一洗习染之陋。其诸生该赴考试者，临期起送；不该赴试者，如常朝夕聚会。考德问业之外，或时出与经书论策题目，量作课程；就与讲析文义，以无妨其举业之功。大抵学绝道丧之余，未易解脱旧闻旧见，必须包蒙俯就，涵育熏陶，庶可望其渐次改化。谅本官平素最能孜孜

---

① "该府"，嘉靖本作"惟"。

汲引，则今日必能循循善诱。诸生之中，有不率教者，时行樆楚，以警其惰。本院回军之日，将该府县官员师生查访勤惰，以示劝惩。"

又牌谕曰："[照得]安上治民，莫善于礼，冠婚丧祭，固宜家喻而户晓者。今皆废而不讲，欲求风俗之美，其可得乎？况兹边方远郡，土夷错杂，顽梗成风，有司徒具刑驱势迫，是谓以火济火，何益于治？若教之以礼，庶几所谓小人学道则易使矣。【近据】福建莆田【儒学】生员陈大章，前来南宁游学，【进见之时，每言及礼，因而】叩以冠婚乡射诸仪，【果亦】颇能通晓。【看得】近来各学诸生，类多束书高阁，饱食嬉游，散漫度日。岂若使与此生朝夕讲习于仪文节度之间，亦足以收其放心，固其肌肤之会、筋骸之束，不犹愈于博弈之为贤乎？【为此牌，】仰南宁府官吏即便馆谷陈生于学舍，于各学诸生之中，选取有志习礼及年少质美者，相与讲解演习。自此诸生得于观感兴起，砥砺切磋，修之于其家，而被于里巷，达于乡村；则边徼之地，【自此】遂化为邹鲁之乡，亦不难矣。【诸生讲习已有成效，该府仍要从厚措置礼币，以申酬谢。仍备由差人送至广西提督学校官，以次送发各府州县，一体演习。其于风教，要亦不为无补。】"

七月，袭八寨、断藤峡，破之。

八寨、断藤峡诸【处】[蛮贼]，有众数万，负固稔恶，南通交趾[诸夷]，西接云、贵[诸蛮]，东北与牛场、仙台、花相、风门、佛子及柳庆、府江、古田诸瑶回旋连络，延袤二千余里，流劫出没，为害岁久。比因有事思、田，势不暇及。至是，先生以思、田既平，苏、受新附，乃因湖广保靖归师之便，令布政使林富、副总兵张祐等，出其不意，分道征之。富、祐率右江及思、田兵进剿八寨诸贼。参议汪必东、副使翁素、佥事汪溱，率左江及永、保土兵进剿断藤峡诸贼。令该道分巡兵备收解，纪功御史册报。及行，【始与】太监张赐并各镇巡知会，一月①之内，大破其众，斩获三千有奇。先生见诸贼巢穴既已扫荡，而我兵疾疫，遂班师奏捷。

---

① "一月"，嘉靖本作"三月"。

【注】 束景南先生指出："（阳明先生）进剿八寨、断藤峡自三月开始，至六月班师。钱德洪《阳明先生年谱》乃笼统于七月下云：'七月，袭八寨、断藤峡，破之。'其说误甚，后人皆踵其讹。大致阳明于三月二十三日命下进剿八寨、断藤峡，四月二日出兵，四月十日破断藤峡，四月二十三日破八寨；以后又连破古蓬、古钵、都者峒、铜盆、黄田、铁坑诸巢，直追至横水江，于六月中旬班师回兵。阳明于《八寨断藤峡捷音疏》中叙述甚明，其断非七月破八寨、断藤峡昭然可见。"（《长编》第1955页）

［按：］疏言："【富等呈称，】断藤峡诸贼，［犄角屯聚，］自国初以来，屡征不服。至天顺间，都御史韩雍统兵二十万，然后破其巢穴。撤兵无何，贼复攻陷浔州，据城大乱。后复合兵，量从剿抚。自后窃发无时，凶恶成性，不可改化。①至于八寨诸贼，尤为凶猛，利镖毒弩，莫当其锋；且其寨壁天险，进兵无路。自国初都督韩观，尝以数万之众围困其地，亦不能破，竟从招抚而罢。报后，兴师合剿，一无所获［，反多挠丧］。

惟成化间，土官岑瑛尝合狼兵深入，斩获二百。已而［贼势大涌，］力不能支，亦从抚罢。【自是而后，莫可谁何？比自思、田起事，两广煽动，危不可言。今幸朝廷威德，】今因湖广之回兵，而利导其顺便之势，作思、田之新附，而善用其报效之机。【翕若雷霆，疾如风雨，事举而远近不知有兵，敌破而士卒莫测其用。】两地进兵，各不满八千之众，而三月报捷，共已逾三千之功。【盖其劳费未及大征十之一，而其斩获加于大征三之二。】两广父老皆以为数十年来未有此举也。

【臣等伏念断藤、八寨诸贼，实为两广渠魁之渊薮根柢，此而不去，两广卒无宁宇。况兵部已尝具疏，请奉有成命责在臣等，欲再俟请命，恐泄机事，难以成功。用是仰遵便宜，相机行事，随具以闻。今据报捷，盖不出三月之内，止因湖广归师之便，及用思、田报效之众，卒以扫荡贼巢，殄除民

---

① "自后窃发无时，凶恶成性，不可改化"，嘉靖本作"自后窃发无时，近复乘间纵横，不可支持"。

患,此岂臣等智谋才略之所能及,是皆皇上除患救民之诚心,默赞于天地鬼神,而神武不杀之威,任人不疑之断,震慑远迩,感动上下。且庙廊诸臣,咸能推诚协赞,惟国是谋,与人为善。故臣等得以展布四体,无复顾虑,信其力之所能为,竭其心之所可尽,动无不宜,举无弗振,诸将用命,军士效力,以克致此。虽未足为可称之功,实可以为后世任人行事之法矣。

乃若宣慰彭明辅、彭九霄等忠义奋发,略无悔怠,即其一念报国之诚,有不可泯。至于思、田报效头目卢苏、王受等,感激朝廷再生之恩,共竭效死之报,且力辞军饷,以效勤诚,争先陷阵,遂破贼巢,此皆臣所亲见者也。留抚思、田布政使林富已闻都御史之擢,而忠义激发,必欲督兵破贼,尤人所难。旧任副总兵张祐,参将张经、沈希仪,佥事汪溱、吴天挺,参议汪必东,副使翁素,都指挥谢佩、高崧,及各督哨指挥等官马文瑞、王勋、彭飞、张恩等,督剿县丞林应聪,主簿季本,并防截、搜捕、调度、给饷等。知府程云鹏、蒋山卿,同知桂鳌、史立诚、舒柏,通判陈志敬、徐俊,知州林宽、李东,知县刘乔,县丞萧尚贤等,虽其才猷功绩各有大小等级之殊,而利害勤苦亦有缓急久暂之异,然当炎毒暑雨,瘴疫熏蒸,经冒锋镝,出入崎险,固皆同效捍患勤事之绩,均有百死一生之危者也。

伏望皇上明昭军旅之政,既行庙堂协赞举任之上赏,亦录诸臣分职供事之微劳,及将宣慰彭明辅等特加升奖,以旌其报国之义。土目卢苏、王受等亦曲赐恩典,或不待三年,而遂锡之冠带,以励其报效之忠,如此,庶几功无不赏,而益兴忠义之心;赏当其功,而自无侥幸之望矣。臣以迂疏缪蒙不世之知遇,授以军旅,假以便宜,自誓此生鞠躬尽瘁以报深恩。今兹之役,本无足言,然亦自幸其无覆败,以免戮辱。但恨身婴危疾,自后任劳颇难,别具疏请告,乞赐俯允,俾得全复余生,尚有图报之日。】"

【《与执政书》曰:"思、田之议,悉蒙裁允,遂活一方数万之生灵。近者八寨、断藤之役,实以生民涂炭既极,不得已而为之救焚之举,乃不意遂获平靖。此非有魏公力主于朝,则金城之议无因而定;非有裴公赞决于内,则淮蔡之绩何由而成？今日之事,敢忘其所由来乎？但惟六月徂征,冲冒瘴疫,将士危险,颇异他时。稍得沾濡,亦少慰其勤苦耳。所谓兵政国之大事,功赏宜为后劝,当以实言,不宜自嫌矜伐者也。"】

【《破断藤峡》 才看干羽格苗夷,忽见风雷起战旗。六月徂征非得已,一方流毒已多时。迁宾玉石分须早,柳庆云霓怨莫迟。嗟尔有司惩既往,好将恩信抚遗黎。】

【《平八寨》 见说韩公破此蛮,貔貅十万骑连山。而今止用三千卒,遂尔收功一月间。岂是人谋能妙算？偶逢天助及师还。穷搜极讨非长计,须有恩威化梗顽。】

疏请经略思、田及八寨、断藤峡。

[初,先生既平思、田,乃上]疏曰:"【明王奉道,建邦设都,树后王君。公承以大夫师长,不惟逸豫,惟以乱民。今天下郡邑乃有大小繁简、中土边方、流土官职之不同者,盖亦因其气禀物类不齐,是以顺其情,不违其俗,循其故,不易其宜,要在各得其所,惟以乱民而已。】臣以迂庸,缪当兵事于兹土,[承制]假以[抚剿]便宜。是陛下之心惟在于除患安民,未尝有所意必也。又谕令贼平之后,议设土、流①孰便。是陛下之心惟在于安民息乱,未尝有所意必也。②始者思、田梗化,既举兵而加诛矣,因其悔罪投降,遂复宥而释之。[固亦莫非仰承陛下不嗜杀人之心,惓惓忧悯赤子之无辜也。]

【然而今之议者,或以为流官之设,中土之制也。已设流官而复去之,则嫌于失中土之制。土官之设,蛮夷之俗也。已去土官而复设之,则嫌于从蛮夷之俗。此皆苟避毁誉形迹,亦安能仰窥陛下如天之仁,平平荡荡,惟以乱民为心乎？臣即承制,会总镇太监张赐、巡按御史石金等,议设土官以顺其情,分土目以散其党,设流官以制其势。盖蛮夷之性,譬犹禽兽麋鹿,必欲制之郡县,而绳之以汉法,是群麋鹿于堂室,而欲其驯扰帖服,终必触樽

---

① "土、流",嘉靖本作"土官流官"。
② 此句重复出现。

俎，翻几席，狂跳而骇掷矣。故必放之闲旷之区，以顺适其犷野之性。今所以仍土官之旧者，是顺适其犷野之性也。然一惟土官而不思有以散其党与，制其猖獗，是纵麋鹿于田野，而无有乎墙墉之限，豮牙童梏之道，终必奔窜而无以维絷之矣。今所以分立土目者，是墙墉之限，豮牙童梏之道也。然分立土目，而终无联属于其间，是畜麋鹿于苑囿，而无守视之人以时守其墙墉，禁其群触，终将逾垣远逝而不知，践禾稼、决藩篱，而莫之省矣。今所以特设流官者，是守视苑囿之人也。议既佥同，臣犹以为土夷之心，未必尽得之穷山僻壤，或有隐情也，则亦安能保其必行乎？则又备历思、田之境，因以询诸其目长，皆以为善。又以询诸其父老子、弟皆以为善。又以询诸其厮役下贱之徒，则又皆以为善。然后信其可以久行而无弊，乃敢具述以请。】

凡为经略事宜有三：特设流官知府以制土官之势；仍立土官知府以顺土夷之情；分设土官巡检以散各夷之党。拟府名为'田宁'，以应谶谣，而定人心。设州治于府之西北，立猛第三子邦相为吏目。待其有功，渐升为知州。分设思恩土巡检司九，田州土巡检司十有八，以苏、受并土目之为众所服者世守之。"

既而复破八寨、断藤峡。又上疏曰："臣因督兵亲历诸巢，见其形势要害，各有宜改立卫所，开设县治，以断其脉络，而扼其咽喉者。若失今不为，则数年之间，贼复渐来，必归聚生息；不过十年，又有地方之患矣。臣以遵制便宜，相度举行，凡为经略事宜有六：移南丹卫城于八寨；改筑思恩府治于荒田；改凤化县治于三里；增设隆安县治；置流官于思龙，以属田宁；增筑守镇城堡于五屯。"事下，本兵①持之，户部复请覆勘，学士霍韬等上疏曰："臣等广人也，是役也，臣等尝为守仁计曰：'前当事者，凡若三省兵若干万，梧州军门费用军储若干万，复从广东布政司支用银米若干万，杀死、疫死官兵、土兵若干万，仅得田州小宁五十日，而思恩叛矣。'【吊

---

① "本兵"，嘉靖本作"兵部"。

岩贼出，围肇庆府，与思、田东西相应，势张甚，若守仁乘此大败极敝，即合四方兵力，再用银米数百万，能平定田州，亦奇功也。】今守仁不杀一卒，不费斗米，直宣扬威德，遂使思、田顽叛，稽首来服。虽舜格有苗，何以过此？【臣等是以叹服守仁不惟能肃将天威，实能诞敷天德也。】乃若八寨贼、断藤峡贼，又非思、田之比。

【盖广西在万山之丛，土险水迅，谚有之曰'广西民三贼七'，盖由土恶气悍，虽良民至者，亦化为贼，是故八寨贼在洪武间不能平，断藤峡贼天顺间都御史韩雍仅能平之，迄今而遗孽复炽，故广西贼巢如柳、庆、郁林、府江诸贼，虽时出劫掠，官军亦屡请征之。惟八寨贼，则自国初至今未有轻议进兵者，盖山水凶恶，进兵无路，兵形稍露，贼已先知。一夫控险，万人莫蔽。】八寨为诸贼渊薮，而断藤峡为八寨羽翼也。广西有八寨诸贼，犹人有心腹病也。八寨不平，则两广无安枕期也。今守仁沉机不露，一举平之。百数十年豺虎窟穴，扫而清之，如拂尘然。【非仰借神武不杀之威，何以致此？】臣等是以叹服守仁能体陛下之仁，以怀绥思、田向化之民；又能体陛下之义，以讨服八寨、断藤梗化之贼：仁义两得之也。

夫守仁之成功，有八善焉：乘湖兵归路之便，兵不调而自集，一也。因思、田效命之助，劳而不怨，二也。机出意外，贼不能遁，所诛者渠恶，非滥杀报功者比，三也。因归师无粮运费，四也。一举成功，民不知扰，五也。平八寨、平断藤峡，则极恶者先诛，其细小巢穴，可渐德化，得抚剿之宜，六也。八寨不平，则西而柳、庆，东而罗旁、渌水、新宁、思平之贼，合数千里，共为窟穴，虽调兵数十万，未易平伏，今八寨平定，则诸贼可以渐次抚剿，两广良民可以渐次安业，纾圣明南顾之忧，七也。韩雍虽平断藤峡贼矣，旋复有倡乱者，【当时未及区画其地为经久图，俾余贼复据巢穴五十年，生聚则贼炽盛也，亦宜若】八寨乃百六十年所不能诛之剧贼。【山川天险尤难为功。】今守仁既平其巢窟，即徙①建城

---

① "徙"，嘉靖本作"图"。

邑以镇定之，则恶贼失险，后日不能为变，逋贼来归，且化为良民矣。诛恶绥良，得民父母之体，八也。

或议：'守仁奉命有事思、田，【乃不剿思、田则亦已矣，】遂剿八寨，可乎？'臣则曰：昔吴、楚反攻梁，景帝诏周亚夫救梁。亚夫不奉诏，而绝吴、楚粮道，遂破吴、楚，而平七国，安汉社稷。传曰：'阃以外，将军制之。'又曰：'大夫出疆，有可以安国家、利社稷，专之可也，古之道也。'是故亚夫知制吴、楚，在绝其食道，而不在于救梁。是故虽有诏命，有所不受。今守仁知思、田可以德怀也，遂纳其降而安定之。知八寨诸贼未易服也，遂因时仗义而讨平之。【仁义之用，达天德也，】虽无诏命，先发后闻可也，况有便宜从事之旨乎？

或曰：'建置城邑，大事也；区处钱粮，户部职也；不先奉命而辄兴工，可乎？'臣则曰：【古者帝王千里之内自治，千里之外付之侯伯而已，是岂尧、舜、汤、武反后世不如哉？盖虑舆图既广，知力不及，与其役一己耳目无益于事，孰若以天下才理天下事，为逸而有功乎？是故帝王在于知人而已。既知其人之贤而任之矣，则事之举错一以付之，而责其成功。若功效不孚，乃制其罪可也。今既任之，又从而牵制之，则豪杰何所措手足乎！是故守仁之平八寨也，所杀者贼之渠魁耳，逋逃者固未及杀也。乘此时机，建置城邑，遂招逋逃之贼，复业安焉，则积年之贼皆可化为良民。失此机会，撤兵而归，俟奏得旨，乃兴版筑，则贼渐来归，据险以抗我师，虽筑城亦不能矣。】

昔者范仲淹之守西边也，欲筑大顺城，虑敌人争之，乃先具版筑，然后巡边，急速兴工，一月成城。西夏觉而争之，已不及矣。【是何也？若俟其奏报，岂不败事？】守仁于建置城邑之役，【计之熟矣。钱粮夫役，固】不仰足户部而后有处，其以一肩而分圣明南顾之忧，【可谓贤矣，】不以为功，反以为过，可乎？

【先是宸濠反江西，诸司俯首从贼，惟守仁同御史伍希儒、谢源誓心效忠。不幸奸臣张忠、许泰等欲掩其功，乃扬诸人曰：'守仁初同贼谋，及公论难掩，乃思起兵。'又曰：'宸濠金帛俱守仁、希儒、源满载以去。'当时大学士杨廷和、尚书乔宇亦忌守仁之功，不与辨白而黜希儒、源，守仁不辨之谤，至今未雪，可谓冤矣。夫国家论功有二：有开国之臣焉，有定乱之臣焉。开国之臣，成则侯，败则虏，虽勿崇焉可也。惟祸变倏起，社稷安危，凛乎一发，效忠定乱之臣，则不可忘①，何也？所以卫社稷也。昔者守仁之执宸濠也，可谓定乱拯危之功矣，奸人犹或忌之而谤其短。夫如是，则后有事变，谁肯效忠乎？甚矣！小人忌功，足以误国也。臣等是以叹曰：'江西之功不白，无以劝励忠之臣。广西之功不白，又无以劝策勋之臣，是皆天下虑也。'守仁，大臣也，岂以功赏有无为重轻哉？第恐当时有功之人视此解体，则在外抚臣遂无所激劝，以为建功之地耳。】

臣等【广人也，】目击八寨之贼，为地方大患百数十年，一旦仰赖圣明，任用守仁，以底平定，不胜庆忭，今兵部功赏未行，户部覆题再勘，臣恐机会一失，大功遂阻，城堡不筑，逋贼复聚，地方可虑。是故冒昧建言，唯圣明察焉。"

【当时朝议呶呶于八寨者之役，故辞恳切若此。提督侍郎林富复议曰："帝王御极，虑周万世之防，以通变宜民为本，威振八蛮之俗，以劝迹略远为图，故事有不必更者，亦有不容不更者。守仁原议迁卫改府设县镇与土流兼设，无非安边辟国、保治防危之计，但当时身在行间，事欲乘时，中间有未暇致详者。今据金谋详覆，固非苟为异同。其言特设流官知府，似难比思、田之例，止宜降府为州，以岑邦相为土知州。及分设土巡检司，革凤化县而移南州卫于三里，仍属南宁。自余悉如守仁议。"岭南士人曰："先生田州、断藤峡、八寨实为伟功，至今民受其福，尚不之知。但为当时用事所忌，故其言不尽行。且公之力止可及此。北流断藤不肯改设府县，而思恩以

---

① "忘"，嘉靖本作"忌"。

流官知府分八寨为八巡检，统之以分其势，亦羁縻策也。今流官不随俗为治，而又多索贿，取侮蛮夷。八巡检又非知府可制，遂各分争土地，专制生杀，将来尾大不掉之患，可胜言哉？盖土官以夷治夷，为夷所信。且供亿差役，简而不扰，流官文法，大多夷不堪命，况有八巡检耶？此后来总督责也。天不憗遗，使至此极，悲夫！"】

九月，疏谢奖励赏赍。

赏思、田功也。【有旨："王守仁受命提督军务，莅任未久，乃能开诚布恩，处置得宜，致令叛夷畏服，率众归降，罢兵息民，其功可嘉。写敕差行人赍去奖励，还赏银五十两，纻丝四表里，布政司买办羊酒送用。"本年】九月初八日，【该】行人冯恩赍捧钦赐至镇，故有谢疏。

<u>与德洪、畿书</u>："地方事幸遂平息，相见渐可期矣。近年不审同志聚会如何，得无法堂前今已草深一丈否？想卧龙之会，虽不能大有所益，亦不宜遂尔荒落。且存饩羊，后或兴起，亦未可知。余姚得应元诸友相与倡率，为益不小。近有人自家乡来，闻龙山之讲，至今不废，亦殊可喜。书到，望遍寄声，益相与勉之。九、十弟与正宪辈，不审早晚能来亲近否？诱掖接引之功①，与人为善之心，当不俟多喋也。[魏廷豹决能不负所托，儿辈或不能率教，亦望相与夹持之。]"

[**十月，疏请告。**]

[先生以疾剧，上疏请告，具言："臣自往年承乏南、赣，为炎毒所中，遂患咳痢之疾，岁益滋甚。其后退休林野，稍就医药，而疾亦终不能止。自去岁入广，炎毒益甚。力疾从事，竣事而出，遂尔不复能兴。今已舆至南宁，移卧舟次，将遂自梧道广，待命于韶、雄之间，夫竭忠以报国，臣之素志也。受陛下之深恩，思得粉身斋骨以自效，又臣之所日夜切心者也。病日就危，而尚求苟全以图后报，而为养病之举，此臣之所以大不得已也。"疏入，未报。]

---

① "功"，嘉靖本作"谅"。

【注】 束景南先生指出："钱德洪《阳明先生年谱》误将阳明上《养病疏》定在十月,遂将阳明此与聂豹书亦定在十月,误甚。《传习录》中于此阳明与聂豹书下注云'右南大吉录',更误。按阳明此书云:'今却幸已平定,已具本乞回养病。'阳明《养病疏》上在七月十日,则阳明此与聂豹书当作在七月十日以后不久,盖不出七月也。按阳明此书乃是答聂豹春间书,聂豹书在春间已写成,但至七月初方遣人送至南宁,或是其时闻阳明平断藤峡、八寨班师之故。阳明此书为其卒前所写最长一篇论良知学之书,意义重大,观其云'心也,性也,天也,一也,故及其知之成功则一;然而三者人品力量自有阶级,不可躐等而能也',犹隐然是'天泉证道'时'王门八句'教之余响也。此书后特收入《传习录》,盖非无因也。"(《长编》第2013页)

谒伏波庙。

先生十五岁时尝①梦谒伏波庙,【有诗。】至是拜祠下,宛然如梦中,谓兹行殆非偶然②。因识二诗,其一曰:"四十年前梦里诗,此行天定岂人为?徂征敢倚风云阵,所过如③同时雨师。尚喜远人知向望,却惭无术救疮痍。从来胜算归廊庙,耻说兵戈定四夷。"其二诗④曰:"楼船金鼓宿乌蛮,鱼丽群舟夜上滩。月绕旌旗千嶂静,风传铃木⑤九溪寒。荒夷未必先声服,神武由来不杀难。想见虞廷新气象,两阶干羽五云端。"

是月,与豹书:"近岁【来】山中讲学者,往往多说'勿忘勿助工夫甚难'。问之,则云:'才着意,便是助;才不着意,便是忘:所以甚难。'区区因问之云:'忘是忘个甚么?助是助个甚么?'其人默然无对,始请问。区区因与说:'我此间讲学,却只说个"必有事焉",不说"勿忘勿

---

① "尝",嘉靖本作"常"。
② "谓兹行殆非偶然",嘉靖本作"谓兹行殆不偶"。
③ "如",嘉靖本作"顺"。
④ "其二诗",嘉靖本作"又"。
⑤ "木",嘉靖本作"柝"。

助"。必有事焉者，只是时时去集义。若时时去用必有事的工夫，而或有时间断，此便是忘了，即须勿忘。时时去用必有事的工夫，而或有时欲速求效，此便是助了，即须勿助。其工夫全在必有事焉上用，勿忘勿助，只就其间提撕警觉而已。若是工夫原不间断，即不须更说勿忘；原不欲速求效，即不须更说勿助。此其工夫何等明白简易，何等洒脱自在。今却不去必有事上用工，而乃悬空守着一个"勿忘勿助"，【此正如烧锅煮饭，锅内不曾渍水下米，而乃专去添柴放火，不知毕竟煮出个甚么物来。吾恐火候未及调停，而锅已先破裂矣。近日一种专在"勿忘勿助"上用工者，其病正是如此。终日悬空去做个勿忘，又悬空去做个勿助，】济济荡荡，【全无实落下手处，究竟工夫】只做得个沉空守寂，学成一个痴騃汉。事来，即便牵滞纷扰，不复能经纶宰制。【此皆有志之士，而乃使之劳苦缠缚，担阁一生，】[此]皆由学术误人之故，甚可悯矣。

【夫必有事焉，只是集义。集义，只是致良知。说集义，则一时未见头脑。说致良知，即当下便有实地步可用工，故区区专说致良知。随时就事上致其良知，便是格物。着实去致良知，便是诚意。着实致其良知，而无一毫意必固我，便是正心。着实致良知，则自无忘之病，无一毫意必固我，则自无助之病，故说格致诚正，则不必更说个忘助。孟子说忘助，亦就告子得病处立方。告子强制其心，是助的病痛，故孟子专说助长之害。告子助长，亦是他以义为外，不知就自心上集义，在必有事焉上用功，是以如此。若时时刻刻就自心上集义，则良知之体洞然明白，自然是是非非，纤毫莫遁，又焉有不得于言，勿求于心，不得于心，勿求于气之弊乎？孟子集义、养气之说，固大有功于后学，然亦是因病立方，说得大段，不若《大学》格致诚正之功，尤极精一简易，为彻上彻下、万世无弊者也。圣贤论学多是随时就事，虽言若人殊，而要其工夫头脑，若合符节。缘天地之间，原只有此性，只有此理，只有此良知，只有此一件事耳。】'"

又与[邹]守益书曰："随处体认天理，勿忘勿助之说，大约未尝不是。只要根究下落，即未免捕风捉影。纵令鞭辟向里，亦与圣门'致良知'之功尚隔一尘。若复失之毫厘，便有千里之缪矣。世间无志之人，既已见驱于声利辞章之习，间有知得自己性分当求者，又被一种似是而非之学兜绊羁縻，终身不得出头。缘人未有真为圣人之志，未免挟有见小欲速之私，则此种学问极足支吾眼前得过。是以虽在豪杰之士，而任重道远，志稍不力，即且安顿其中者多矣。"

祀增城先庙。

先生五世祖讳纲者，死苗难，庙祀增城。是月，有司复新祠宇，先生谒祠奉祀。过甘泉先生庐，题诗于壁曰："我祖死国事，肇禋在增城。荒祠幸新复，适来奉初蒸。亦有兄弟好，念言思一寻。苍苍见①霞色，宛隔环瀛深。入门散图史，想见抱膝吟。贤郎敬父执，童仆意相亲。病躯不遑宿，留诗慰殷勤。落落千百载，人生几知音？道同著形迹，期无负初心！"又[题]甘泉居[曰]："我闻甘泉居，近连菊坡麓。十年劳梦思，今来快心目。徘徊欲移家，山南尚堪屋。渴饮甘泉泉，饥食菊坡菊。行看罗浮云，此心聊复足。"

与德洪、畿书："书来，见近日工夫之有进，足为喜慰！而余姚、绍兴诸同志又能相聚会讲，切奋发兴起，日勤不懈，吾道之昌，真有火燃泉达之机矣，喜幸当何如哉！【喜幸当何如哉！】此间地方悉已平靖，只因二三大贼巢，为两省盗贼之根株渊薮，积为民患者，心亦不忍不为一除剪，又复迟留二三月。今亦了事矣，旬月间便当就归途也。守俭、守文二弟，近承夹持启迪，想亦渐有所进。正宪尤极懒惰，若不痛加针砭，其病未易能去。父子兄弟之间，情既迫切，责善反难，其任乃在师友之间。想平日骨肉道义之爱，当不俟于多嘱也。【书院规制，近闻颇加修葺，是亦可喜。寄去银十二两，稍助工费。垣墙之未坚完，及一应合整备者，酌量为之。】"

【十月疏请告】

---

① "见"，嘉靖本作"兼"。

【先生疾剧，上疏请告。略曰："臣以忧病，跧伏田野六年有余。蒙陛下赐之再生之恩，锡之分外之福，每思稽首阙廷，一睹天颜，以申其感激之诚。既困疾病，复畏讥谗，未敢一出门庭。君臣大义，天高地厚之恩，每一念及，则哽咽涕下，不知其所以为心。迩者缪蒙陛下过采大臣之议，授以军旅重寄，自知才不胜任，病不任劳，辄具疏辞谢。又蒙恩旨慰谕，伏读感泣，不复能顾其他。即日矢死就道，既而沿途备访其所以致此变乱之由，熟思其所以经理斡旋之计，乃甚有抵牾矛盾者，而其事势既已颠覆破漏，如将倾之屋，半溺之舟，莫知所措，其惟恐付托不效，以孤陛下生成之德，以累大臣荐举之明。于是始益日夜危惧，而病亦愈甚。不自意入境以来，旬月之间，不折一矢，不戮一卒，而两府顽民帖然来服。千里之内去荆棘而成坦途，其间虽有数处强大贼巢，素为广西众贼之渊薮根柢，屡尝征讨而不克者，亦就末保归兵之便，用思、田新附报效之勇，财力不致于大费，小民不及于疲劳，遂皆歼厥渠魁，荡平巢穴，而远近略已宁靖。是皆陛下好生之至德，昭格于上下；不杀之神武，幽赞于神明，是以不言而信，不怒而威，阴佑默相，以克有此。固非愚臣意望之所敢及，岂其知谋才力为能办此哉？

窃自喜幸，以为庶得借此以免于覆败之戮，不为诸臣荐扬之累，足矣。而臣之病势，乃日益增剧，百疗无施。臣又思之，是殆功过其事，名浮其实，福逾其分，所谓小人而有非望之获，必有意外之灾者也。臣自往年承乏南赣，为炎毒所中，遂患咳嗽之疾，岁益滋甚。其后退休林野，稍就医药而疾亦终不能止。自去岁奉命入广，炎毒骄亢，力疾从事，竣事而出，遂尔不复能兴。今已舁至南宁，移卧舟次，将遂自梧道广，待命于韶、雄之间。夫竭忠以报国，臣之素志也，受陛下之深恩，思得粉身虀骨以自效，又臣近岁之所日夜切心者也。病日就危，而尚求苟全以图后报，而为养病之举，此臣之所大不得已也。"疏入，不报。】

【注】束景南先生认为："十一月一日，（阳明先生）疾甚，上疏乞骸骨，举林富自代。是日，遂离广州北行。……阳明所上《乞骸骨疏》，今

佚。黄绾将阳明上《乞骸骨疏》定在十月十日，乃是将阳明十一月一日上《乞骸骨疏》与十月十日（实在七月十日）上《养病疏》误混为一。钱德洪《阳明先生年谱》不言阳明上《乞骸骨疏》，尤不当。盖阳明在广州待命三月，朝廷有意拖延诏命不下，至是阳明病笃不起，犹再上《乞骸骨疏》，然后昇棺北行，卒于途中，其所行所为皆光明正大，斑斑可考，照见世宗、桂萼之流设谤构陷之真嘴脸，所谓'不候命即归''擅离重镇''故设漫辞求去'、'擅离职役'，皆为诬妄不实之辞矣。使一代名臣阳明遭遇于谦、袁崇焕相同命运之罪魁祸首，世宗也。"（《长编》第2046页）

《与何性之书》①："区区病势日狼狈，自至广城，又增水泻，日夜数行不得止。至今遂两足不能坐立，须稍定，即逾岭而东矣。诸友皆不必相候。果有山阴之兴，即须早鼓钱塘之舵，得与德洪、汝中辈一会聚，彼此当必有益。区区养病本去已三月，旬日后必得旨。亦遂发舟而东，纵未能遂归田之愿，亦必得一还阳明洞，与诸友一面而别，且后会又有可期也。千万勿复迟疑，徒耽误日月。总及随舟而行，沿途官吏送迎请谒，断亦不能有须臾之暇。宜悉此意，[书至即拨冗。]德洪、汝中辈，亦可促之早为北上之图。伏枕潦草。"

十一月乙卯②，先生卒于南安。

是月廿五日，逾梅岭，至南安。登舟时，南安推官门人周积来见。先生【犹】起坐，咳喘不已，徐[言]曰："近来进学如何？"积以政对。遂问："道体无恙【否】？"先生曰："病势危亟，所未死者，元气耳。"[积退而迎医诊药。]【侍者垂泣，以家事嗣子问，先生叹曰："何须及此！"少顷，曰："惟未得与诸友了学问一事为可恨耳。时时作越声，讶吉安何无一人至者。"】廿八日晚泊，问："何地？"侍者曰："青龙铺。"明日，先生召积入。久之，开目视曰："吾去矣！"积泣下，问："[何]遗言？"[先生

---

① "与何性之书"，嘉靖本作"与延仁书"。
② "乙卯"，嘉靖本作"丁卯"。

微哂①曰:"此心光明,[亦]复何言?"顷之,瞑目而逝,【盖】二十九日【丁卯】辰时也。

【注】 黄绾《行状》谓阳明"至南康县",束景南先生有按语:"阳明卒于青龙铺,未至南康县,钱德洪《书哀感》明云'距(南康县)三邮'。钱德洪《书哀感》谓周积'奔自南安,皆弗及诀',乃非,其《年谱》叙周积临终见阳明甚详。阳明卒于青龙铺,钱德洪《书哀感》谓卒于青田,亦误。钱德洪《年谱》谓阳明卒于'二十九日辰时',然其《书哀感》谓卒于'二十九日丁卯午时',其《讣告同门》亦云阳明卒于'二十九日午时',可见《年谱》说误。"(《长编》第2049页)

赣州②兵备门人张思聪追[至南安,]迎入③南野驿,【积】就中堂沐浴衾敛如礼。先是,先生出广,布政使门人王大用备美材随舟④。思聪[亲]敦匠[事],铺捆设褥⑤,[表里]裼袭【甚厚】。【明日为十二月朔,安成】门人刘邦采来奔丧事⑥。十二月三日⑦,思聪与官属师生设祭⑧入棺。明日⑨,舆榇登舟。士民远近遮道,哭声振地,如丧考妣。至赣,提督都御史汪铉迎祭于道,士民沿途拥哭如南安⑩。至南昌,巡按御史储良材、提学副使门人赵渊等请改岁行,士民昕夕哭奠¹¹。

---

① "微哂",嘉靖本作"微笑"。
② "赣州",嘉靖本作"南赣"。
③ "入",嘉靖本作"于"。
④ "先是,先生出广,布政使门人王大用备美材随舟",嘉靖本作"先是离广,布政门人王大用备美材以随"。
⑤ "铺捆设褥",嘉靖本作"设捆褥"。
⑥ "门人刘邦采来奔丧事",嘉靖本作"刘邦采适至,遂治殓"。
⑦ "十二月三日",嘉靖本作"又明日"。
⑧ "祭",嘉靖本作"奠"。
⑨ "明日",嘉靖本作"初四日"。
⑩ "南安",嘉靖本作"南康"。
11 "士民昕夕哭奠",嘉靖本作"官吏师生、父老子弟,日有奠凭哭如赣"。

八年己丑正月,丧发南昌。

是月[连日]逆风,舟不能行。赵渊祝于柩曰:"公岂为南昌士民留耶?越中子弟门人来候久矣。"忽变西风,六日直至弋阳。先是,德洪与【王】畿【己】西渡钱塘,将入京殿试,闻先生归,遂【返】。迎至严滩,闻讣,正月三日,成丧于广信,讣告同门。是日,正宪至。初六日,会于弋阳。初十日,过玉山,弟守俭、守文,门人栾惠、黄洪①、李琪、范引年、柴凤至。

二月庚午,丧至越。

四日,子弟门人奠②柩中堂,遂饬丧纪,妇人哭门内,孝子正宪携弟正亿[与]亲族子弟哭门外,门人哭幕外,朝夕设奠如仪。每日门人来[吊]者百余人,有自初丧至卒葬不归者。书院及诸[寺]院聚会如师存。是时,朝中有异议,爵荫赠谥诸典不行,且下诏禁伪学。詹事黄绾上疏曰:"忠臣事君,义不苟同;君子立身,道无阿比。臣昔为都事,今少保桂萼时为举人,取其大节,与之交友。及臣为南京都察院经历,见大礼不明,相与论列。相知二十余年,始终无间。昨臣荐新建伯王守仁堪以柄用,萼与守仁旧不相合,因不谓然,小人乘间构隙。然臣终不以此废萼平生也。但臣于事君之义,立身之道,则有不得不明者。臣所以深知守仁者,盖以其功与学耳。然功高而见忌,学古而人不识,此守仁之所以不容于世也。

盖其功之大者有四:其一,宸濠【之为】不轨,谋非一日,内而内臣如魏彬等,嬖幸如钱宁、江彬等,文臣如陆完等,为之内应;外而镇守如毕真、刘朗等,为之外应;故当时中外诸臣,多怀观望。若非守仁忠义自许,身任讨贼之事,不顾赤族之祸,倡义以勤王,运筹以伐谋,则天下安危未可知。今乃皆以为伍文定之功,是轻发纵而重走狗,岂有兵无胜算而濠可徒搏而擒者乎?其二,大帽、茶寮、浰头、桶冈诸贼寨,势连四省,兵连累岁。若非荡平,南方自此多事。守仁临镇,次第底定。其三,田州、思恩构衅有

---

① "黄洪",嘉靖本作"王洪"。
② "奠",嘉靖本作"奉"。

年，事不得息，民不得已，故起守仁以往，定以兵机，感以诚信，乃使卢、王之徒崩角来降，感泣受杖，遂平一方之难。其四，自来八寨为两广腹心之疾，其间守戍官军，与贼为党，莫可奈何。守仁假永顺狼兵，卢、王降卒，并而袭之，遂去两广无穷之巨害，实得兵法便宜之算。夫兵凶战危，守仁所立战功，皆除大患，卒之以死勤事。夫兵政，国之大事，宜为后世法，可以终泯其功乎？

其学之大要有三：一曰'致良知'，实本先民之言，盖致知出于孔氏，而良知出于孟轲性善之论。二曰'亲民'，亦本先民之言，盖《大学》旧本，所谓亲民者，即百姓不亲之亲，凡亲贤乐利，与民同其好恶，而为絜矩之道者是已。此所据以从旧本之意，非创为之说也。三曰'知行合一'，亦本先民之言，盖知至至之，知终终之，只一事也。守仁发此，欲人言行相顾，勿事空言以为学也。是守仁之学，弗诡于圣，弗畔于道，乃孔门①之正传也，可以终废其学乎？然以萼之非守仁，遂致陛下失此良弼，使守仁不获致君尧、舜，谁之过与？臣不敢以此为萼是也。况赏罚者，御世之权。以守仁之功德，劳于王事，乃常典不及，削罚有加，废褒忠之典，倡党锢之禁，非所以辅明主也。守仁客死，妻子孱弱，家童载骨，槁埋空山，鬼神有知，当为恻然。臣实不忍见圣明之世有此事也。

假使守仁生于异世，犹当追崇，况在今日哉？且永顺之众，卢、王之徒，素慕守仁威德。如此举措，恐失其望，关系夷情，亦非细故。臣昔与守仁为友，几二十年，一日愤萼过之不能，守仁从而觉之，若有深省，遂复师事之。是臣于守仁，实非苟然相信，如世俗师友者也。臣于君父之前，处师友之间，既有所怀，不敢不尽。昔萼为小人所谗，臣为之愤；既而得白，臣为之喜，固非臣之私也。今守仁之抱冤，亦犹萼之负屈。伏愿扩一视之仁，特敕所司，优以恤典赠谥，仍与世袭，并开学禁，以昭圣政。若此事不明，则萼之与臣，终不能以自忘。故臣敢言及于此，所以尽

---

① "孔门"，嘉靖本作"孔孟"。

事陛下之忠，且以补萼之过，亦以尽臣之义也。"疏入，不报①。于是给事中周延抗疏论列，谪判官。

十一月，葬先生于洪溪。②

是月十一日发引，门人会③葬者千余人，麻衣衰屦，扶柩而哭。四方来观者莫不交涕。横溪去越城三十里，入兰亭五里，先生所亲择也。先是，前溪【水】入怀，与左溪会冲，啮右麓，术者心嫌，欲弃之。有山翁梦神人绯袍玉带立于溪上，曰："吾欲还［溪］【之】故道。"明日雷雨大作，溪泛，忽从南岸，明堂周阔数百尺④，遂定穴。门人李琪等筑治，更番昼夜不息者，月余而墓成。

【阳明先生年谱下卷】

---

① "不报"，嘉靖本作"不听"。
② "洪溪"，嘉靖本作"横溪"。
③ "会"，嘉靖本作"卫"。
④ "尺"，嘉靖本作"丈"。

【阳明王公《年谱》跋】

【阳明王公功在虔台，虔之人既已家祀而户祝矣。又梓其文以传，惟《年谱》未之有也。往绪山钱公述其岁月大略，图其像于石刻之吉州，然其文未备，学士大夫有余憾焉。今念庵罗公始汇为书，提纲分目，列为三卷，而《年谱》始完。罗公居石莲洞二十年于兹矣，学益深而道益盛，是书成，亦竭终岁之力云。

稳生也晚，不获从王公游，与之上下议谕，以闻道德性命之奥。曩因瘅疾，接方外之士，讲炼心习静之术，始知王公初年学佛老而悟圣道，其言非欺我也！及备员江右藩臬，窃闻王公剿贼往事，机宜神妙，非书生所窥。辛酉，拜命虔台，谒王公于祠下，为之徘徊兴起，不忍去。时当多事，盗贼纵横于闽、广、江、湘之间，道路为梗，其势岌岌。稳鄙陋，弗称任使，安得复起王公，以闻经略之妙，弘济一时之艰危。独念身既受事，不敢以得失利害横怵胸臆，直欲灭此而后朝食。

赖天子明圣，神武不测，当事大臣虚心采纳，无中格之患，以是张惶六师，且抚且剿，致有今日成功。稳不敢自谓追美王公，以希前人之休烈，而罗公谓王公用兵后此再见者，其说果尔？稳虽不肖，位次王公之后，又有大贤如罗公者之言以传，韩愈所谓"有余荣焉"，非耶？谱成，罗公以书来，属稳梓之，以有留都新命，不及亲董其事，转属郡佐毛君汝麒终之。毛亦吾浙之贤者也。

嘉靖癸亥九月二日，吴兴陆稳跋。】

【阳明先生年谱终】

[《王文成公全书》卷之三十五　附录四年谱四　年谱附录二]

《阳明先生年谱》后录①

嘉靖九年庚寅五月，门人薛侃建精舍于天真山，祀先生。

天真距杭州城南十里，山多奇岩古洞，下瞰八卦田，左抱西湖，前临胥海，师昔在越讲学时，尝欲择地当湖海之交，目前常见浩荡，图卜筑以居，将终老焉。起征思、田，洪、畿随师渡江，偶登兹山，若有会意者。临发以告，师喜曰："吾二十年前游此，久念不及，悔未一登而去。"至西安，遗以二诗，有"天真泉石秀，新有鹿门期"及"文明原有象，卜筑岂无缘"之句。侃奔师丧，既终葬，患同门聚散无期，忆师遗志，遂筑祠于山麓。同门董沄、刘侯、孙应奎、程尚宁、范引年、柴凤等董其事，邹守益、方献夫、欧阳德等前后相役；斋庑庖湢具备，可居诸生百余人。每年祭期，以春秋二仲月仲丁日，四方同志如期陈礼仪，悬钟磬，歌诗，侑食。祭毕，讲会终月。

十年辛卯五月，同门黄弘纲会黄绾于金陵，以先生胤子王正亿请婚。

先是师殡在堂，有忌者行谮于朝，革锡典世爵。有司默承风旨媒孽其家，乡之恶少遂相煽，欲以鱼肉其子弟。胤子正亿方四龄，与继子正宪离仳窜逐，荡析厥居。

明年夏，门人大学士方献夫署吏部，择刑部员外王臣升浙江佥事，分巡浙东，经纪其家，奸党稍阻。弘纲以洪、畿拟是冬赴京殿试，恐失所托。适绾升南京礼部侍郎，弘纲问计。绾曰："吾室远莫计，有弱息，愿妻之。情关至戚，庶得处耳。"是月，洪、畿趋金陵为正亿问名。绾曰："老母家

---

① 此标题为校注者所加，以便制作本书目录。

居，未得命，不敢专。"洪、畿复走台，得太夫人命，于是同门王艮遂行聘礼焉。

十一年壬辰正月，门人方献夫合同志会于京师。

自师没，桂萼在朝，学禁方严。薛侃等既遭罪谴，京师讳言学。至是年，编修欧阳德、程文德、杨名在翰林，侍郎黄宗明在兵部，咸贤、魏良弼、沈谧等在科，与大学士方献夫俱主会。于时黄绾以进表入，洪、畿以趋廷对入，与林春、林大钦、徐樾、朱衡、王惟贤、傅颐等四十余人始定日会之期，聚于庆寿山房。

九月，正亿趋金陵。

正亿外侮稍息，内衅渐萌。深居家扃，同门居守者，或经月不得见，相怀忧逼。于是同门佥事王臣、推官李逢，与欧阳德、王艮、薛侨、李琪、管州议以正亿趋金陵，将依舅氏居焉。至钱塘，恶少有蹑其后载者。迹既露，诸子疑其行。请卜，得"鼎二"之上吉，乃佯言共分胤子金以归。恶党信为实，弛谋。有不便者，遂以分金腾谤，流入京师。臣以是被中黜职。

十二年癸巳，门人欧阳德合同志会于南畿。

自师没，同门既襄事于越。三年之后，归散四方，各以所入立教，合并无时。是年，欧阳德、季本、许相卿、何廷仁、刘旸、黄弘纲嗣讲东南，洪亦假事入金陵。远方志士四集，类萃群趋，或讲于城南诸刹，或讲于国子鸡鸣，倡和相稽，疑辩相绎，师学复有继兴之机矣。

十三年甲午正月，门人邹守益建复古书院于安福，祀先生。

师在越时，刘邦采首创"惜阴会"于安福，间月为会五日。先生为作《惜阴说》。既后，守益以祭酒致政归，与邦采、刘文敏、刘子和、刘阳、欧阳瑜、刘肇衮、尹一仁等建复古、连山、复真诸书院，为四乡会。春秋二季，合五郡，出青原山，为大会。凡乡大夫在郡邑者，皆与会焉。于是四方同志之会，相继而起，"惜阴"为之倡也。

三月，门人李遂建讲舍于衢麓，祀先生。

先自师起征思、田，舟次西安，门人栾惠、王玑等数十人雨中出候。师出"天真"二诗慰之。明年师丧，还玉山，惠偕同门王修、徐霈、林文瓒等迎榇于草萍驿，凭棺而哭者数百人。至西安，诸生追师遗教，莫知所寄。洪、畿乃与玑、应典等定每岁会期。是年遂为知府，从诸生请，筑室于衢之麓。设师位，岁修祀事。诸生柴惟道、徐天民、王之弼、徐惟缉、王之京、王念伟等，又分为龙游、水南会，徐用检、唐汝礼、赵时崇、赵志皋等为兰西会，与天真远近相应，往来讲会不辍，衢麓为之先也。

五月，巡按贵州监察御史王杏建王公祠于贵阳。

师昔居龙场，诲抚诸夷。久之，夷人皆式崇尊信。提学副使席书延至贵阳，主教书院。士类感德，翕然向风。是年杏按贵阳，闻里巷歌声，蔼蔼如越音；又见士民岁时走龙场致奠，亦有遥拜而祀于家者：始知师教入人之深若此。门人汤晔、叶梧、陈文学等数十人请建祠以慰士民之怀，乃为赎白云庵旧址立祠，置膳田以供祀事。杏立石作《碑记》。《记》略曰："诸君之请立祠，欲追崇先生也。立祠足以追崇先生乎？构堂以为宅，设位以为依，陈俎豆以为享祀，似矣。追崇之实，会是足以尽之乎？未也。夫尊其人，在行其道，想像于其外，不若佩教于其身。先生之道之教，诸君所亲承者也。德音凿凿，闻者饫矣；光范丕丕，炙者切矣；精蕴渊渊，领者深矣。诸君何必他求哉？以闻之昔日者而倾耳听之，有不以道，则曰：'非先生之法言也，吾何敢言？'以见之昔日者而凝目视之，有不以道，则曰：'非先生之德行也，吾何敢行？'以领之昔日者而潜心会之，有不以道，则曰：'非先生之精思也，吾何敢思？'言先生之言，而德音以接也；行先生之行，而光范以睹也；思先生之思，而精蕴以传也，其为追崇也何尚焉！"

十四年乙未，刻先生《文录》于姑苏。

先是洪、畿奔师丧，过玉山，检收遗书。越六年，洪教授姑苏，过金陵，与黄绾、闻人诠等议刻《文录》。洪作《购遗文疏》，遣诸生走江、浙、闽、广、直隶搜猎逸稿。至是年二月，鸠工成刻。

巡按直隶监察御史曹煜建仰止祠于九华山，祀先生。

九华山在青阳县，师尝两游其地，与门人江口、柯乔等宿化城寺数月。寺僧好事者，争持纸索诗，通夕洒翰不倦。僧蓄墨迹颇富，思师凤范，刻师像于石壁，而亭其上，知县祝增加葺之。是年煜因诸生请，建祠于亭前，扁曰"仰止"。邹守益捐资，令僧买赡田，岁供祀事。越隆庆戊辰，知县沈子勉率诸生讲学于斯，增葺垣宇赡田。煜祭文见《青阳志》。

十五年丙申，巡按浙江监察御史张景、提学佥事徐阶，重修天真精舍，立祀田。

门人礼部尚书黄绾作《碑记》。《记》曰："今多书院，兴必由人，或仕于斯，或游于斯，或生于斯，或功德被于斯，必其人实有足重者，表表在人，思之不见，而后立书院以祀之。聚四方有志，树之风声，讲其道以崇其化。浙江之上龙山之麓，有曰'天真书院'，立祀阳明先生者也。盖先生尝游于斯，既没，故于斯创精舍，讲先生之学，以明先生之道。夫人知之，岂待予言哉？正德己卯，宸濠之变，起事江右，将窥神器，四方岌岌，日危于死。浙为下游，通衢八道，财赋称甲。濠意欲先得之。故阴置腹心，计为之应。因先生据其上游，奋身独当之，濠速败，浙赖以宁，卒免锋刃荼毒之苦：皆先生之功也。则今日书院之创，非徒讲学，又以明先生之功也。

书院始于先生门人行人薛侃、进士钱德洪、王畿，合同志之资为之。继而门人佥事王臣、主事薛侨，有事于浙，又增治之，始买田七十余亩。蒸尝辑理，岁病不给。侍御张君按浙，乃跻书院而叹曰：'先生之学，论同性善；先生之功，在于社稷。皆所宜祀，矧覆泽兹土尤甚，恶可忽哉！'乃属提学佥事徐君阶，命绍兴推官陈让，以会稽废寺田八十余亩为庄，属之书院。又出法台赎金三百两，命杭州推官罗大用及钱塘知县王钺，买宋人所为龟畴田九十余亩以益之。于是需足人聚，风声益树，而道化行矣。昔宋因书院而为学校，今于学校之外复立书院，盖久常特新之意与？予尝登兹山，坐幽岩，步危磴，俯江流之洄浙，引苍渤之冥茫，北览西湖，南目禹穴，云树苍苍，晴岚窅窅。于是怆然而悲，悄然而戚，恍见先生之如在而能不忘也。乃知学校之设既远，远则常，常则玩，玩则怠，怠则学之道其疏乎？书院之作既近，近则新，新则惕，惕则励，励则学之道其修乎？兹举也，立政立教之先务，益于吾浙多矣。"

十六年丁酉十月，门人周汝员建新建伯祠于越。

是年汝员以御史按浙。先是师在越，四方同门来游日众，能仁、光相、至大、天妃各寺院，居不能容。同门王艮、何秦等乃谋建楼居斋舍于至大寺左，以居来学。师没后，同门相继来居，依依不忍去。是年，汝员与知府汤绍恩拓地建祠于楼前。取南康蔡世新肖师像，每年春秋二仲月，郡守率有司主行时祀。

十一月，佥事沈谧建书院于文湖，祀先生。

文湖在秀水县北四十里，广环十里，中横一洲，四面澄碧，书院创焉。谧初读《传习录》，有悟师学，即期执贽请见。师征思、田，弗遂。及闻讣，追悼不已。后为行人，闻薛子侃讲学京师，乃叹曰："师虽没，天下传其道者尚有人也。"遂拜薛子，率同志王爱等数十人讲学于其中，置田若干亩以赡诸生。是年，巡按御史周汝员立师位于中堂，春秋二仲月，率诸生虔祀事，歌师诗以侑食。既后，谧起佥江西，为师遍立南赣诸祠。比没，参政孙宏轼、副使刘悫设谧位，附食于师。谧子进士启原增置赡田，与爱等议附薛子位。祭期定季丁日。同志与祭天真者，俱趋文湖，于今益盛。

十七年戊戌，巡按浙江监察御史傅凤翔建阳明祠于龙山。

龙山在余姚县治右。辛巳年，师归省祖茔，门人夏淳、孙升、吴仁、管州、孙应奎、范引年、柴凤、杨珂、周于德、钱大经、应扬、谷钟秀、王正心、正思、俞大本、钱德周、仲实等，侍师讲学于龙泉寺之中天阁，师亲书三八会期于壁。吴仁聚徒于阁中，合同志讲会不辍。丁亥秋，师出征思、田，每遗书洪、畿，必念及龙山之会。是年传以诸生请建祠于阁之上方，每年春秋二仲月，有司主行时祀。

十八年己亥，江西提学副使徐阶建仰止祠于洪都，祀先生。

自阶典江西学政，大发师门宗旨，以倡率诸生。于是同门吉安邹守益、刘邦采、罗洪先、南昌李遂、魏良弼、良贵、王臣、裘衍，抚州陈九川、傅默、吴悌、陈介等，与各郡邑选士俱来合会焉。魏良弼立石纪事。

吉安士民建报功祠于庐陵，祀先生。

祠在庐陵城西隅。师自正德庚午莅庐陵，日进父老子弟告谕之，使之息争睦族，兴孝悌，敦礼让，民渐向化。兴利剔蠹，赈疫禳灾，皆有实惠。七越月而去，民追思之。既提督南赣，扫荡流贼，定逆濠之乱，皆切民命。及闻师讣，丧过河下，沿途哀号，如丧考妣。乃相与筑祠，名曰"报功"，岁修私祀。后曾孔化、贺钧、周祉、王时椿、时槐、陈嘉谟等相与协成，制益宏丽，春秋郡有司主祀。

十九年庚子，门人周桐、应典等建书院于寿岩，祀先生。

寿岩在永康西北乡，岩多瑞石，空洞垲爽。四山环翠，五峰前拥。桐、典与同门李珙、程文德讲明师旨。嵌岩作室，以居来学。诸生卢可久、程梓等就业者百有余人。立师位于中堂，岁时奉祀，定期讲会，至今不辍。

二十一年壬寅，门人范引年建混元书院于青田，祀先生。

书院在青田县治。引年以经师，为有司延聘主青田教事，讲艺中时发师旨。诸生叶天秩七十有余人，闻之惕然有感，复肃仪相率再拜，共进师学。又惧师联无所，树艺不固，乃纠材筑室，肖师像于中堂；谓范子之学出于王门，追所自也。范子卒，春秋配食。乞洪作《仰止祠碑记》，御史洪恒纪其详。后提学副使阮鹗增建为心极书院，畿作《碑记》。《记》略曰："心极之义，其昉诸古乎？孔子'《易》有太极，是生两仪'，以至定吉凶而生大业，所以通神明之德，类万物之情，而冒天下之道，无非《易》也。《易》者无他，吾心寂感、有无相生之机之象也。天之道为阴阳；地之道为刚柔；人之道为仁义：三极于是乎立。象也者，像此者也。阴阳相摩，刚柔相荡，仁义相禅，藏乎无朕之键，行乎无辙之途，立乎无所倚之地，而神明出焉，万物备焉。故曰：'无思也，无为也，寂然不动，感而遂通天下之故。'此孔子之精蕴也。当时及门之徒，惟颜氏独得其宗。观夫喟然之叹，有曰：'如有所立，卓尔。'有无之间不可以致诘，虽欲从之，未由也已。故曰：'发圣人之蕴，颜子也。'颜子没而圣学遂亡。后千余载，濂溪周子始复追寻其绪，发为'无极而太极'之说，盖几之矣。而后儒纷纷之议，尚未能一无惑乎！千载之寥寥也。

盖汉之儒者泥于有象，一切仁义、忠孝、礼乐、教化、经纶之迹，皆认以为定理，必先讲求穷索，执为典要，而后以为应物之则，是为有得于太极似矣，而不知太极为无中之有，不可以有名也。隋、唐以来，老、佛之徒起而攘臂其间，以经纶为糟粕，乃复矫以窈冥玄虚之见，甚至掊击仁义，荡灭礼教，一切归之于无，是为有得于无极似矣，而不知无极为有中之无，非可以无名也。周子洞见二者之弊，转相谬溺，不得已而救之，建立《图说》以显圣学之宗，定之以中正仁义而主静。中正仁义云者，太极之谓；而主静云者，无极之谓；人极于是乎立焉。议者乃以无极之言谓出于老氏，分中正仁义为动静，而不悟主静无欲之旨，亦独何哉？夫自伏羲一画以启心极之原，神无方而易无体，即无极也。孔子固已言之矣，而周子之得圣学之传，无疑也！夫圣学以一为要。一者，无欲也。人之欲大约有二：高者蔽于意见，卑者蔽于嗜欲：皆心之累也。无欲则一，无欲则明通公溥而圣可学矣。君子寡欲，故修之而吉；小人多欲，故悖之而凶。吉凶之几，极之立与不立于此焉分，知此则知冏峰阮子所谓'心极'之说矣。"

二十三年甲辰，门人徐珊建虎溪精舍于辰州，祀先生。

精舍在府城隆兴寺之北。师昔还自龙场，与门人冀元亨、蒋信、唐愈贤等讲学于龙兴寺，使静坐密室，悟见心体。是年，珊为辰同知，请于当道，与诸同志大作祠宇、置赡田。邹守益为作《精舍记》，罗洪先作《性道堂记》。又有见江亭、玉芝亭、鸥鹭轩，珊与其弟杨珂俱多题志。

二十七年戊申八月，万安同志建云兴书院，祀先生。

书院在白云山麓，前对芙蓉峰，幕下秀出如圭，大江横其下。同志朱衡、刘道、刘弼、刘岘、王舜韶、吴文惠、刘中虚等迎予讲学于精修观，诸生在座者百五十人有奇。晚游城闉，见民居井落，邑屋华丽。洪曰："民庶且富，而诸君敷教之勤若此，可谓礼义之乡矣。"衡曰："是城四十年前犹为赤土耳。"问之，曰："南、赣峒贼，流劫无常，妻女相率而泣曰：'贼来曷避，惟一死可恃耳。'师来，荡平诸峒，百姓始得筑城生聚，乃有今日，皆师之赐也。"洪嘉叹不已。乃谓曰："沐师德泽之深若此。南来郡邑，俱有祠祀，何是地独无？"众皆蹙然曰："有志，未遂耳。"乃责洪作疏纠材。是夕，来相助者盈二百金。举人周贤宣作文祀土，众役并兴。中遭异议，止之。至嘉靖甲子，衡为尚书，贤宣为方伯，与太仆卿刘悫复完书业，祭祀规制大备，名曰"云兴书院"云。

九月，门人陈大伦建明经书院于韶，祀先生。

书院在府城。先是同门知府郑骝作明经馆，与诸生课业，倡明师学。至是大伦守韶，因更建书院，立师位，与陈白沙先生并祀。是月，洪谒甘泉湛先生，逾庾岭，与诸生邓鲁、骆尧知、胡直、王城、刘应奎、钟大宾、魏良佐、潘槐、莫如德、张昂等六十三人谒师祠，相与入南华二贤阁，与邓鲁、胡直等共阐师说。至隆庆己巳，知府李渭大修祠宇，集诸生与黄城等身证道要，师教复振。

二十九年庚戌正月，吏部主事史际建嘉义书院于溧阳，祀先生。

书院在溧阳救荒渰。史际因岁青，筑渰塘以活饥民，塘成而建书院于上。延四方同志讲会，馆谷之。籍其田之所入，以备一邑饥荒，名曰"嘉义"，钦玉音也。际与吕光洵议延洪主教事。乃先币聘，越三年，兹来定盟。是月，同志周贤宣、赵大河，诸生彭若思、彭适、袁端化、王襞、徐大经、陈三谟等数十人，际率子侄史继源、继志、史铨、史珂、史继书、继辰、致詹，偕吾子婿叶迈、郑安元、钱应度、应量、应礼、应乐定期来会，常不下百余人。立师与甘泉湛先生位，春秋奉祀。

《天成篇》揭嘉义堂，示诸生曰："吾人与万物混处于天地之中，为天地万物之宰者，非吾身乎？其能以宰乎天地万物者，非吾心乎？心何以能宰天地万物也？天地万物有声矣，而为之辨其声者谁欤？天地万物有色矣，而为之辨其色者谁欤？天地万物有味矣，而为之辨其味者谁欤？天地万物有变化矣，而神明其变化者谁欤？是天地万物之声非声也，由吾心听，斯有声也；天地万物之色非色也，由吾心视，斯有色也；天地万物之味非味也，由吾心尝，斯有味也；天地万物之变化非变化也，由吾心神明之，斯有变化也；然则天地万物也，非吾心则弗灵矣。吾心之灵毁，则声、色、味、变化不得而见矣。声、色、味、变化不可见，则天地万物亦几乎息矣。故曰：'人者，天地之心，万物之灵也，所以主宰乎天地万物者也。'

吾心为天地万物之灵者，非吾能灵之也。吾一人之视，其色若是矣，凡天下之有目者，同是明也；一人之听，其声若是矣，凡天下之有耳者，同是聪也；一人之尝，其味若是矣，凡天下之有口者，同是嗜也；一人之思虑，其变化若是矣，凡天下之有心知者，同是神明也。匪徒天下为然也，凡前乎千百世已上，其耳目同，其口同，其心知同，无弗同也；后乎千百世已下，其耳目同，其口同，其心知同，亦无弗同也。然则明非吾之目也，天视之也；聪非吾之耳也，天听之也；嗜非吾之口也，天尝之也；变化非吾之心知也，天神明之也。故目以天视，则尽乎明矣；耳以天听，则竭乎聪矣；口以天尝，则不爽乎嗜矣；思虑以天动，则通乎神明矣。天作之，天成之，不参以人，是之谓天能，是之谓天地万物之灵。

吾心为天地万物之灵，惟圣人为能全之，非圣人能全之也，夫人之所同也。圣人之视色与吾目同矣，而目能不引于色者，率天视也；圣人之听声与吾耳同矣，而耳能不蔽于声者，率天听也；圣人之嗜味与吾口同矣，而口能不爽于味者，率天尝也；圣人之思虑与吾心知同矣，而心知不乱于思虑者，通神明也。吾目不引于色，以全吾明焉，与圣人同其视也；吾耳不蔽于声，以全吾聪焉，与圣人同其听也；吾口不爽于味，以全吾嗜焉，与圣人同其尝也；吾心知不乱于思虑，以全吾神明焉，与圣人同其变化也。故曰：'圣人可学而至，谓吾心之灵与圣人同也。然则非学圣人也，能自率吾天也。'

吾心之灵与圣人同，圣人能全之，学者求全焉。然则何以为功耶？有要焉，不可以支求也。吾目蔽于色矣，而后求去焉，非所以全明也；吾耳蔽于声矣，而后求克焉，非所以全聪也；吾口爽于味矣，而后求复焉，非所以全嗜也；吾心知乱于思虑矣，而后求止焉，非所以全神明也。灵也者，心之本体也，性之德也，百体之会也；彻动静，通物我，亘古今，无时乎弗灵，无时乎或间者也。或生而知之，或学而知之，或困而知之，皆自率是灵以通百物，勿使间于欲焉已矣。其功虽不同，其灵未尝不一也。吾率吾灵而发之于目焉，自辨乎色而不引乎色，所以全明也；发之于耳焉，自辨乎声而不蔽乎声，所以全聪也；发之于口焉，自辨乎味而不爽乎味，所以全嗜也；发之于思虑焉，万感万应，不动声臭，而其灵常寂，大者立而百体通，所以全神明也。人一能之,己百之;人十能之,己千之;必率是灵而无间于欲焉,是天作之,人复之,是之谓天成,是之谓致知之学。"

增刻先生《朱子晚年定论》。《朱子定论》,师门所刻止一卷,今洪增录二卷,共三卷,际令其孙致詹梓刻于书院。

重刻先生《山东甲子乡试录》。《山东甲子乡试录》皆出师手笔,同门张峰判应天府,欲翻刻于嘉义书院,得吾师继子正宪氏原本刻之。

四月,门人吕怀等建大同楼于新泉精舍,设师像,合讲会。

精舍在南畿崇礼街。初,史际师甘泉先生,筑室买田为馆谷之资。是年,怀与李遂、刘起宗、何迁、余胤绪、吕光洵、欧阳塾、欧阳瑜、王与槐、陆光祖、庞嵩、林烈及诸生数十人,建楼于精舍,设师与甘泉像为讲会。会毕,退坐昧昧室,默对终夕而别。是月,洪送王正亿入胄监。至金山,遂入金陵趋会焉。何迁时为吏部文选司郎中,偕四司同僚邀余登报恩寺塔,坐第一层,问曰:"闻师门禁学者静坐,虑学者偏静沦枯槁也,似也。今学者初入门,此心久濡俗习,沦浃肤髓,若不使求密室,耳目与物无所睹闻,澄思绝虑,深入玄漠,何时得见真面目乎?师门亦尝言之,假此一段以补小学之功。又云:'心罹疾痼,如镜面斑垢,必先磨去,明体乃见,然后可使一尘不容。'今禁此一法,恐令人终无所入。"洪对曰:"师门未尝禁学者静坐,亦未尝立静坐法以入人。"迁曰:"舍此,有何法可入?"曰:"只教致良知。良知即是真面目。良知明,自能辨是与非,自能时静时动,不偏于静。"曰:"何言师门不禁静坐?"曰:"程门叹学者静坐为善学,师门亦然。但见得良知头脑明白,更求静处精炼,使全体著察,一滓不留;又在事上精炼,使全体著察,一念不欺。此正见吾体动而无动,静而无静,时动时静,不见其端,为阴为阳,莫知其始:斯之谓动静皆定之学。"曰:"偏于求静,终不可与入道乎?"曰:"离喜怒哀乐以求中,必非未发之中;离仁敬孝慈以求止,必非缉熙之止;离视听言动以求仁,必非天下归仁之仁。是动静有间矣,非合内合外,故不可与语入道。"曰:"师门亦有二教乎？"曰："师尝言之矣：'吾讲学亦尝误人，今较来较去，只是"致良知"三字无病。'"众皆起而叹曰："致知则存乎心悟，致知焉尽矣！"

下塔，由画廊指《真武流形图》曰："观此，亦可以证儒佛之辩。"众皆曰："何如？"曰："真武山中久坐，无得，欲弃去。感老妪磨针之喻，复入山中二十年，遂成至道。今若画《尧流形图》，必从克明峻德，亲九族，以至协和万邦；画《舜流形图》，必从舜往于田，自耕稼陶渔，以至七十载陟方。又何时得在金碧山水中枯坐二三十年，而后可以成道耶？"诸友大笑而别。

三十年辛亥，巡按贵州监察御史赵锦建阳明祠于龙场。

龙场旧有龙冈书院，师所手植也。至是锦建祠三楹于书院北，旁翼两序，前为门，仍题曰"龙冈书院"，周垣缭之，奠师位于中堂。巡抚都御史张鹗翼、廉使张尧年、参政万虞恺、提学副使谢东山，共举祠祀。罗洪先撰《祠碑记》。《记》略曰："予尝考龙场之事，于先生之学有大辨焉。夫所谓良知云者，本之孩童固有，而不假于学虑，虽匹夫匹妇之愚，固与圣人无异也。乃先生自叙，则谓困于龙场三年，而后得之。固有不易者，则何以哉？

今夫发育之功，天地之所固有也。然天地不常有其功，一气之敛，闭而成冬，风露之撼薄，霜霰之严凝，陨获摧败，生意萧然，其可谓寂寞而枯槁矣。郁极而轧，雷霆奋焉，百蛰启，群草苗，氤氲动荡于宇宙之间者，则向之风霰为之也。是故藏不深则化不速，蓄不固则致不远，屈伸剥复之际，天地且不违，而况于人乎？先生以豪杰之才，振迅雄伟，脱屣于故常，于是一变而为文章，再变而为气节。当其倡言于逆瑾蛊政之时，挞之朝而不悔，其忧思恳款，意气激烈，议论铿訇，真足以凌驾一时，而托名后世，岂不快哉！及其摈斥流离，而于万里绝域，荒烟深箐，狸鼯豺虎之区，形影孑立，朝夕惴惴，既无一可骋者。而且疾病之与居，瘴疠之与亲，情迫于中，忘之有不能，势限于外，去之不可，辗转烦瞀，以需动忍之益，盖吾之一身已非吾有，而又何有于吾身之外。

至于是，而后如大梦之醒，强者柔，浮者实，凡平日所挟以自快者，不惟不可以常恃，而实足以增吾之机械、盗吾之聪明。其块然而生，块然而死，与吾独存而未始加损者，则固有之良知也。然则先生之学，出之而愈张，晦之而愈光，鼓舞天下之人至于今日不怠者，非雷霆之震，前日之龙场，其风霾也哉？

嗟乎！今之言良知者，莫不曰'固有固有'。问其致知之功，任其固有焉耳，亦尝于枯槁寂寞而求之乎？所谓盗聪明、增机械者，亦尝有辨于中否乎？生于忧患，死于安乐，岂有待于人乎？"

三十一年壬子，提督南赣都御史张烜建复阳明王公祠于郁孤山。

祠在赣州郁孤台前，濂溪祠之后。嘉靖初年，军卫百姓思师恩德不已，百姓乃纠材建祠于郁孤台，以虔尸祝。军卫官兵建祠于学宫右，塑像设祀，俱有成式。继后异议者，移郁孤祠像于报功祠后。湫隘慢亵，军民怀怨。至是，署兵备佥事沈谧访询其故，父老子弟相与涕泣申告。谧谒师像，为之泫然出涕。报功祠旧有赡田米三十八石，见供春秋二祭。郁孤祠则取诸赣县，均平银两，乃具申军门。烜如其议，修葺二祠，迎师像于郁孤台，庙貌严饰，焕然一新。军卫有司各申虔祝，父老子弟岁腊骏奔。烜作记，立石纪事。

师自征三浰，山寇尽平。即日班师，立法定制。令赣属县俱立社学，以宣风教。城中立五社学，东曰义泉书院，南曰正蒙书院，西曰富安书院，又西曰镇宁书院，北曰龙池书院。选生儒行义表俗者，立为教读。选子弟秀颖者，分入书院，教之歌诗习礼，申以孝悌，导之礼让。未期月而民心丕变，革奸宄而化善良。市廛之民皆知服长衣，叉手拱揖而歌诵之声溢于委巷，浸浸乎三代之遗风矣。继后异议者尽堕成规，而五院为强暴者私据，礼乐之教息矣。至是，谧询士民之情，罪逐僭据，修举废坠，五社之学复完。慎选教读子弟而淬砺之，风教复兴，渢渢乎如师在日矣。

建复阳明王公祠于南安。

南安青龙铺，师所属纩之地也，士民哀号哭泣，相与建祠于学宫之右。岁时父老子弟奔走祝奠，有司即为崇祀，庙貌宏丽。后为京师流言，承奉风旨者，遂迁祠于委巷，隘陋污秽，人心不堪。谧与有司师生议，复旧址原制，楼五楹，前门五楹，取委巷祠址之值于民助。完工作，具申军门，烜从之。自是师祠与圣庙并垂不朽矣。

三十二年癸丑，江西佥事沈谧修复阳明王公祠于信丰县。

按谧《虔南公移录》曰："赣州府所属十一县，俱有前都察院右副都御史阳明王公祠，巍然并存。盖因前院功业文章，足以匡时而华国；谋猷军旅，足以御暴而捍灾。南、赣士民咸思慕之。歌颂功德，久而不衰，尚有谈及而下泪者。本县原有祠堂，后有塞门什主者，废为宴憩之所，是诚何心哉？为此仰本县官吏照牌事例，限三日内即查究清理，仍为洒扫立主，因旧为新。不惟一邑师生故老，得以俱兴瞻仰之私，而凡过信丰之墟者，咸得以尽展拜俎豆之礼。古人所谓爱礼存羊、礼失求野之意，即是可见矣。"时谧署南赣兵备事，故云。

三月，改建王公祠于南康。

南康旧有祠，在学宫右。后因异议者迁师像于旭山韩公祠内。谧往谒祠，见二像并存于一室：王公有祭而无祠；韩公有祠而无祭。其室且卑陋，访祠西有乡约所，前有堂三间，后有阁一座，规模颇胜，乃置师像于堂而复其祭。韩公祠另为立祭。使原有祠者，因祠而举祭；原有祭者，因祭而立祠。则两祠之势并峙，而各全其尊；报功之典同行，而咸尽其义矣。

三月，安远县知县吴卜相请建王公报功祠。

安远旧无师祠，百姓私立牌于小学，父老子弟相率馈奠，始伸岁腊之情。卜相见之，乃惕然曰："此吾有司之责也。"乃具申旧院道谓："前都御史阳明王公，功在天下，而安远为用武之地；教在万世，而虔州为首善之区。本县正德年间中，有广寇叶芳拥众数千，肆行剽掠，民不聊生。自受本院抚剿以来，立籍当差，无异于土著之齐民；后生小子，不忘乎良知之口授。今询舆情，择县西旧堤备所空处，堪以修建祠堂。本县将日逐自理词讼银两，买办供费，庶财省而功倍，祀专而民悦。"嘉靖二十九年申据前提督军门卢，俱如议行之。见今像貌森严，祠宇宏丽，申兵备佥事沈、提督军门张，扁其堂曰"仰止"，门曰"报功祠"。烜为作记，立石纪事。

四月，瑞金县知县张景星请建王公报功祠。

按《虔南公移录》，景星申称："正德初年，岁侵民饥，畲贼冲炽，民不聊生，逃亡过半。赖提督军门王公剪除凶恶，宣布德威，发粟赈饥，逃民复业。感恩思德，欲报无酬。今有耆民苏振等愿自助财鸠工，拓乡校右，以崇祠像；李珩禄愿自助旱田八十亩，以承春秋尸祝。"佥事沈谧嘉奖之，申照军门，张烜严立规制，题曰"报功"，立石纪事。

六月，崇义县知县王廷耀重修阳明王公祠。

崇义县在上犹、大庾、南康之中，相距各三百余里，师所奏建也。数十年来，居民井落，草木茂密，生聚繁衍。百姓追思功德，家设像以致奠祝。至是，廷耀请于前军门卢会民，建师祠于儒学东隅，卢从之。佥事沈谧、巡县廷耀，请新旧制。谧为增其未备，设制定祀如信丰诸县，立石纪事。

九月，太仆少卿吕怀、巡按御史成守节改建阳明祠于琅琊山。

山去城五里。旧有祠在丰乐亭右，湫隘不容俎豆。兹改建紫薇泉上。是年，畿谒师祠，与怀、戚贤等数十人大会于祠下。十月，洪自宁国与贡安国谒师祠，见同门高年，犹有能道师教人初入之功者。

三十三年甲寅，巡按直隶监察御史闻东、宁国知府刘起宗建水西书院，祀先生。

水西在泾县、大溪之西，有上、中、下三寺。初与诸生会集，寓于各寺方丈。既而诸生日众，僧舍不能容，乃筑室于上寺之隙地，以备讲肆。又不足。提学御史黄洪毗与知府刘起宗创议建精舍于上寺右，未就。巡按御史闻东、提学御史赵镗继至，起宗复申议，于是属知县邱时庸恢弘其制，督成之。邑之士民好义者，竞来相役。南陵县有寡妇陈氏，曹按妻也，遣其子廷武输田八十亩有奇，以廪饩来学。于时书院馆谷具备，遂成一名区云。起宗礼聘洪、畿间年至会。

三十四年乙卯，欧阳德改建天真仰止祠。

德揭天真祠曰："据师二诗，石门、苍峡、龟畴、胥海皆上院之景，吾师神明所依也。今祠建山麓，恐不足以安师灵。"适其徒御史胡宗宪、提学副使阮鹗，俱有事吾浙，即责其改建祠于其上院，扁其额曰"仰止"。江西提学副使王宗沐访南康生祠，塑师像，遣生员徐应隆迎至新祠，为有司公祭，下祠塑师燕居像，为门人私祭。

邹守益撰《天真仰止祠记》。《记》曰："嘉靖丙辰，钱子德洪聚青原、连山之间，议葺《阳明先生年谱》，且曰：'仰止之祠，规模耸旧观矣，宜早至一记之。'未果趋也。乃具颠末以告。天真书院本天真、天龙、净明三寺地。岁庚寅，同门王子臣、薛子侃、王子畿暨德洪建书院，以祀先生新建伯。中为祠堂，后为文明阁、藏书室、望海亭，左为嘉会堂、游艺所、传经楼，右为明德堂、日新馆，傍为翼室。置田以供春秋祭祀。岁甲寅，今总制司马梅林胡公宗宪按浙，今中丞阮公鹗视学，谋于同门黄子弘纲、主事陈子宗虞，改祠于天真上院，距书院半里许。以薛子侃、欧阳子德、王子臣附，俱有事师祠也。左为叙勋堂，右为斋堂，后崖为云泉楼，前为祠门。门之左通慈云岭，磴道横亘若虹。立石牌坊于岭上，题曰'仰止'。下接书院，百步一亭，曰'见畴'，曰'泻云'，曰'环海'。右拓基为净香庵，以居守僧。外为大门，合而题之曰'阳明先生祠'。门外半壁池，跨池而桥曰'登云桥'。外即龟田亭，其上曰'太极'云。

岁丁巳春，总制胡公平海夷而归，思敷文教以戢武士，命同门杭二守、唐尧臣重刻先生《文录》《传习录》于书院，以嘉惠诸生。重修祠宇，加丹垩泉石之胜，辟凝霞、玄阳之洞，梯上真，蹑蟾窟，经苍峡，采十真以临四眺，湘烟越峤，纵足万状，穷岛怒涛，坐收樽俎之间。四方游者愕然，以为造物千年所秘也。文明有象，先生尝咏之。而一旦尽发于群公，鬼神其听之矣。守益拜首而复曰：'真之动以天也微矣，果畴而仰应，又畴而止之。'先师之训曰：'有而未尝有，是真有也；无而未尝无，是真无也；见而未尝见，是真见也。'而反覆师旨，慨乎颜子知几之传。故其诗曰'无声无臭，而乾坤万有基焉'，是无而未尝无也。又曰'不离日用常行，而直造先天未画焉'，是有而未尝有也。无而未尝无，故视听言动于天则，欲罢而不能；有而未尝有，故天则穆然，无方无体，欲从而末由。兹颜氏之所以为真见也。吾侪之服膺师训久矣，饬励事为而未达行著习察之蕴，则倚于滞像；研精性命而不屑人伦庶物之实，则倚于凌虚，自迩而远，自卑而高，未免于歧也。而入门升堂，奚所仰而止乎？独知一脉，天德所由立，而王道所由四达也。慎之为义，从心从真，不可人力加损；稍涉加损，便入人为而伪矣。

古之人受命如舜，无忧如文，继志述事如武王、周公，格帝飨庙，运天下于掌，举由孝弟以达神明，无二涂辙。故曰：'夫微之显，诚之不可掩如此，指真之动以天也。'先师立艰履险，磨瑕去垢，从直谏远谪，九死一生，沛然有悟于千圣相传之诀；析支离于众淆，融阙漏于二氏，独揭良知以醒群梦。故惠流于穷民，威袭于巨寇，功昭于宗社，而教思垂于善类。虽罹谗而遇媢，欲掩而弥章；身没三十年矣，干戈倥偬中，表扬日力，此岂声音笑貌可袭取哉？

惟梅林子尝受学于金台，至取师门学术勋烈相与研之。既令余姚，谙练淬励，荐拜简命，神谋鬼谋，出入千古，旁观骇汗，而竟以成功，若于先师有默解者。继自今督我同游，暨于来学，骏奔咏歌，务尽斋明盛服之实。其望也若跂，其至也若休，将三千三百，盎然仁体，罔俾支离阙漏。杂之以古所称忠信笃敬，参前倚衡，蛮貊无异于州里，省刑薄敛，亲上死长，持挺于秦、楚，是发先师未展之秘，达为赤舄，隐为陋巷，俾圣代中和位育之休熙，光天化日之中，是谓'仰止'之真。"

三十五年丙辰二月，提学御史赵镗修建复初书院，祀先生。

书院在广德州治。初邹守益谪判广德，创建书院，置赡田，以延四方来学。率其徒濮汉、施天爵过越，见师而还。复初之会，遂振不息。后汉、天爵出宦游，是会兴复不常者二十年。至洪、畿主水西会，往来广德，诸生张槐、黄中、李天秩等邀会五十人，过必与停骖信宿。是年，汉、天爵致政归，知州庄士元、州判何光裕，申镗复大修书院，设师位，以岁修祀事。

五月，湖广兵备佥事沈宠建仰止祠于崇正书院，祀先生。

书院在蕲州麒麟山。宠与州守同门谷钟秀建书院，以合州之选士，讲授师学。是年，与乡大夫顾问、顾阙，迎洪于水西。诸生钟沂、史修等一百十人有奇，合会于立诚堂。宠率州守首举祀事。属洪撰《仰止祠记》。其略曰："二三子，尔知天下有不因世而异，不以地而隔，不为形而拘者，非良知之谓乎？夫子于诸生，世异地隔形疏，而愿祠而祀之，尸而祝之，非以良知潜通于其间乎？

昔舜、文之交也，世之相后千有余岁，地之相去千有余里，揆其道则若合符节者，何也？为其良知同也。苟求其同，岂惟舜、文为然哉？赤子之心与大人同，夫妇之愚不肖与圣人同，蒸民之不识不知与帝则同，故考诸往圣而非古也，俟诸百世而非今也，无弗同也，无弗足也。故历千载如一日焉，地不得而间也；通千万人如一心焉，形不得而拘也。三代而降，世衰道微，而良知真体炯然不灭。故夫子一登其端，而吾人一触其几，恍然如出幽谷而睹天日。故诸生得之易而信之笃者，为良知同也。虽然，诸生今日得之若易，信之若笃矣，亦尚思其难而拟其信之若未至乎？昔者夫子之始倡是学也，天下非笑诋訾，几不免于陷阱者屡矣。夫子悯人心之不觉也，忘其身之危困，积以诚心，稽以实得，见之行事。故天下之同好者，共起而以身承之，以政明之。故诸生之有今日，噫亦难矣！诸生今日之得若火燃泉达，能继是无间，必信其燎原达海，以及于无穷，斯为真信也已。是在二三子图之。"

四十二年癸亥四月，先师《年谱》成。

师既没，同门薛侃、欧阳德、黄弘纲、何性之、王畿、张元冲谋成《年谱》，使各分年分地搜集成稿，总裁于邹守益。越十九年庚戌，同志未及合并。洪分年得师始生至谪龙场，寓史际嘉义书院，具稿以复守益。又越十年，守益遗书曰："同志注念师谱者，今多为隔世人矣，后死者宁无惧乎？《谱》接龙场，以续其后，修饰之役，吾其任之。"洪复寓嘉义书院具稿，得三之二。壬戌十月，至洪都，而闻守益讣。遂与巡抚胡松吊安福，访罗洪先于松原。洪先开关有悟，读《年谱》若有先得者，乃大悦，遂相与考订，促洪登怀玉，越四月而《谱》成。

八月，提学御史耿定向、知府罗汝芳建志学书院于宣城，祀先生。

洪、畿初赴水西会，过宁国府，诸生周怡、贡安国、梅守德、沈宠、余珊、徐大行等二百人有奇，延至景德寺，讲会相继不辍。是年，畿至。定向、汝芳规寺隙地，建祠立祀，于今讲会益盛。后知府钟一元扁为"昭代真儒"，遵圣谕也。

四十三年甲子，少师徐阶撰《先生像记》。

《记》曰："阳明先生像一幅，水墨写。嘉靖己亥，予督学江西，就士人家摹得先生燕居像二，朝衣冠像一。明年庚子夏，以燕居之一赠吕生，此幅是也。先生在正德间，以都御史巡抚南赣，督兵败宸濠，平定大乱，拜南京兵部尚书，封新建伯。其后以论学为世所忌，竟夺爵。予往来吉、赣，问其父老云，濠之未叛也，先生奉命按事福州，乞归省其亲，乘单舸下南昌。至丰城闻变，将走还幕府，为讨贼计。而吉安太守松月伍公议适合，郡又有积谷可养士，因留吉安。征诸郡兵，与濠战湖中，败擒之，其事皆有日月可按覆。

而忌者谓：'先生始赴濠之约，后持两端，遁归。为伍所强，会濠攻安庆不克，乘其沮丧，幸成功。'夫人苟有约，其败征未见，必不遁。凡攻讨之事，胜则侯，不胜则族。苟持两端，虽强之必不留。武皇帝之在御也，政由嬖幸。濠悉与结纳，至或许为内应。方其崛起，天下皆不敢意其遽亡。先生引兵而西，留其家吉安之公署，聚薪环之。戒守者曰：'兵败即纵火，毋为贼辱。'呜乎！此其功岂可谓幸成，而其心事岂不皎然如日月哉？忌者不与其功足矣。又举其心事诬之，甚矣小人之不乐成人善也。自古君子为小人所诬者多矣，要其终必自暴白。乃予所深慨者，今世士大夫，高者谈玄理，其次为柔愿，下者直以贪黩奔竞，谋自利其身。有一人焉，出死力，为国家平定大乱，而以忌厚诬之，其势不尽驱士类入于三者之途不止。凡为治不患无事功，患无赏罚。议论者，赏罚所从出也。

　　今天下渐以多事，庶几得人焉？驰驱其间，而平时所议论者如此，虽在上智，不以赏罚为劝惩，彼其激励中才之具，不已疏乎？此予所深慨也。濠之乱，孙、许二公死于前，先生平定之于后，其迹不同，同有功于名教。江西会城，孙、许皆庙食，而先生无祠。予督学之二年，始祀先生于射圃。未几被召，因摹像以归，将示同志者，而首以赠吕生。予尝见人言，此像于先生极似。以今观之，貌殊不武，然独以武功显于此，见儒者之作用矣。吕生诚有慕乎，尚于其学求之。"

巡按江西监察御史成守节重修洪都王公仰止祠。

　　大学士李春芳作《碑记》。《记》曰："阳明先生祠，少师存翁徐公督学江右时所创建也。公二十及第，宏词博学，烨然称首词林，一时词林宿学，皆自以为不及。而公则曰：'学岂文词已也。'日与文庄欧阳公穷究心学，闻阳明先生良知之说而深契焉。江右为阳明先生过化，公既阐明其学以训诸生，而又为崇祀无所不足以击众志，乃于省城营建祠宇，肖先生像祀之。遴选诸生之俊茂者乐群其中，名曰'龙沙会'。公课艺暇，每以心得开示诸生，而一时诸生多所兴起云。既公召还，浡跻纶阁，为上所亲信，盖去江右几二十年矣。有告以祠宇倾圮者，则愀然动心，捐赐金九十，属新建钱令修葺之。侍御甘斋成君闻之曰：'此予责也。'遂身任其事，鸠工招材，饰其所已敝，增其所未备，堂宇斋舍，焕然改观。不惟妥神允称，而诸生之兴起者，益勃勃不可御矣。

噫！公当枢筦之任，受心膂之寄，无论几务丛委，即宸翰咨答，日三四至，而犹之不可以已也。夫致知之学发自孔门，而孟子良知之说，则又发所未发。阳明先生合而言之曰'致良知'，则好善恶恶之意诚，推其极，家国天下可坐而理矣。公笃信先生之学，而日以验之身心，施之政事，秉钧之初，即发私馈，屏贪墨，示以好恶，四海向风。不数年而人心吏治，翕然不变，此岂有异术哉？好善恶恶之意诚于中也，故学非不明之患，患不诚耳。知善知恶，良知具存。譬之大明当天，无微不照，当好当恶，当赏当罚，当进当退，锱铢不爽，各当天则。循其则而应之，则平平荡荡，无有作好，无有作恶，而天下平矣。故诚而自慊，则好人所好，恶人所恶，而为仁；不诚而自欺，则好人所恶，恶人所好，而为不仁。苟为不仁，生于其心，害于其事，蠹治戕民，有不可胜言者矣。公为此惧，又举明道《定性》《识仁》二书发明其义，以示海内学者，而致知之学益明以切。诸生能心惟其义而体诸身，则于阳明先生之学几矣。业新舍者，其尚体公之意，而殚力于诚，以为他日致用之地哉！"

四十五年丙寅，刻先生《文录续编》成。

师《文录》久刻于世。同志又以所遗见寄，汇录得为卷者六。嘉兴府知府徐必进见之曰："此于师门学术皆有关切，不可不遍行。"同志董生启予征少师存斋公序，命工入梓，名曰《文录续编》，并《家乘》三卷行于世云。

今上皇帝隆庆元年丁卯五月，诏赠新建侯，谥文成。

丁卯五月，诏病故大臣有应得恤典赠谥而未得者，许部院科道官议奏定夺。于是给事中辛自修、岑用宾等，御史王好问、耿定向等上疏："原任新建伯兵部尚书兼都察院左都御史王守仁，功勋道德，宜膺殊恤。"下吏、礼二部会议，得："王守仁具文武之全才，阐圣贤之绝学，筮官郎署，而抗疏以犯中珰，甘受炎荒之谪。建台江右，而提兵以平巨逆，亲收社稷之功。伟节奇勋，久见推于舆论。封盟锡典，岂宜遽夺于身终？"疏上，诏赠新建侯，谥文成。制曰："竭忠尽瘁，固人臣职分之常；崇德报功，实国家激劝之典。矧通侯班爵，崇亚上公，而节惠易名，荣逾华衮。事必待乎论定，恩岂容以久虚？尔故原任新建伯南京兵部尚书，兼都察院左都御史王守仁，维岳降灵，自天佑命。爰从弱冠，屹为宇宙人豪。甫拜省郎，独夺乾坤正论。身濒危而志愈壮，道处困而造弥深。绍尧、孔之心传，微言式阐；倡周、程之道术，来学攸宗。蕴蓄既宏，猷为丕著；遗艰投大，随试皆宜；戡乱解纷，无施勿效。闽、粤之箐巢尽扫，而擒纵如神，东南之黎庶举安，而文武足宪。爰及逆藩称乱，尤资仗钺渊谋。旋凯奏功，速于吴、楚之三月；出奇决胜，迈彼淮、蔡之中宵。是嘉社稷之伟勋，申盟带砺之异数。既复抚夷两广，旋至格苗七旬。谤起功高，赏移罚重；爰遵遗诏，兼采公评，续相国之生封；时庸旌伐，追曲江之殊恤，庶以酬劳。兹赠为新建侯，谥文成，锡之诰命。於戏！钟鼎勒铭，嗣美东征之烈；券纶昭锡，世登南国之功。永为一代之宗臣，实耀千年之史册。冥灵不昧，宠命其承！"六月十七日，遣行人司行人赐造坟域，遣浙江布政使司堂上正官参政，与祭七坛。

二年戊辰六月，先生嗣子正亿袭伯爵。

元年三月，给事中辛自修、岑用宾等为开读事上疏，请复伯爵。吏部尚书杨博奉旨移咨江西巡抚都御史任士凭，会同巡按御史苏朝宗查覆征藩实迹，及浙江巡抚都御史赵孔昭、巡按御史王得春奏应复爵荫相同。于是吏部奉钦依，会同成国公朱希忠、户部尚书马森等议得："本爵一闻逆濠之变，不以非其职守，急还吉安，倡义勤王。未逾旬朔，而元凶授首，立消东南尾大之忧。不动声色，而奸宄荡平，坐贻宗社盘石之固。较之开国佐命，时虽不同，拟之靖远咸宁，其功尤伟。委应补给诰券，容其子孙承袭，以彰与国咸休，永世无穷之报。"议上，诏遵先帝原封伯爵与世袭。至三年五月，御史傅宠奏议爵荫，吏部复请钦依，会同成国公朱希忠、户部尚书刘体乾议得："诚意伯刘基食粮七百石，乃太祖钦定；靖远伯王骥一千石，新建伯王守仁一千石，系累朝钦定，多寡不同。夫封爵之典，论功有六：曰开国，曰靖难，曰御胡，曰平番，曰征蛮，曰擒反；而守臣死绥，兵枢宣猷，督府剿寇，咸不与焉。盖六功者，关社稷之重轻，系四方之安危，自非茅土之封，不足以报之。至于死绥、宣猷、剿寇，则皆一身一时之事，锡以锦衣之荫则可，概欲剖符，则未可也。窃照新建伯王守仁，乃正德十四年亲捕反贼宸濠之功。南昌、南赣等府，虽同邦域，分土分民，各有专责，提募兵而平邻贼，不可不谓之倡义。南康、九江等处，首罹荼毒，且进且攻，人心摇动，以藩府而叛朝廷，不可不谓之劲敌。出其不意，故俘献于旬月之间。若稍怀迟疑，则贼谋益审，将不知其所终。攻其必救，故绩收乎万全之略。若少有疏虞，则贼党益繁，自难保其必济。肤功本自无前，奇计可以范后。靖远、威宁，姑置不论，即如宁夏安化之变，比之江西，难易迥绝。游击仇钺，于时得封咸宁伯，人无间言。同一藩服捕反，何独于新建伯而疑之乎？所据南京各道御史，欲要改荫锦衣卫，于报功之典未尽，激劝攸关，难以轻拟。合无将王守仁男正亿袭新建伯，不必改议，以后子孙仍照臣等先次会题，明旨许其世袭。"诏从之，准照旧世袭。

《王文成公全书》卷之三十五终

《王文成公全书》卷之三十六　附录五　年谱附录五

　　增订《年谱》刻成，启原检旧谱，得为序者五，得论《年谱》书者二十。乃作而叹曰：谱之成也，非苟然哉！阳明夫子身明其道于天下，绪山、念庵诸先生心阐斯道于后世。上以承百世正学之宗，下以启百世后圣之矩。读是谱者，可忽易哉！乃取叙书汇而录之，以附谱后。使后之志师学者，知诸先生为道之心身，斯谱其无穷乎？

阳明先生年谱序

钱德洪

嘉靖癸亥夏五月，《阳明先生年谱》成，门人钱德洪稽首叙言曰："昔尧、舜、禹开示学端以相授受，曰："允执厥中，四海困穷，天禄永终。"噫！此三言者，万世圣学之宗与？"执中"，不离乎四海也。"中"也者，人心之灵，同体万物之仁也。"执中"而离乎四海，则天地万物失其体矣。故尧称峻德，以自亲九族，以至和万邦；舜称玄德，必自定父子以化天下。尧、舜之为帝，禹、汤、文、武之为王，所以致唐虞之隆，成三代之盛治者，谓其能明是学也。

后世圣学不明，人失其宗，纷纷役役，疲极四海，不知"中"为何物。伯术兴，假借圣人之似以持世，而不知逐乎外者遗乎内也。佛、老出，穷索圣人之隐微以全生，而不知养乎中者遗乎外也。教衰行弛，丧乱无日，天禄亦与之而永终。噫，夫岂无自而然哉！寥寥数千百年，道不在位，孔子出，祖述尧、舜，颜、曾、思、孟、濂溪、明道继之，以推明三圣之旨，斯道灿灿然复明于世。惜其空言无征，百姓不见三代之治，每一传而复晦，寥寥又数百年。

吾师阳明先生出，少有志于圣人之学，求之宋儒不得，穷思物理，卒遇危疾，乃筑室阳明洞天，为养生之术。静摄既久，恍若有悟，蝉脱尘垢，有飘飘遐举之意焉。然即之于心，若未安也，复出而用世。谪居龙场，衡困拂郁，万死一生，乃大悟"良知"之旨。始知昔之所求，未极性真，宜其疲神而无得也。

盖吾心之灵，彻显微，忘内外，通极四海而无间，即三圣所谓"中"也。本至简也而求之繁，至易也而求之难，不其谬乎？征藩以来，再遭张、许之难，呼吸生死，百炼千磨，而精光焕发，益信此知之良，神变妙应而不流于荡，渊澄静寂而不堕于空，征之千圣莫或纰缪，虽百氏异流，咸于是乎取证焉。噫！亦已微矣。始教学者悟从静入，恐其或病于枯也，揭"明德""亲民"之旨，使加"诚意""格物"之功，至是而特揭"致良知"三字，一语之下，洞见全体，使人人各得其中。由是以昧入者以明出，以塞入者以通出，以忧愤入者以自得出，四方学者翕然来宗之。噫！亦云兆矣。天不憖遗，野死遐荒，不得终见三代之绩，岂非千古一痛恨也哉！

师既没，吾党学未得止，各执所闻以立教。仪范隔而真意薄，微言隐而口说腾，且喜为新奇谲秘之说，凌猎超顿之见，而不知日远于伦物。甚者认知见为本体，乐疏简为超脱，隐几智于权宜，蔑礼教于任性，未及一传而淆言乱众，甚为吾党忧。

迩年以来，亟图合并，以宣明师训，渐有合异统同之端，谓非良知昭晰，师言之尚足征乎？《谱》之作，所以征师言耳。始谋于薛尚谦，顾三纪未就。同志日且凋落，邹子谦之遗书督之。洪亦大惧湮没，假馆于史恭甫嘉义书院。越五月，草半就。趋谦之，而中途闻讣矣。偕抚君胡汝茂往哭之。返，见罗达夫闭关方严，及读《谱》，则喟然叹曰："先生之学，得之患难幽独中，盖三变以至于道。今之谈'良知'者，何易易也！"遂相与刊正。

越明年正月，成于怀玉书院，以复达夫。比归，复与王汝中、张叔谦、王新甫、陈子大宾、黄子国卿、王子健互精校阅，曰："庶其无背师说乎？"命寿之梓。然其事则核之奏牍，其文则禀之师言，罔或有所增损。若夫力学之次，立教之方，虽因年不同，其旨则一。洪窃有取而三致意焉。噫！后之读《谱》者，尚其志逆神会，自得于微言之表，则斯道庶乎其不绝矣。僭为之序。

阳明先生年谱考订序

罗洪先

　　嘉靖戊申,先生门人钱洪甫聚青原,言《年谱》,佥以先生事业多在江右,而直笔不阿,莫洪先若,遂举丁丑以后五年相属。又十六年,洪甫携《年谱》稿二三册来,谓之曰:"戊申青原之聚,今几人哉!洪甫惧,始坚怀玉之留。"明年四月,《年谱》编次成书,求践约,会滁阳。胡汝茂巡抚江右,擢少司马,且行,刻期入梓,敬以旬日毕事。已而即工稍缓,复留月余。自始至卒,手自更正,凡八百数十条。其见闻可据者,删而书之。岁月有稽,务尽情实,微涉扬诩,不敢存一字。大意贵在传信,以俟将来。于是《年谱》可观。

　　洪先因订《年谱》,反覆先生之学,如适途者颠仆沉迷泥淖中,东起西陷,亦既困矣,然卒不为休也。久之,得小蹊径,免于沾途,视昔之险道有异焉。在他人宜若可以已矣,然卒不为休也。久之,得大康庄,视昔之蹊径又有异焉。在他人宜若可以已矣,乃其意则以为出于险道而一旦至是,不可谓非过幸。彼其才力足以特立而困为我者,固尚众也,则又极力呼号,冀其偕来以共此乐。而颠迷愈久,呼号愈切,其安焉而弗之悟者,顾视其呶呶,至老死不休,而翻以为笑。不知先生盖有大不得已者恻于中。呜呼!岂不尤异也乎?

　　故善学者竭才为上,解悟次之,听言为下。盖有密证殊资,嘿持妙契,而不知反躬自求实际,以至不副夙期者,多矣。固未有历涉诸难,深入真境,而触之弗灵,发之弗莹,必有俟于明师面临,至语私授,而后信久远也。洪先谈学三年,而先生卒,未尝一日得及门。然于三者之辨,今已审矣。学先生之学者视此何哉?无亦曰是必有得乎其人,而《年谱》者固其影也。

刻阳明先生年谱序

王　畿

《年谱》者何？纂述始生之年，自幼而壮，以至于终，稽其终始之行实而谱焉者也。其事则仿于《孔子家语》，而表其宗传，所以示训也。《家语》出于汉儒之臆说，附会假借，鲜稽其实；致使圣人之学黯而弗明，偏而弗备，驳而弗纯，君子病焉。求其善言德行，不失其宗者，莫要于《中庸》。盖子思子忧道学之失传，发此以诏后世。其言明，备而纯，不务臆说；其大旨则在"未发之中"一言，即虞廷道心之微也。本诸心之性情，致谨于隐微显见之几，推诸中和位育之化，极之乎无声无臭，而后为至，盖家学之秘藏也。孟某氏受业子思之门，自附于私淑，以致愿学之诚。于尹、夷、惠则以为不同道，于诸子则以为姑舍是。自生民以来，莫盛于孔子，毅然以见而知之为己任，差等百世之上，若观诸掌中，是岂无自而然哉？所不同者何道？所舍者何物？所愿者何事？端绪毫厘之间，必有能辨之者矣。汉儒不知圣人之学本诸性情，屑屑然取证于商羊萍实，防风之骨，肃慎之矢之迹，以遍物为知，必假知识闻见助而发之，使世之学者不能自信其心，伥伥然求知于其外，渐染积习，其流之弊历千百年而未已也。

我阳明先师崛起绝学之后，生而颖异神灵，自幼即有志于圣人之学。盖尝泛滥于辞章，驰骋于才能，渐渍于老、释，已乃折衷于群儒之言，参互演绎，求之有年，而未得其要。及居夷三载，动忍增益，始超然有悟于"良知"之旨：无内外，无精粗，一体浑然，是即所谓"未发之中"也。其说虽出于孟轲氏，而端绪实原于孔子。其曰："吾有知乎哉，无知也。盖有不知而作，我无是也。"言"良知"无知而无不知也，而知识闻见不与焉，此学脉也。师以一人超悟之见，呶呶其间，欲以挽回千百年之染习，盖亦难矣。

浸幽浸昌，浸微浸著，风动雷行，使天下靡然而从之，非其有得于人心之同然，安能舍彼取此，确然自信而不惑也哉？

虽然，道一而已，学一而已。"良知"不由知识闻见而有，而知识闻见莫非"良知"之用。文辞者，道之华；才能者，道之干；虚寂者，道之原；群儒之言，道之委也，皆所谓"良知"之用也。有舍有取，是内外精粗之见未忘，犹有二也。无声无臭，散为万有，神奇臭腐，随化屡迁，有无相乘之机，不可得而泥也。是故溺于文辞，则为陋矣。道心之所达，"良知"未尝无文章也。役于才艺，则为鄙矣。天之所降，百姓之所与，"良知"未尝无才能也。老、佛之沉守虚寂，则为异端。无思无为，以通天下之故，"良知"未尝无虚寂也。世儒之循守典常，则为拘方。有物有则，以适天下之变，"良知"未尝无典要也。盖得其要则臭腐化为神奇，不得其要则神奇化为臭腐，非天下之至一，何足以与于此？

夫儒者之学，务于经世，但患于不得其要耳。昔人谓以至道治身，以土苴治天下，是犹泥于内外精粗之二见也。动而天游，握其机以达中和之化，非有二也。功著社稷而不尸其有，泽究生民而不宰其能，教彰士类而不居其德，周流变动，无为而成，莫非"良知"之妙用，所谓浑然一体者也。如运斗极，如转户枢，列宿万象，经纬阖辟，推荡出入于大化之中，莫知其然而然。信乎儒者有用之学，"良知"之不为空言也。师之缵承绝学，接孔、孟之传以上窥姚、姒，所谓闻而知之者非耶？

友人钱洪甫氏与吾党二三小子，虑学脉之无传而失其宗也，相与稽其行实终始之详，纂述为《谱》，以示将来。其于师门之秘，未敢谓尽有所发；而假借附会，则不敢自诬，以滋臆说之病。善读者以意逆之，得于言铨之外，圣学之明，庶将有赖，而是《谱》不为徒作也已。故曰所以示训也。

刻阳明先生年谱序

胡　松

　　人有恒言，真才固难，而全才尤难也。若阳明先生，岂不亶哉其人乎？方先生抗议忤权，投荒万里，处约居贫，困心衡虑，荧然道人尔。及稍迁令尹，渐露锋颖矣。未几内迁，进南太仆若鸿胪，官曹简暇，日与门人学子讲德问业，尚友千古。人皆哗之为禅。后擢佥副都御史至封拜，亦日与门人学子论学不辍。而山贼逆藩之变，一鼓歼之。于是人始服先生之才之美矣。虽服先生之才，而犹疑先生之学，诚不知其何也。

　　松尝谓先生之学与其教人，大抵无虑三变。始患学者之心纷扰而难定也，则教人静坐反观，专事收敛。学者执一而废百也，偏于静而遗事物，甚至压世恶事，合眼习观，而几于禅矣，则揭言知行合一以省之。其言曰："知者行之始，行者知之成。"又曰："知为行主意，行为知工夫。"而要于去人欲而存天理。其后，又恐学者之泥于言诠，而终不得其本心也，则专以"致良知"为作圣为贤之要矣。不知者与未信者，则又病"良知"之不足以尽道，而群然吠焉。岂知"良知"即"良心"之别名。是"知"也，维天高明，维地广博，虽无声臭，万物皆备；古今千圣万贤，天下百虑万事，谁能外此"知"者。而"致"之为言，则笃行固执，允迪实际，服膺弗失，而无所弗用其极，并举之矣。岂专守灵明，用知而自私耶？用智自私，而不能流通著察于伦物云为之感，而或牵引转移于情染伎俩之私，虽名无不周遍，而实难于研虑，虽称莫之信果，而实近于荡恣，甚至薮惹业而病防检，私徒与而挟悻嫉，废人道而群鸟兽，此则禅之所以病道者尔！先生之学则岂其然乎？故其当大事，决大疑，夷大难，不动声色，不丧匕鬯，而措斯民于衽席之安，皆其"良知"之推致而无不足，而非有所袭取于外。

他日读书，窃疑孔子之言，而曰："我战则克，祭则受福。"夫圣非夸也，未尝习为战与斗也，又非有祝诅厌胜之术也，而云必克与福，得无殆于诬欤？是未知天人之心之理之一也。夫君子斋戒以养心，恐惧而慎事，则与天合德，而聪明睿知，文理密察，溥博渊泉，而时出之矣。则何福之不获，何战之弗克，而又奚疑焉？不然，《传》何以曰："明乎郊社之礼，禘尝之义，治国其如视诸掌乎？"夫郊社、禘尝之礼，则何与于治国之事也？夫道一而已矣，通则皆通，塞则皆塞。文岂为文，武岂为武，盖尚父之"鹰扬"本于敬义，而周公之东征"破斧"实哀其人而存之。彼依托之徒，呼喝叱咤，豪荡弗检，自诡为道与学，而欲举天下之事，只见其劳而敝矣。

绪山钱子，先生高第弟子也，编有先生《年谱》旧矣，而犹弗自信，溯钱塘，逾怀玉，道临川，过洪都，适吉安，就正于念庵诸君子。念庵子为之删繁举要，润饰是正，而补其阙轶，信乎其文则省，其事则增矣。计为书七卷，既成，则谓予曰："君滁人，先生盖尝过化，而今继居其官，且与讨论，君宜叙而刻之。"余谢不敢，而又弗克辞也，则以窃所闻于诸有道者论次如左，俾后世知先生之才之全，盖出于其学如此。必就其学而学焉，庶几可以弗畔矣夫。

刻阳明先生年谱序

王宗沐

　　昔者孔子自序其平生得学之年，自十五以至七十，然后能从心所欲，不逾矩。其间大都诣入之深，如浚井者，必欲极底里以成；而修持之渐，如历阶者，不容躐一级而进。至哉粹乎！千古学脉之的也。然宗沐尝仰而思之，使孔子不至七十而没，岂其终不至于从心耶？若再引而未没也，则七十而后，将无复可庸之功耶？嗟呼！此孔子所谓苦心，吾恐及门之徒，自颜、曾而下，有不得而闻者矣。

　　夫矩，心之体而物之则也。心无定体，以物为体。方其应于物也，而体适呈焉，炯然焕然，无起无作，不以一毫智识意解参于其间，是谓动以天也，而自适于则。加之则涉于安排，减之则阙而不贯。毫厘几微，瞬目万里，途辙倚着，转与则背，此非有如圣人之志，毕余生之力，精研一守，以至于忘体忘物，独用全真，则固未有能凑泊其藩者。而况于横心之所欲，而望其自然不逾于矩哉？此圣学所以别于异端，毙而后已，不知老之将至者也。不逾矩由不惑出。而不惑者，吾心之精明本体，所谓知也。自宋儒濂溪、明道之没，而此学不传。

　　我朝阳明王先生，盖学圣人之学者。其事功文章，与夫历涉发迹，颇为世所奇，而争传之以为怪。年几六十而没。而其晚岁，始专揭"致良知"为圣学大端，良有功于圣门。予尝览镜其行事，而参读其书，见其每更患难，则愈精明，负重难，则愈坚定；然后知先生英挺之禀虽异于人，而所以能邃于此学，而发挥于作用者，亦不能不待于历岁践悟之渐。而世顾奇其发迹与夫事业文章之余，夫亦未知所本也与？

先生高弟余姚钱洪甫氏以亲受业，乃能谱先生履历始终，编年为书。凡世所语奇事不载，而于先生之学，前后悟入，语次犹详。书成而俾予为之序。

论年谱书

邹守益

浮峰公归浙，托书促聚复真，以了先师《年谱》，竟不获报。乌泉归，审去岁兄在燕峰馆修《年谱》，以大水乃旋。今计可脱稿，为之少慰。同门群公如中离、静庵、善山、洛村、南野皆勤勤在念，又作隔世人矣。努力一来，了此公案，师门固不借此，然后死者之责，将谁执其咎？伫望伫望！归自武夷，劳与暑并，静养寡出，始渐就愈。老年精力，更须爱惜，愿及时励之。风便，早示瑶音，以快悬跂。

论年谱书（凡九首）

罗洪先

数年一晤，千里而来，人生几何，几聚散遂已矣，可不悲哉！信宿相对，受益不浅。正通书炉峰问行踪，书扇至矣。好心指摘，感骨肉爱，儿辈何知，辱诲真语，且波其父，两世衔戢，如何为报？计南浦尚有数月留，稍暇裁谢也。《年谱》自别后即为册事夺去，自朝至暮，不得暇，竟无顷刻相对。期须于岁晚图之，幸无汲汲。所欲语诸公者，面时当不忘。别后见诸友幸语收静之功。居今之世，百务纷纷，中更不回首，宁有生意。不患其不发扬，患不枯槁耳。会语教儿辈者可以语诸友也，如何？

天寒岁暮，孤舟漾漾，不知何日始抵南浦，此心念之。忽思《年谱》非细事，兄亦非闲人，一番出游，一番岁月，亦无许多闲光阴。须为决计，久留僻地一二月，方可成功。前所言省城内外，终属喧嚣是非之场，断非著书立言之地，又不过终日揖让饮宴而已，何益于久处哉？今为兄计，岁晚可过鲁江公连山堂静处；且须谢绝城中士友，勿复往来。可久则春中始发，不然初正仍鼓怀玉之棹。闲居数月，日间会友，皆立常规。如此，更觉稳便。即使柏泉公有扳留意，亦勿依违。如此，方有定向，不至优游废事矣。弟欲寄《语》并《谱》草，亦当觅便风不长远也。深思为画此策，万万俯听，不惑人言，至恳至恳！

注：罗洪先（1504—1564），他晚年与钱德洪就《阳明先生年谱》编次、考订之事多次通过书信往来商讨，这十九封论答书信对于我们了解嘉靖本《年谱》的成书经过非常重要。以上是罗洪先给钱德洪的第一封《论年谱书》，当时钱德洪在南浦，罗洪先计划与其面商此事。因公务繁多，罗洪先自己没有多少空闲时间来剪裁、考订《年谱》，但他诚恳劝勉钱德洪要极度重视修

《谱》，要找一僻静之地（连山堂或怀玉书院）；谢绝士友往来应酬，安心"了《谱》"。并且，罗洪先也提供了与《年谱》编订有关的材料。

玉峡人来，得手书，知兄拳拳《谱》草。前遇便曾附一简，为公画了《谱》之计，极周悉，幸俯听。且近时人之好尚不同，讹言诮谤，极能败人兴味。纵不之顾，恐于侍坐之愆，不免犯瞽之戒，知公必不忍也。附此不尽。

注：这是罗洪先的第二封《论年谱书》，再次劝告"了《谱》"之事。

倏焉改岁，区区者年六十矣。七十古稀，亦止十年间。十年月日，可成何事？前此只转瞬耳，可不惧哉！前连二书，望留兄了《谱》事。只留鲁江兄宅上，百凡皆便。有朋友相聚者，令寄食于邻。如此，宾主安矣。不然，柏泉公有馆谷之令，则处怀玉为极当，好景好人好日月，最是难得。如不肖弟者，已不得从，可轻视哉！省中万不可留，毋为人言所诳，再嘱再嘱！《年谱》一卷，反覆三日，稍有更正。前欲书者，乃合卺日事。而观纲上言学，心若未安，今已入目。于目中诸书揭标，令人触目，亦是提醒人处。入梓日，以白黑地别之。二卷、三卷如举"良知"之说，皆可揭标于目中矣，望增入。不识兄今何在，便风示知之。

注：罗洪先信中所言"鲁江"，当是指裘鲁江。此时钱德洪寄来《年谱》三卷，罗洪先有所更正，并提出涉及阳明先生言学之纲目文字，以黑底白字"揭标"于条目之中。

正月遣使如吴江迎沈君，曾附《年谱》稿并小简上，想已即达。龙光之聚，言之使人兴动。弟谬以不肖所讲，言之诸兄，是执事说假譬以兴发之。在诸君或有自得，在不肖闻之愧耳。供张不烦有司，甚善。只恐往来酬应，亦费时日。兼彼此不便，则何如？诸君之意方专诚，不知何以为去留也。

《年谱》续修者，望寄示。柏泉公为之序，极善，俟人至当促之。来简"精诣力究"四字，真吾辈猛省处；千载圣人不数数，只为欠此四字。近读《击壤》之集，亦觉此老收手太早。若是孔子，直是停脚不得也。愿共勉之。

注：此封书信中，罗洪先提到邀请胡松为《年谱》作序为"极善"，并对钱德洪来信中的"精诣力究"四字非常赞赏，又提到他读邵康节《击壤集》有所感，这些议题钱德洪答信中也有回应。

承别简数百言，反覆于仆之称谓。谓仆心师阳明先生，称后学不称门人，与童时初志不副。称门人于没后，有双江公故事可援，且谬加许可，以为不辱先生门墙。此皆爱仆太过，特为假借推引耳，在仆固有所不敢。窃意古人之称谓，皆据实不苟焉，以著诚也。昔之愿学孔子者莫如孟子。孟子尝曰："予未得为孔子徒也。"盖叹之也。彼其叹之云者，谓未得亲炙见而知之，以庶几于速肖焉耳，固未始即其愿学而遂自谓之徒也。夫得及门，虽互乡童子亦与其进；不得及门，虽孟子不敢自比于三千。后之师法者，宜如何哉？此仆之所以不敢也。

虽然，仆于先生之学，病其未有得耳。如得其门，称谓之门不门，何足轻重？是为仆谋者，在愿学，不在及门也。今之称后学者，恒不易易。必其人有足师焉，然后书之。如是则仆之称谓，实与名应，宜不可易。若故江公与仆两人，一则尝侍坐，一则未纳贽，事体自别，不得引以为例。且使仆有不得及门之叹，将日俯焉，跂而及之，亦足以为私淑之助，未为戚也。惟兄无多言。

注：此信中罗洪先解释他为何自称为阳明"后学"，而不称"门人"。此事，钱德洪书信中有极大篇幅论说。

廿六日吐泄大作，医云内有感冒，五日后方云无事。在五六日中，自分与兄永诀。方见门前光景，未能深入，究意亦无奈何！惟此自知耳，虽父子间，不能一语接也。初四日，复见正月廿日书，始知廿四之期决不可留，人为怅怅。盖兄在南浦，一日未安，则弟不能安松原一日。今离去太远，此心如何！此心如何！见兄论《夜坐》诗，中间指先天之病，非谓先天也，谓学也。记得白沙《夜坐》有云："些儿若问天根处，亥子中间得最真。"又云："吾儒自有中和在，谁会求之未发前？"是白沙无心于言也。信口拈来，自与道合。白沙虽欲靳之，有不可得者也。不肖正欲反其意，而言不自达，为之愧愧。然不敢妄言，乃遵兄终身之惠，不敢不敬承。病戒多言，复此喋喋，不任惶恐。附此再呈不次。

注：罗洪先当时大病一场。钱德洪来信中论及罗洪先的《夜坐》组诗（详见后文），罗洪先引陈白沙《夜坐》诗作答。

前病中承示行期，即力疾具复。未几，王使来，复辱惠以《年谱》，即日命笔裁请。缘其中有当二三人细心商量者，而执事得先生真传，面对口语，不容不才亿度，比别样叙作用不同，故须再请于执事，务细心端凝，曲尽当时口授大义，使他年无疑于执事可也。自整不妨连下，或至来年总寄来。不肖不敢不尽其愚。此千载之事，非一时草草。然舍今不为，后一辈人更不可望矣。峡江胡君知事者，书来托之，断不稽缓。

注：编订《年谱》在罗洪先看来是"千载之事"，所以他诚恳劝勉钱德洪尽快完成，但他又指出此事"非一时草草"，务必要"细心端凝，曲尽当时口授大义"，避免后世怀疑钱德洪所作《年谱》的可信度。或是因为钱德洪寄送《年谱》草稿时断时续，罗洪先提出能否于来年一总寄来，以便考订全书。

八月十一日始得兄六月朔日书，则知弟六月下旬所寄书，未知何日至也。柏泉公七月发《年谱》来，日夕相对，得尽寸长。平生未尝细览《文集》，今一一详究，始知先生此学进为始末之序，因之颇有警悟。故于《年谱》中手自披校，凡三四易稿，于兄原本，似失初制，诚为僭妄。弟体兄虚心求益，不复敢有彼我限隔耳。如己卯十一日始自京口返江西，游匡庐，庚辰正月赴召归，重游匡庐，二月九江还南昌；又乙亥年自陈疏，乃己亥年考察随例进本，不应复有纳忠切谏之语，亦遂举据《文集》改正之。其原本所载，本稿不敢滥入，岂当时先生有是稿未上欤？愚意此稿只入《集》，不应遂入《年谱》。不及请正，今已付新建君入梓，惟兄善教之。草草裁复，不尽请正。

注：阳明先生《年谱》与《文集》所收录内容互有侧重，罗洪先对此提出了具体意见，他的考证"三四易稿"，使得钱德洪"原本，似失初制"。总之，编订《年谱》过程中的某些意见两人未能商定，书稿便已入梓刊刻。

得吴尧山公书，知《年谱》已刻成。承陆北川公分惠，可以达鄙意矣。绵竹共四十部，此外寄奉龙溪兄十部，伏惟鉴入。虽然，今所传者，公之影响耳。至于此学精微，则存乎人自得之，固不在有与无、多与少也。

弟去岁至今，皆在病中，无能复旧。然为学之意，日夕恳恳，始知垂老惟有此事紧要。若得影响，即可还造化，无他欠事也。兄别去一年，此件自觉如何？前辈凋落，双翁已归土。所赖倡明此学者，却在吾辈。吾辈若不努力，稍觉散漫，即此已矣，无复可望矣。得罪千古，非细事也，悲哉悲哉！千里寄言，不尽缱绻。

注：此信当作于1563年聂双江去世后，此时《年谱》已经刻成，罗洪先指出"今所传者，公之影响"，而对于其师阳明精微之学"则存乎人自得之"，并不在于《年谱》的有无、多少。在这封信中，罗洪先也表达了一种忧虑，即阳明弟子、后学若不能倡明此学，则"得罪千古"。这份担当精神，感人无尽。

答论年谱书（凡十首）

钱德洪

承兄下榻，信宿对默，感教实多。兄三年闭关，焚舟破釜，一战成功，天下之太宇定矣。斯道属兄，后学之庆也，珍重珍重！更得好心消尽，生死毁誉之念忘，则一体万化之情显，尽乎仁者，如何如何？师《谱》一经改削，精彩迥别，谢兄点铁成金手也。东去，《谱》草有继上，乞赐留念。外诗扇二柄，寄令郎以昭，并祈赐正。诗曰："我昔游怀玉，而翁方闭关。数年论睽合，岂泥形迹间？今日下翁榻，相对无怍颜。月魄入帘白，松标当户闲。我默镜黯黯，翁言玉珊珊。剑神不费解，调古无庸弹。喜尔侍翁侧，倾听巍如山。见影思立主，植根贵删繁。远求忧得门，况乃生宫阛。毋恃守成易，俯惟创业艰。"

又书"会语"一首："程门学善静坐，何也？"曰："其悯人心之不自觉乎？声利百好，扰扰外驰，不知自性之灵，炯然在独也。稍离奔骛，默悟真百感纷纭，而真体常寂，此极深研几之学也。入圣之几，庶其得于斯乎？"奉读手诏，感倦倦别后之怀。心同道同，不忘尔我，一语不遗，其彻心髓，真所谓"同心之言，其臭如兰"也，感惕如之何！

年来同志凋落，慨师门情事未终，此身怅怅无依。今见兄诞登道岸，此理在天地间，已得人主张，吾身生死短长，乌足为世多寡，不觉脱然无系矣。此番相别，夫岂苟然哉，宜兄之临教益切也。师《谱》得兄改后，誊清再上，尚祈必尽兄意，无容遗憾，乃可成书。令朗美质，望奋志以圣人为己任，斯不辜此好岁月耳。《乡约》成册，见兄仁覆一邑，可以推之天下矣。信在言前，不动声色，天载之神也。余惟嗣上不备。

注：这是钱德洪答罗洪先《论年谱书》的第一首，此前他们应当有过一次会面，其中提到他是断断续续地寄送《年谱》书稿，并附以一些论学诗歌、会语。罗洪先所谓"册事"，应是指其作《乡约》成册。

别后沿途阻风，舟弗能前。至除夜，始得到龙光寺。诸友群聚，提兄"丕显待旦"一语为柄，听者莫不耸然反惕。谓兄三年闭关，即与老师居夷处困，动忍熟仁之意同。盖慨古人之学必精诣力究，深造独得，而后可以为得，诚非忽慢可承领也。诸生于是日痛发此意。兄虽在关，示道标的，后学得所趋矣，喜幸喜幸！城中王缉诸生，夙办柴米，为久留计，供应不涉有司。五日一讲会，余时二人轮班，代接宾客，使生得静处了《谱》。见其志诚恳，姑与维舟信宿以试之。若果如众计，从之；若终涉分心，必难留矣。二书承示周悉，同体之爱也。今虽久暂未定，必行兄意，不敢如前坚执硬主也。柏泉公读兄《年谱》，深喜。经手自别，决无可疑，促完其后。昨乞作序冠首，兄有书达，幸督成之。留稿乞付来人，盖欲付人誊真也。

注：此信中提到"龙光之聚"，即钱德洪的龙光寺讲学，其中提出"古人之学必精诣力究，深造独得"，深得罗洪先赞赏。又谈到钱德洪请胡松为罗洪先所考订的《年谱》作序之事。

兄于师《谱》，不称门人，而称后学，谓师存日，未获及门委贽也。兄谓古今称门人，其义止于及门委贽乎！子贡谓："得其门者或寡矣。"孔子之徒三千人，非皆及门委贽者乎！今载籍姓名，七十二人之外无闻焉，岂非委贽而未闻其道者，与未及门者同乎？韩子曰："道之所在，师之所在也。"夫道之所在，吾从而师之，师道也，非师其人也。师之所在，吾从而北面之，北面道也，非北面其人也。

兄尝别周龙冈，其序曰："予年十四时，闻阳明先生讲学于赣，慨然有志就业。父母怜恤，不令出户庭。然每见龙冈从赣回，未尝不愤愤也。"是知有志受业，已在童时，而不获通贽及门者，非兄之心也，父母爱护之过也。今服膺其学既三纪矣，匪徒得其门，且升其堂，入其室矣，而又奚歉于称门人耶？

昔者方西樵叔贤与师同部曹，僚也；及闻夫子之学，非僚也，师也，遂执弟子礼焉。黄久庵宗贤见师于京师，友也；再闻师学于越，师也，非友也，遂退执弟子礼。聂双江文蔚见先生于存日，晚生也；师没而刻二书于苏，曰："吾昔未称门生，冀再见也，今不可得矣。"时洪与汝中游苏，设香案告师称门生，引予二人以为证。汪周潭尚宁始未信师学，及提督南赣，亲见师遗政，乃顿悟师学，悔未及门而形于梦，遂谒师祠称弟子，遗书于洪、汝中以为证。夫始未有闻，僚也，友也；既得所闻，从而师事之，表所闻也。始而未信师学于存日，晚生也；师没而学明，证于友，形于梦，称弟子焉，表所信也。

吾兄初拟吾党承颜本体太易，并疑吾师之教。年来翕聚精神，穷深极微，且闭关三年，而始信古人之学丕显待旦，通昼夜，合显微而无间。试与里人定图徭册，终日纷嚣，自谓无异密室。乃见吾师进学次第，每于忧患颠沛，百炼纯钢，而自征三年所得，始洞然无疑。夫始之疑吾师者，非疑吾师也，疑吾党之语而未详也；今信吾师者，非信吾师也，自信所得而征师之先得也。则兄于吾师之门，一启关钥，宗庙百官皆故物矣。称入室弟子，又何疑乎？《谱》草承兄改削，编述师学，惟兄与同，今《谱》中称门人，以表兄信心，且从童时初志也，其无辞。

注：钱德洪深劝罗洪先称阳明先生"门人"，后竟不获从。

南浦之留，见诸友相期恳切，中亦有八九辈，肯向里求入，可与共学矣。亦见其中有一种异说，为不羁少年，助其愚狂，故愿与有志者反覆论正，指明师旨，庶几望其适道。诸生留此，约束颇严，但无端应酬，终不出兄所料。已与柏泉公论别，决二十日发舟登怀玉矣。兄第五简复至，感一体相成之爱，无穷已也，仰谢仰谢！精诣力究，昨据兄独得之功而言，来简揭出四字以示，更觉反惕。谓："康节收手太早，若在孔门，自不容停脚矣。"实际之言，真确有味，闻者能无痛切乎？别简谓："孟子不得为孔子徒，盖叹已不得亲炙，以成速肖也。"诵言及此，尤负惭恐。亲炙而不速肖，此弟为兄罪人也。兄之所执，自有定见，敢不如教？

注：钱德洪再论"精诣力究"及邵雍"收手太早"。

闲中读兄《夜坐》十诗，词句清绝，造悟精深，珍味入口，令人隽永。比之宋儒感兴诸作，加一等矣，幸教幸教！然中有愿正者，与兄更详之。吾党见得此意，正宜藏蓄，默修默证，未宜轻以示人。恐学者以知解承功未至，而知先及本体，作一景象，非徒无益，是障之也。盖古人立言，皆为学者设法，非以自尽其得也。故引而不发，更觉意味深长。然其所未发者，亦已跃如，何也？至道非以言传，至德非以言入也。故历勘古训，凡为愚夫愚妇立法者，皆圣人之言也。为圣人说道，妙发性真者，皆贤人之言也。与富家翁言，惟闻创业之艰。与富家子弟言，惟闻享用之乐。言享用之乐，非不足以歆听而起动作也，然终不如创业者之言近而实也，此圣贤之辨也。调息、杀机、亥子诸说，知兄寓言，然亦宜藏默。盖学贵精，最忌驳。道家说"性命"，与圣人所间毫厘耳。圣人于家、国、天下同为一体，岂独自遗其身哉？彼所谓"术"，皆吾修身中之实功，特不以微躯系念，辄起绝俗之想耳。关尹子曰："圣人知之而不为。"圣人既知矣，又何不为耶？但圣人为道，至易至简，不必别立炉灶，只致良知，人已俱得矣。知而不为者，非不为也，不必如此为也。

夫自吾师去后，茫无印正。今幸兄主张斯道，慨同志凋落，四方讲会虽殷，可与言者亦非不多，但炉中火旺，会见有融释时，毫厘滓化未尽，火力一去，滓复凝矣；更望其成金足色，永无变动，难也；而况庸一言之杂其耳乎？兄为后学启口容声，关系匪细，立言之间，不可不慎也。故敢为兄妄言之。幸详述以进我。情关血脉，不避喋喋，惟兄其谅之。

注：钱德洪论罗洪先《夜坐》诗。

前月二十五日，舟发章江。南昌诸友追送，阻风樵舍。五日入抚州，吊明水兄。又十日而始出境。舟中特喜无事，得安静构思，《谱》草有可了之期矣。乏人抄写，先录庚辰八月至癸未二月稿奉上。亟祈改润，即付来手。到广信，再续上。出月中旬，计可脱稿也。龙溪兄《玉山遗书》谓："初以念庵兄之学偏于枯槁，今极耐心，无有厌烦，可谓得手，但恐不厌烦处落见，略存一毫知解；虽无知解，略着一些影子；尚须有针线可商量处，兄以为何如？"不肖复之曰："吾党学问，特患不得手；若真得手。'良知'自能针线，自能商量。苟又依人商量而脱，则恐又落商量知解，终不若'良知'自照刷之为真也。"云云。昨接兄回书，云："好心指摘，感骨肉爱。"只此一言，知兄真得手矣；真能尽性尽仁，致践履之实，以务求于自慊矣。沧海处下，尽纳百川，而不自知其深也；泰山盘旋，凌出霄汉，而不自知其高也。"良知"得手，更复奚疑？故不肖不以龙溪之疑而复疑兄也，兄幸教焉何如？

注：陈明水于1562年去世，此信作于是年。钱德洪编次《年谱》时，完成一部分，就找人抄写几份，分送罗洪先等考订。此信中还论及罗洪先于良知学是"真得手"，因此钱德洪不疑其学。

舟中诸生问："如何是知解？如何是影子？"洪应之曰："念翁悯吉水瑶贼不均，穷民无告，量己之智足与周旋，而又得当道相知，信在言前，势又足以完此，故集一邑贤大夫、贤士友开局以共成此事，此诚出于万物一体、诚爱恻怛之至情，非有一毫外念参于其中也。若斯时有一毫是非毁誉、利害人我，相参于其中，必不能自信之真而自为之力矣。此非尽性尽仁，

'良知'真自得手，乌足与语？此或有一毫影子，曰：我闭关日久，姑假此以自试，即是不倚静知解。终日与人纷纷，而自觉无异密室，此即是不厌动知解。谓我虽自信，而同事者或未可以尽信，不信在人，于我无污，此即是不污其身之知解。谓我之首事，本以利民，若不耐心，是遗其害矣；我之首事，本以宜民，若不耐心，是不尽人情矣；我之首事，本承当道之托，若不耐心，无以慰知己；此又落在不耐心之知解也。'良知'自无是非毁誉利害人我之间，自能动静合一，自能人我同过，自能尽人之情，慰知己之遇，特不由外入，起此知解。毫厘影子与'良知'本体尚隔一尘。一尘之隔，千里之间也。"诸生闻之，俱觉惕然有警，并附以奉陈左右；亦与局中同事诸君一照刷，可以发一笑也。幸教幸教！

注：论"知解""影子"与良知本体。

连日与水洲兄共榻，见其气定神清，真肯全体脱落，猛火炉煅，有得手矣。自是当无退转也。但中有一种宿惑，信梦为真，未易与破耳，久之当望殊途同归。然窥其微，终有师门遗意在也。师门之学，未有究极根柢者。苟能一路精透，始信圣人之道至广大、至精微，儒、佛、老、庄更无剩语矣。世之学者，逐逐世累，固无足与论。有志者又不能纯然归一，此"适道"之所以难也。吾师开悟后学，汲汲求人，终未有与之敌体承领者。临别之时，稍承剖悉，但得老师一期望而已，未尝满其心而去也。数十年来，因循岁月，姑负此翁。所幸吾兄得手，今又得水洲共学，师道尚有赖也。但愿简易直截，于人伦日用间无事拣择，便入神圣，师门之嘱也。《大学》一书，此是千古圣学宗要，望兄更加详究；略涉疑议，便易入躐等径约之病也，慎之慎之！即日上怀玉，期完《谱》尾，以承批教，归日当卜出月终旬也。

注：钱德洪《年谱》成于怀玉书院。

答论年谱书（凡十首）

《谱》草苟完，方自怀玉下七盘岭，忽接手教，开缄宛如见兄于少华峰下，清洒殊绝，感赐深也。四卷所批种种，皆至意。先师千百年精神，同门逡巡数十年，且日凋落。不肖学非夙悟，安敢辄承？非兄极力主裁，慨然举笔，许与同事，不敢完也。又非柏泉公极力主裁，名山胜地，深居廪食，不能完也。岂先师精神，前此久未就者，时有所待耶？伸理冀元亨一段，如兄数言简而核，后当俱如此下笔也。闻老师遣冀行，为刘养正来致濠殷勤，故冀有此行，答其礼也。兄所闻核，幸即裁之。铺张二字，最切病端，此贫子见金而喜也。平时稍有得，每与师意会，便起赞叹称羡。富家子只作如常茶饭；见金而起喜心者，贫子态也，此非老成持重，如兄巨眼，安能觑破？兄即任意尽削之，不肖得兄举笔，无不快意，决无护持疼痛也，信之信之！"教学三变"诸处，俱如此例。若不可改，尽削去之。其余所批，要收不可少处。此弟之见正窃比于兄者。

自古圣贤，未有不由忧勤惕励而能成其德业。今之学者，只要说微妙玄通，凌躐超顿，在言语见解上转。殊不知老师与人为善之心，只要实地用功，其言自谦逊卑抑。《大学》"诚意"章："惟不自欺者，其心自谦，非欲谦也，心常不自足也。"兄所批教处，正见近来实得与师意同也。舒国裳在师门，《文录》无所见，惟行福建市舶司取至军门一牌。《传习续录》则与陈维浚、夏于中同时在坐，问答语颇多。且有一段，持纸乞写"拱把桐梓"一章，欲时读以省。师写至"至于身而不知所以养"之句，因与座中诸友笑曰："国裳中过状元来，岂尚不知所以养，时读以自警耶？"在座者闻之，皆竦然汗背。此东廓语也。

又丙午年游安福复古书院，诸友说张石盘初不信师学。人有辩者。张曰："岂有好人及其门耶？"辩者曰："及门皆好人也。"张曰："东廓岂及门乎？"辩者曰："已在赣及门矣。"又曰："舒国裳岂及门乎？"曰："国裳在南昌及门矣。"张始默然俯首，后亦及门。是年，石盘携其子会复古。其子举人□□，至今常在会，未有及门之说。昨南昌闻之诸友，相传因问"律吕元声",乃心服而拜,盖其子侄辈叙其及门之端也。昨见兄疑,又检中离《续同志考》,舒芬名在列,则其诸所相传者不诬也。如兄之教,去前"不欲"一段,存后"问元声"语可矣。 徐珊尝为师刻《居夷集》,盖在癸未年。及门则辛巳年九月,非龙场时也。 继后可商量处甚多,兄有所见,任举笔裁之。兹遣徐生时举持《全集》面正门下。弟心力已竭,虽闻指教,更不能再著思矣,惟兄爱谅之。

注:此封书信中涉及《年谱》中若干具体条目的修订,钱德洪似乎不愿再大作改动,其言"心力已竭,虽闻指教,更不能再著思"。

不肖五月季旬到舍下,又逾月十日,始接兄二月四日峡江书。一隔千里,片纸之通,遂难若此,感慨又何深也!玉体久平复,在怀玉已得之柏泉兄。兹读来谕,更觉相警之情也。深入究竟,虽父子之间,不能一语接,诚然诚然!此可与千古相感,而不可与对面相传,在有志者自究自竟之耳。"天根亥子",白沙诗中亦泄此意。达"性命"之微者,信口拈来,自与道合。但我阳明先师全部文集,无非此意,特无一言换入者,为圣学立大防也。兄之明教究悉,然于此处幸再详之。兄卧处卑湿,早晚亦须开关,径行登眺,以舒泄蔽郁之气,此亦去病之一端也。徐时举来,师《谱》当已出稿,乞早遣发,远仰远仰!

注:徐时举当时充当"信使",既给罗洪先送去阳明《全集》,又给钱德洪带来《年谱》考订的进展情况消息。

春来与王敬所为赤城会,归天真,始接兄峡江书,兼读师《谱》考订,感一体相成之心,庆师教之有传也。中间题纲整洁,增录数语,皆师门精义,匪徒庆师教之有传,亦以验兄闭关所得,默与师契,不疑其所行也。 去年归自怀玉,黄沧溪读《谱》草,与见吾、肖溪二公互相校正,亟谋梓行。未几,沧溪物故,见吾闽去,刻将半矣。六卷已后,尚得证兄考订。然前刻已定，不得尽如所拟。俟番刻，当以兄考订本为正也。中间增采《文录》《外集》《传习续录》数十条，弟前不及录者，是有说，愿兄详之。

先师始学，求之宋儒，不得入，因学养生，而沉酣于二氏，恍若得所入焉。至龙场，再经忧患，而始豁然大悟"良知"之旨。自是出与学者言，皆发"诚意""格物"之教。病学者未易得所入也，每谈二氏，犹若津津有味。盖将假前日之所入，以为学者入门路径。辛巳以后，经宁藩之变，则独信"良知"，单头直入，虽百家异术，无不具足。自是指发道要，不必假途傍引，无不曲畅旁通。故不肖刻《文录》，取其指发道要者为《正录》；其涉假借者，则厘为《外集》。《谱》中所载，无非此意。盖欲学者志专归一，而不疑其所往也。 师在越时，同门有用功恳切而泥于旧见、郁而不化者，时出一险语以激之，如水投石，于烈焰之中，一击尽碎，纤滓不留，亦千古一大快也。听者于此等处，多好传诵，而不究其发言之端。譬之用药对症，虽芒硝大黄，立见奇效。若不得症，未有不因药杀人者。故圣人立教，只指揭学问大端，使人自证自悟；不欲以峻言隐语，立偏胜之剂，以快一时听闻，防其后之足以杀人也。

师殁后，吾党之教日多歧矣。洪居吴时，见吾党喜为高论，立异说，以为亲得师传，而不本其言之有自。不得已，因其所举而指示言之端，私录数条，未敢示人，不意为好事者窃录。甲午主试广东，其录已入岭表。故归而删正，刻《传习续录》于水西，实以破传者之疑，非好为多述，以耸学者之听也，故《谱》中俱不采入，而兄今节取而增述焉。然删刻苦心，亦不敢不谓兄一论破也，愿更详之。 室远，书札往复甚难，何时合并，再图面证，以了未尽之私！德教在思，寤寐如见，惟不惜謦音，仰切仰切！（是书复去，念庵随以讣报，竟不及一见，痛哉痛哉！）

《王文成公全书》卷之三十六

王阳明年谱 11 种对校表

本《王阳明年谱校注》共涉及 11 种本子，包括作为底本的通行"隆庆本"，以及收入"北京图书馆藏珍本年谱丛刊"中的 10 种王阳明年谱资料。对校表中所使用的简称及其对应版本情况如下：

1. 隆庆本：上海商务印书馆缩印明隆庆刊本，《四部丛刊初编·集部》：《王文成公全书》。

2. 嘉靖本：即《阳明先生年谱》，共三卷，钱德洪、罗洪先，明嘉靖四十三年（1564）毛汝麒刻本。

3. 图谱本：即《王阳明先生图谱》，共一卷，邹守益，民国三十年（1941）程守中影印本。

4. 李贽本：即《阳明先生年谱》，共二卷，李贽，明万历三十七年（1609）武林继锦堂刻《阳明先生道学钞》本。

5. 集要本：即《阳明先生年谱》，共一卷，施邦曜，清乾隆五十二年（1787）刻《阳明先生集要三编》本。

6. 文钞本：即《王阳明先生年谱》，共一卷，张问达辑，清康熙间刻《王阳明先生文钞》本。

7. 节钞本：即《明王文成公年谱节钞》，共二卷，钱德洪原撰，杨希闵节钞，清光绪四年（1879）新城杨氏福州刻《四朝先贤六家年谱》本，福州吴玉田镌字。

8. 原道本：即《阳明先生年谱》，共一卷，刘原道，清光绪三十二年（1906）中州方氏邵阳铅印《阳明先生集要三编》本。

9. 年纪本：即《王文成公年纪》，共一卷，陈澹然，清光绪间石印本。

10. 节录本：即《王阳明年谱节录》，共一卷，另有《传习录节录》一卷，陈筑山，民国二十二年（1933）中华平民教育促进会北平铅印本。

11. 节略本：即《王文成公年谱节略》，共一卷，钱德洪，民国间抄本。

王阳明年谱 11 种对校表

时间＼版本	家世	成化八年 出生	成化十二年 5岁	成化十五年 8岁	成化十七年 10岁	成化十八年 11岁
隆庆本	晋王览之裔……祖王天叙，父王华，自姚徙越城	祖母岑梦神送子，出生之楼曰"瑞云"	神僧指点，更名守仁后能言，闻书默记	无	父王华举进士第一甲第一人	金山寺赋诗；明年，就塾师，为相士异，论第一等事
嘉靖本	√	√	入"出生"条	无	√	√
图谱本	无	无	√	默记成诵豪迈不羁	入下一条	√
李贽本	√ "善鉴别有文武全才"	√	√	无	√	√
集要本	√	√	√	无	√	√
文钞本	介绍王氏在余姚、山阴间迁徙	交代阳明出晋光禄大夫览之裔等	不提"神僧"言"可惜道破"事	无	√	√
节钞本	绪山原本称"公"	√	√此版本逐岁列出条目	√	√	√
原道本	√	√	√	无	√	√
年纪本	√	√	√	无	√	√
节录本	极简，无家世介绍	无	√	无	无	√
节略本	√	√	√	无	√	√

续表

时间＼版本	成化二十年 13岁	成化二十二年 15岁	弘治元年 17岁	弘治二年 18岁	弘治五年 21岁
隆庆本	母郑氏卒	出游居庸；欲上书于朝；梦谒伏波将军庙。	迎夫人诸氏；铁柱宫，遇道士；在心上学，书法大进	诸氏归余姚；谒娄一斋；是年先生始慕圣学	举浙江乡试；为宋儒格物之学；格竹不得其理；次年会试下第
嘉靖本	√	√	√	√	无隆庆本"诗社龙泉山寺"事
图谱本	无	√	无	无	无
李贽本	√	√李贽有点评①	√	√	√李贽点评"三人好做事"②
集要本	√	√	洒扫应对可悟精义，入神正是如此	√	动心为耻："便是大学问"
文钞本	√	√有16岁条	√	√	√
节钞本	√	√	√	√闵案：娄一斋乃吴聘君高弟，公闻学于一斋，亦吴氏之流派也	√逐岁列有条目，如：二十岁，家居
原道本	√	√	洒扫应对可悟精义，入神正是如此	√	√点评与"集要本"同。所增不同者另加标出
年纪本	√	√	√	次年竹轩公卒	√作《来科状元赋》为22岁
节录本	无	√	√	√	√
节略本	√	√	√	√	√

① 后学卓吾子李贽曰："先生卒亦裹尸而归，为朝臣桂萼所谗毁，夺其封爵，何其若合符契也。有志竟成，先生可无恨矣！"
② 卓吾子曰："噫！岂偶然耶！"

续表

版本\时间	弘治十年 26岁	弘治十一年 27岁	弘治十二年 28岁	弘治十三年 29岁	弘治十四年 30岁
隆庆本	朝廷推举将才；学兵法，凡兵家秘书，莫不精究	委圣贤有分；谈养生	举进士；观政工部；疏陈边务	授刑部云南清吏司主事	奉命审录江北；游九华山，宿无相、化城诸寺
嘉靖本	√	√	√	√	√也有向蔡蓬头问仙道事
图谱本	无	无	乡试下第；结诗社、学兵法，造威宁王坟；上书	无	无
李贽本	√武科仅得骑射勇力，李贽有点评①	√	√	√	√
集要本	先生所在无不成功，其平日究心军旅，如此可见天下事无有不学而能者	√	√	√	道者真是异人
文钞本	√	√	√	√	√
节钞本	√	√	√	√	√
原道本	√	√	√	√	道者真是异人
年纪本	√	√	√	√	√
节录本	√	√	√	无	√
节略本	√	√	√	√	√

① 卓吾曰："武科亦有初场、二场、三场，初、二场试骑射矣，三场试策论、考古典、说时务，独不可以见雄才乎！堂下一言即堪拔识，况长篇、巨篇哉！特恨无识货之人，故先生伤之！"

续表

时间＼版本	弘治十五年 31岁	弘治十七年 33岁	弘治十八年 34岁	正德元年 35岁	正德二年 36岁
隆庆本	渐悟仙、释二氏之非；行导引术；虎跑寺呵僧	主考山东乡试，作程文范本；九月改兵部武选清吏司主事	门人始进；与湛甘泉定交，倡明圣学	上封事，下诏狱，谪龙场驿驿丞	赴谪至钱塘；著，得《明夷》，决策返；徐爱首执弟子礼
嘉靖本	√	多：《山东乡试录序》之节略	√	多：诗作《狱中读易》《别湛元明》《答乔白岩》《梦与抑之昆季》	多：《别三子序》之节略、《同志考序》、《武夷次壁间韵》
图谱本	不为无用虚文；修仙；呵僧	√	√徐爱为婿受学	√	√
李贽本	√	√	√	√	√
集要本	能不为异道所惑，非大智不能；真正法眼	√	√	√	有评点①
文钞本	√有32岁条	√	√	√	√
节钞本	√	√	√	√	√
原道本	√真正法眼	√	√	√	√
年纪本	√虎跑寺呵僧事在32岁	√	√	√	√
节录本	√	无	√	√	√
节略本	√	√	√	√	√

① "先生随所至，多遇异人，如长安相者、铁柱宫道士、九华山蔡蓬头，俱得其指点之力，岂先生为一代大儒，故随在有神人为之呵护耶？非寻常之士得冀幸一遇者。"

续表

时间 版本	正德三年 37岁	正德四年 38岁	正德五年 39岁	正德六年 40岁
隆庆本	春，至龙场；始悟格物致知；著《五经臆说》	席书聘主贵阳书院；悟知行合一	升庐陵县知县；语学者悟入之功：静坐；十二月升南京刑部四川清吏司主事；论实践之功	调吏部验封清吏司主事；论晦庵、象山之学；二月为会试同考试官；方献夫受学；升文选清吏司员外郎等
嘉靖本	多：《何陋记》、劝抚安宣慰之书信、答问仙术者	多：书院除妖故事	多：语录"务于切己处着实用力"，诗作《霁夜》《再过濂溪祠用前韵》《别方叔贤》等	多：别方献夫序之节略、答汪石潭俊书、答王虎谷云凤书、《徐昌国墓志》
图谱本	√	√再过濂溪祠	√	无
李贽本	√"安宣慰"事有附记①	√龙场悟后教人知行合一	√关于"静坐"，李贽有点评②	√
集要本	此所谓动心忍性，增益其所不能	√	√	√
文钞本	√	√	√	√是年论朱陆异同
节钞本	√补入《答毛宪副书》③《教条示龙场诸生》，均有按语	√	√闵案：公语门人静坐，非欲坐禅入定也。盖欲补小学收放心一段功夫耳。指点亲切，毫无疵病	闵案：此书辨别朱陆至明至当，原谱节去一百十余字，未当，今照集补入
原道本	√	√	√	√
年纪本	√	√	√	√
节录本	√	√	√	√
节略本	√	√	√	√

① "……驿丞所履之地，即能有益于国如此，况亲身为之哉！先生所回安氏两书，日置案头，可熟览也。我愿诸公勿自是，前辈所作所为，真后人之师也！卓吾子附记。"
② 卓吾曰："果能知力，静坐亦可，纷纷酬酢亦可，说知行无先后亦可，说知行有先后亦可，但能著力，则便知先生苦心。但知先生苦心，则便是能著力者。"
③ 闵案："此书见处患难而有浩然不移不屈之志，后学可以取法。原谱缺之，今补入。"
又，闵案："此教条，鹿洞规后无真切于此者。原谱缺之，今据集补。"

续表

时间 版本	正德七年 41岁	正德八年 42岁	正德九年 43岁	正德十年 44岁
隆庆本	升考功清吏司郎中；穆孔晖、王道等同受业；十二月升南京太仆寺少卿，归省；舟中与徐爱论学	与徐爱等游四明山水；十月，至滁州，从游之众自滁始	升南京鸿胪寺卿；五月，至南京，会张诩；警好谈仙佛	疏自陈，不允；立再从子正宪为后；拟《谏迎佛疏》；疏请告
嘉靖本	多：与王道辩学事、《答储柴墟书》、《与王道书》。	多：《与王道书》，以及诗作《答朱汝德用韵》《送蔡希颜》	多：与宗贤书、与陆澄书、《书张寰卷》、《次韵寄张东所》，及答问语录	多：答陆澄问、《见斋说》、《次韵别栾子仁》及答刘观时等问之语录
图谱本	无	无	√《朱子晚年定论》	无
李贽本	√	√	√	√李贽点评《拟谏迎佛疏》[①]
集要本	论《大学》宗旨	√	始以致良知训学者	√
文钞本	√	√	√	√
节钞本	√	√	√	√
原道本	√论学内容，标明"详《语录》"	√	√	√
年纪本	√	√	√	√
节录本	√	√	√	无
节略本	√	√	√	√

---

① "是疏极妙，极可法，极得引君之道。"

续表

版本 \ 时间	正德十一年 45岁	正德十二年 46岁
隆庆本	升都察院左金都御史，巡抚南、赣、汀、漳等处；十月，归省至越	至赣；行十家牌法；选民兵；二月平漳寇；四月班师；五月立兵符；奏设平和县，移枋头巡检司；疏请疏通盐法；九月改授提督南、赣、汀、漳等处军务，给旗牌，得便宜行事；抚谕巢贼；疏谢升赏；疏处南、赣商税；十月平横水、桶冈诸寇；十二月班师；闰十二月，奏设崇义县治，及茶寮隘上堡等三巡检司
嘉靖本	多：薛侃问无善无恶，萧惠问死生，黄诚甫问颜回等语录	告谕巢贼文；多：《疏请申明赏罚》、论兵谋、就壁挽弓、少年坠马吐血事 少：更上疏换救谢恩文
图谱本	√谕俗：教童歌诗习礼	无
李贽本		√"行十家牌法"，卓吾曰："十家牌法，今人行之则为扰民生事，先生行之则为富国强兵，所谓人人皆兵，不必借兵狼达；家家皆兵，不患贼盗生发者也。不借兵则无行粮、坐粮之费；不患贼则无养兵、用兵之费。国以庶富，民以安强，特今人未知耳。"①
集要本	√	"密室问老隶以尽得贼情"事评点："今随在皆如此，惟明不足以烛奸，多为左右所卖。"另评："王晋溪立朝，他无表见，只此一节，便堪不朽。"又评谢志珊事："贼之用心如此，毕竟为先生所擒，益见先生方略之妙。"
文钞本	√	√按：开府赣州：求通民情、愿闻己过
节钞本	√	√叙事颇详，设置崇义县
原道本	√	√
年纪本	√	√
节录本	√	√
节略本	√	√

① 续："故曰'民可使由之，不可使知之'，彼但可使由者，又安知有圣人之神道设教哉！"

续表

时间 版本	正德十三年 47岁
隆庆本	征三浰；奏移小溪驿；疏乞致仕不允；袭平大帽、浰头诸寇；四月班师，立社学；奏设和平县；六月，升都察院右副都御史，荫子锦衣卫，世袭百户，辞免不允；刻古本《大学》；刻《朱子晚年定论》；八月，薛侃刻《传习录》；修濂溪书院；举乡约；再请疏通盐法
嘉靖本	多：《立志说》、《训蒙大意示教读刘伯颂等》更完整内容、《古本大学序》之节略文、《传习录》徐爱自述、黄弘纲问戒惧
图谱本	√
李贽本	"袭平大帽诸寇"，卓吾曰："所谓后服者诛也，池仲容等是矣。使当日读谕词即率黄金巢、卢珂等相随面缚来投，岂非维新之民哉！徒恃强狠，全无耳朵目精，不知今日赣州伎俩，汝等毛头安能勘破他得也，亦是积恶已满，上帝不赦，遂尔怙终，自底灭亡，不足哀矣。"①
集要本	评"尚觉前之赏罚有未慊也，直至登堂行事，与诸君相对时，此心恰恰如一始安，此固诸君之所以助我矣"："收朋友之益者当如此用心。"
文钞本	√
节钞本	√叙事颇详。闵案："辞免疏归功本兵，亦实情，亦谦抱，异乎一切虚套仪文，此儒者之用心也。"又案："原谱于是年又有数目，曰刻古本《大学》，曰刻《朱子晚年定论》，曰刻《传习录》，此无关功业践履之要，徒生门户枝叶之辨学究习气，互相攻讦三四百年。于兹，谓宜一切芟除，公之真面目、真骨髓，乃益光莹精实。"又，举乡约事，闵案："此为治者必不可少、行之有效，无效则视乎其人。"又，闵案："十二年六月，曾请疏通盐法，故此云再请。前次谓疏通，止是暂行，此次则请着为定礼。"
原道本	√
年纪本	√
节录本	√
节略本	√

---

① "刻古本《大学》序"，李贽按语："先生在龙场时，疑朱子《大学章句》非圣门本旨，手录古本，伏读精思，始信圣人之学，简易明白，其书只为一篇，原无经传之分。格致本于诚意，原无缺传可补，以诚意为主而为格物致知之功，原不必增以敬字。"

续表

版本 \ 时间	正德十四年 48岁
隆庆本	疏谢升荫；疏乞致仕不允；六月，奉敕勘处福建叛军。十五日丙子，至丰城，闻宸濠反，遂返吉安，起义兵；十九日疏上变；壬午再告变；疏乞便道省葬，不允；疏上伪檄；甲辰，义兵发吉安。丙午，大会于樟树。己酉，誓师。庚戌，次市汊。辛亥，拔南昌；遂促兵追濠。甲寅，始接战。乙卯，战于黄家渡。丙辰，战于八字脑。丁巳，获濠樵舍，江西平。八月，疏谏亲征；再乞便道省葬，不允；九月壬寅，献俘钱塘，以病留；奉敕兼巡抚江西
嘉靖本	是年叙事与隆庆本次序有所不同；多：《谢升荫疏》之节略，以及"擒濠次日，守益入曰：'喜成不世之功！'先生曰：'不然！且喜昨晚沉睡，盖自闻报，至是私心稍安。'"
图谱本	√ 平定"宁王之乱"前后叙事颇详，与弟子论道、游学山水；作《大学古本序》《修道说》，论"致良知"，不可把"致"字看得太易
李贽本	李贽所述"平宁王之乱"事多以明武宗为中心。卓吾曰："濠既戕害守臣，劫诸司，据会城，号兵十万，夺运船，顺流欲下，使时非先生百计用间疑阻，不三日至金陵，不半月日抵燕市矣！危哉！先生之功莫大于是。当先生闻变时即返舟，值南风急，舟弗得前，乃焚香告天曰：天若哀悯生灵，许我匡扶社稷，愿即返风，须臾而风止，北帆尽起，亦可见先生之一念，固已上通于天矣！"李贽又点评先生与晋溪前后书信十五封皆兵事，且引王宗沐之论
集要本	评点："晋溪真不可及"，"如此布置亦好"，"张永真内侍之杰然者，然亦先生之至诚有以感之"，"此正所谓知柔知刚，非有大学问者不能"
文钞本	√按：先生之遇丰城也，宸濠追兵将及……又按：先生既拔南昌，忽传令，造免死木牌数十万，众莫知所用……先生舟中论学不辍。有报文定焚须状先生申军法，还坐，论学如常……
节钞本	√是年叙事极详。闵案："娄妃之父乃一斋先生也。公尝与讲学，宜遣官为之葬祭。妃有家学，益可知一斋之贤。"关于阳明提督南赣军务事另有一条重要评语①
原道本	√年纪本、节录本、节略本所叙亦颇详

①闵案："'王阳明提督南赣军务，会勘事福建，至丰城，宁王□作丰城合，顾泌奔告阳明，乃返舟吉安，驰檄会兵。予以为此饰词也。勘事福建，取道汀州，不过十驿。若下赣江，过蠡湖，溯旴江，或溯上饶江，过岭下建江，迂曲数千里。若云顺道杭州省亲，不应先私后公。此必阳明往贺宁王生辰，适有天幸，不遇其祸，故为此以自讳耳。究竟大丈夫处世磊磊落落，宁王未反，则为国藩，理当贺；既反，则为国贼，理当讨。各不相妨，讳之，适彰私见之未融也。'李氏此言甚谬，不考古人曲折，妄生议论，最是疑惑后人。阳明奉命勘处福建叛军，非指定南赣也。先时上王晋溪书云闽中积变始延平，继邵武，又发于建宁，于汀漳云云。则当日不取道汀州，而溯旴江或上饶江，必先从事于延、邵、建三处可知，奈何不明事势，硬坐以贺宁王生辰乎？夫宁王将叛，路人知之，正可借军务不往贺，乃云'理当贺'不必讳废君事而诏骄王，小人之尤者，徒□其私见之未融乎？李氏此条附和，当等谤之言，大是迷谬，不可不辨。"

续表

时间/版本	正德十五年 49岁
隆庆本	正月赴召，次芜湖，寻得旨，返江西；二月，如九江；还南昌；请宽租；三疏省葬，不允；五月，江西大水，疏自劾；七月，重上江西捷音；八月，咨部院雪冀元亨冤状；闰八月，四疏省葬，不允；九月，还南昌
嘉靖本	多：诗作《重游化城寺》《有僧坐岩中三年诗励吾党》，以及十二月与龙光语"宸濠就擒，后主未立"密事
图谱本	无
李贽本	得旨返江西，李贽有言："时唯太监张永持正，保全其间，故先生赖之终以得免于谗。然则永岂但协力邃庵，能诛逆瑾于正德之初，且协心先生，代解逆濠于正德之后矣。千古流芳以能知爱敬先生也！卓吾子记。"又，"江西大水，疏自劾"李贽按："是时武宗犹羁留南，进谏无由，姑叙地方灾异以自劾，冀君心开悟，或一加意元元也。"又，"咨部院雪冀元亨冤状"李贽点评："呜呼！冀元亨岂用间之人哉？先生多矣，此李卓吾所以不取也！"
集要本	点评："归功于朝，极得大体"；"不问武艺得三百人"事，"堪为募兵者法"；"牛首夜惊"事，"思虑之深远若此，真是出于忠君爱国之心"
文钞本	✓
节钞本	✓闵案："原谱载公答罗整庵一书，剖论《大学》古本，改本之是非，皆是闲枝叶，究与修身行道无涉，今略之。""但多誊力，不问武艺"得三百余人事，有案语①
原道本	✓
年纪本	✓所叙事亦颇详细
节录本	✓
节略本	✓

---

① 闵案："是时，上在南都，濠未伏法，而江彬畜兵志□奸，素通濠者皆在上左右，故有牛首夜惊之事。盖上驻跸旧邸，一日，幸牛首山，左右不知上所在，大□久之乃定。相传江彬欲为逆，徒以公在赣，不敢动耳。公所以□兵九江，校士赣州，□万安武力者，皆□为报人道也。钱德洪却不知当时计有所在，盖隐指此。"

续表

时间 / 版本	正德十六年 50岁	嘉靖元年 51岁
隆庆本	正月，居南昌；是年始揭致良知之教；录陆象山子孙；五月，集门人于白鹿洞；六月，赴内召，寻止之，升南京兵部尚书，参赞机务，遂疏乞便道省葬；八月，至越；九月，归余姚省祖茔；十二月，封新建伯	正月，疏辞封爵；二月，龙山公卒；七月，再疏辞封爵；九月，葬龙山公于石泉山
嘉靖本	多：论"良知"语录数条、《与同志书》以及"洪先考先生之学"文段、《象山集》序之节略、《答杨士鸣书》、答问"未发、已发"、论仙家"虚"与佛氏"无"、《归兴》诗一首	是年叙事，嘉靖本比较隆庆本，有少字词，也有多的，关乎文辞润色与史事细节等
图谱本	√	√
李贽本	√	"改造纪功册"事李贽有点评①
集要本	世宗登极，召先生来京，发南昌而辅臣沮之，点评："如此宰相真可恨。"	"哭发于心"，点评："真挚之语，动人肺腑。"
文钞本	√是年先生始揭致良知之学	√是年，黄绾始北面师事先生
节钞本	√闵案："此条前原谱尚有讲论良知之语，嫌启是非。公所重，不在此。今略之，后仿此。"	√闵案："论学止反求诸己，心平气和，大儒气象。"
原道本	√	√
年纪本	√	√
节录本	√	√
节略本	√"良知二字，实千古圣圣相传一点滴骨血也"	√

① 卓吾曰："兵部主其谋而拟旨票，旨则首内阁者实专其事，倘部议虽当，而阁拟参差，则虽本兵亦无如之何矣。故先生之功，阁部实共成之，与晋溪公前后十五札，极其郑重，而阁老不得以寸楮相谢，过矣！及是，乃滕口说而欲咸之以其辅颊舌，不亦劳乎！"

续表

版本\时间	嘉靖二年 52岁	嘉靖三年 53岁
隆庆本	徐珊不答《策问》；九月，改葬龙山公于天柱峰，郑太夫人于徐山；十一月，至萧山	门人日进；董沄来学；八月，宴门人于天泉桥；舒柏有敬畏累洒落之问，刘侯有入山养静之问；十月，门人南大吉续刻《传习录》
嘉靖本	多：《别谦之》诗	多：绍兴"亲民"堂记略，《答陆澄书》《答周道通书》，多论"良知、精一、致知、本体工夫、博约先后"等，答问"圣学无妨课业"与隆庆本顺序不同，多诗作《秋声》《示诸生》
图谱本	无	无
李贽本	√	先生不答问"大礼议"；"南大吉续刻《传习录》于越，增前虔州薛侃三卷，为五卷矣"
集要本	点评："先生不与世争是非，亦只是实见得是耳。"	"人言不如自悔真切"点评："今日居官者只少自悔二字，先生此言堪为炯鉴。"
文钞本	√不作"在越"，作"在山阴"	√
节钞本	√	√与前一年皆"居忧"
原道本	√	√
年纪本	√	√
节录本	√	√只发《大学》万物同体之旨，使人各求本性，致极良知，以止于至善，功夫有得，则因方设教，人人悦从
节略本	√	√

续表

时间＼版本	嘉靖四年 54岁	嘉靖五年 55岁
隆庆本	夫人诸氏卒，祔葬于徐山；作稽山书院《尊经阁记》；六月，礼部尚书席书荐；九月，归姚省墓；十月，立阳明书院于越城	三月，与邹守益书；按祠堂位祔之制；四月，复南大吉书；答欧阳德书；八月，答聂豹书；十一月庚申，王正亿生；作《惜阴说》
嘉靖本	多：《重修山阴县学记》之节略	少"三月，与邹守益书"标题；多：《别诸生》诗，《答友人问学》言"知之真切笃实处，便是行；行之明觉精察处，便是知"
图谱本	无	无
李贽本	李贽点评：九月有"《答顾东桥璘书》其末继以《拔本塞源论》，极可读"	李贽有按语①
集要本	√	聂豹以钱德洪、王畿为证拜先生称门人事，点评："聂公亦一有志之士。"
文钞本	√	√
节钞本	√杨希闵有按语②	√闵案："原谱于是年有《答南大吉书》《复聂豹书》等等，皆可入集中，不必入年谱，今略之。"
原道本	√	√
年纪本	√	√
节录本	√	√"天道之运，无一息之或停；吾心之良知，亦无一息之或停；知良知之运，无一息之或停，则知惜阴矣"
节略本	√	√

①李贽按："诸氏方以乙酉正月卒，而正亿即以丙戌十一月十七日生，天之报施仁人，其何如哉！使诸氏不死，张氏不得字矣！时乡先辈有静斋六有者，皆逾九十，闻先生得子，以诗为贺，故先生次韵谢答，有曰：何物敢云绳祖武，他年只好共爷长。正亿初名正聪，后七年壬辰外舅黄绾因时相讳乃更今名。"

②闵案："原谱此下载有《与顾东桥书》中论格物与朱子异，存其说于《语录》可也，不必入《年谱》。又截其后末段为《拔本塞源论》，却有益于世道人心，非空言无事实者比，今仍录于后。然摘拔本塞源四字为题未当，兹止曰'与顾某书末幅'。"又，闵案："此书于世道人心大有关系，天下滔滔，流而不反，于阳明此等书多忽过。哓哓辨学术异同，吾诚憎之厌之。后人借文中语作拔本塞源，论此四字出《左传》，与裂冠毁冕同一解，借为论题不合。"

续表

时间 版本	嘉靖六年 56岁
隆庆本	邹守益刻《文录》于广德州。五月命兼都察院左都御史，征思、田；疏辞不允。九月发越中，初八，天泉证道；渡钱塘；至衢；过常山。十月至南昌；至吉安，大会士友螺川。十一月至肇庆；乙未至梧州，上谢恩疏。十二月命暂兼理巡抚两广，疏辞不允
嘉靖本	√
图谱本	√论"良知之妙""工夫只是简易真切"
李贽本	√
集要本	先生"此亦是光"之教，点评："识此可知道无内外动静之别。"又评唐尧臣诈为献茶者听讲："唐公亦一大聪慧人。"
文钞本	√寄黄宗贤书
节钞本	√上谢恩兼陈肤见疏，闵案："此疏委曲条达，具见谋画之忱。《年谱》节去数段，有脱枝失节处，今照集全录。"
原道本	√
年纪本	√原书误作"五十八岁"，叙事颇详
节录本	√
节略本	√

续表

时间 版本	嘉靖七年 57 岁
隆庆本	二月，思、田平。四月议迁都台于田州，不果；兴思、田学校。五月抚新民。六月兴南宁学校。七月袭八寨、断藤峡，破之；疏请经略思、田及八寨、断藤峡。九月疏谢奖励赏赉；谒伏波庙；与聂豹书；祀增城先庙；《与何性之书》。十一月乙卯，先生卒于南安
嘉靖本	多：抚新民告谕文、破八寨断藤峡后及经略思田两次上疏的被删数大段；《与执政书》及诗作《破断藤峡》《平八寨》，论"必有事"。"十月疏请告"文与隆庆本次序不同
图谱本	√平思、田一段，叙事较详
李贽本	平思、田勒石①，及先生逝世②李贽有评点
集要本	点评"此心光明"："见得此心如此，可以死矣，终不死矣！"
文钞本	√问遗言，先生微哂，曰："此中光明，亦复何言。"有顷，瞑目而逝
节钞本	√原条目为"七年戊子五十八岁"，误。叙事颇详，有增补文段。③闵案有二："疏中所荐人才，日后多著事功，此见公之识人也。""此法甚善，不至甚滥，亦易兴起。"
原道本	√
年纪本	√
节录本	√（此书接下来为《传习录节录》）
节略本	√

---

① 卓吾子曰："此碑石若出他人手，则字字皆金石矣。惜哉先生自为之耳！劳而伐，功而德，非九三君子之终也。中间干羽事虽不妨比拟，但世人眼目小，世人如小儿成群，见一巨人大吼其旁，即飞魂丧魄哭欲死，先生宁不知耶？事只管做，绝口不言功劳，乃是经纶千古好手。且姚镆是先生同乡，既代其任而为之，莫说他罢事亦罢了！"

② 卓吾子曰："予亲笔到此，犹泪下不能挥，而彼当不啻口出者，反挤排不遗力，何其妒贤嫉能若是也。彼桂氏无足言，数称相知如杨一清、乔宇辈，反视若寇仇，小人肝肠至此卒难掩矣！吾以谓湛甘泉、黄久庵、霍渭涯、林见素诸公可敬也。"

③ 见于黄绾所作《阳明先生行状》的"讣至，桂公萼欲因公《乞养病疏》……"一段，闵案："此段《年谱》缺之，则他日补爵赠谥无根，亦不知何故削夺。今依《行状》补入。"又，据《行状》补入一条："夫人诸氏参议和公女，无子女，抚养族子曰'正宪'。诸氏卒，继张氏举一子曰'正亿'，以恩荫授国子生。孙曰承勋、承学。著有《阳明集》《居夷集》《抚夷节略》《五经臆说》《大学古本旁注》及门人所记《传习录》。"

续表

时间\版本	嘉靖八年	嘉靖九年	嘉靖十年	嘉靖十一年	嘉靖十二年
隆庆本	正月,丧发南昌;二月丧至越;十一月,葬先生于洪溪	五月薛侃建精舍于天真山祀先生	五月,同门黄弘纲会黄绾于金陵,以先生胤子王正亿请婚	方献夫合同志会京师;九月正亿趋金陵	欧阳德合同志会于南畿
嘉靖本	√	无	无	无	无
图谱本	√	无	无	无	无
李贽本	全录黄绾时所上疏,其中论守仁之学①	附于《年谱》之后②	√	√	√
集要本	√评黄绾上疏言桂萼③	无	无	无	无
文钞本	√有按:先生殁,忌者既谮于朝……	无	无	无	无
节钞本	√	无	无	无	无
原道本	无	无	无	无	无
年纪本	√叙事颇详	√	无	√	√
节录本	无	无	无	无	无
节略本	√	无	无	无	无

① 黄绾疏中有言:"其学之大则曰致良知,致知出于孔氏,而良知出于孟子,何其异也?曰亲民,即百姓不亲而凡亲贤乐利,不能与民同其好恶者,亦非创为之说也。曰知行合一,亦本先民之言,所谓'知至至之、知终终之',只一事也。是守仁之学乃孔门正学,可终废而不讲乎?"

② 李卓吾曰:"获上信友,原是一事。久庵之信友如此,获上如此,吾以久庵先生可爱也,而世庙知人之明,亦安可诬乎!方阳明先生之居验封也,浙之宦游京师者,数载之间,何啻百十余人,独约久庵与甘泉,三子为同志之会,结终身之盟,则阳明固已物色之早矣!久庵虽欲不犯众怒以为先生辨,又可得耶?与婚抚孤,忘身排难,阳明先生可以死矣!洎及门之士,联属四方,孜孜讲学不懈,固以先生独得洙泗之原,的为中兴之教主,亦以久庵之为倡也。李贽小子,故复详列书院人数地方以附于先生年谱之后焉。"

③ "桂萼无良心,一至于此,亦只是起于一念之忌。为相臣者,一有忌心,便妨贤病国,无所不至。"

续表

时间 版本	嘉靖十三年	嘉靖十四年	嘉靖十五年	嘉靖十六年	嘉靖十七年
隆庆本	正月，邹守益建复古书院于安福，祀先生；三月，李遂建讲舍于衢麓，祀先生；五月，巡按贵州监察御史王杏建王公祠于贵阳	刻先生《文录》于姑苏；巡按直隶监察御史曹煜建仰止祠于九华山，祀先生	巡按浙江监察御史张景、提学佥事徐阶，重修天真精舍，立祀田	十月，周汝员建新建伯祠于越；十一月，佥事沈谧建书院于文湖，祀先生	巡按浙江监察御史傅凤翔建阳明祠于龙山
嘉靖本	无	无	无	无	无
图谱本	无	无	无	无	无
李贽本	√	√	√	√	√
集要本	无	无	无	无	无
文钞本	无	无	无	无	无
节钞本	无	无	无	无	无
原道本	无	无	无	无	无
年纪本	√	√	√	√	√
节录本	无	无	无	无	无
节略本	无	无	无	无	无

续表

时间 版本	嘉靖十八年	嘉靖十九年	嘉靖二十一年	嘉靖二十三年	嘉靖二十七年
隆庆本	江西提学副使徐阶建仰止祠于洪都，祀先生；吉安士民建报功祠于庐陵，祀先生	周桐、应典等建书院于寿岩，祀先生	范引年建混元书院于青田，祀先生	徐珊建虎溪精舍于辰州，祀先生	八月，万安同志建云兴书院，祀先生；九月，陈大伦建明经书院于韶，祀先生
嘉靖本	无	无	无	无	无
图谱本	无	无	无	无	无
李贽本	√	√	√	√	√
集要本	无	无	无	无	无
文钞本	无	无	无	无	无
节钞本	无	无	无	无	无
原道本	无	无	无	无	无
年纪本	√	√	√	√	√
节录本	无	无	无	无	无
节略本	无	无	无	无	无

续表

时间＼版本	嘉靖二十九年	嘉靖三十年	嘉靖三十一年	嘉靖三十二年	嘉靖三十三年
隆庆本	正月，吏部主事史际建嘉义书院于溧阳，祀先生；四月，吕怀等建大同楼于新泉精舍，设师像，合讲会	巡按贵州监察御史赵锦建阳明祠于龙场	提督南赣都御史张烜建复阳明王公祠于郁孤山；建复阳明王公祠于南安	江西佥事沈谥修复阳明王公祠于信丰县；三月，改建王公祠于南康，安远县知县吴卜相请建王公报功祠；四月，瑞金县知县张景星请建王公报功祠；六月，崇义县知县王廷耀重修阳明王公祠；九月，太仆少卿吕怀、巡按御史成守节改建阳明祠于琅琊山	巡按直隶监察御史间东、宁国知府刘起宗建水西书院，祀先生
嘉靖本	无	无	无	无	无
图谱本	无	无	无	无	无
李贽本	√	无	√	√	√
集要本	无	无	无	无	无
文钞本	无	无	无	无	无
节钞本	无	无	无	无	无
原道本	无	无	无	无	无
年纪本	√	无	√	√	√
节录本	无	无	无	无	无
节略本	无	无	无	无	无

续表

时间 版本	嘉靖三十四年	嘉靖三十五年	嘉靖四十二年	嘉靖四十三年	嘉靖四十五年
隆庆本	欧阳德改建天真仰止祠	提学御史赵镗修建复初书院，祀先生；五月，湖广兵备金事沈宠建仰止祠于崇正书院，祀先生	四月《年谱》成；八月，提学御史耿定向、罗汝芳建志学书院于宣城，祀先生	少师徐阶撰《先生像记》；巡按江西监察御史成守节重修洪都王公仰止祠	刻先生《文录续编》成
嘉靖本	无	无	无	无	无
图谱本	无	无	无	无	无
李贽本	✓	✓	无	✓李贽回顾往事，有点评①	无
集要本	无	无	无	无	无
文钞本	无	无	无	无	无
节钞本	无	无	无	无	无
原道本	无	无	无	无	无
年纪本	✓	✓	无	无	无
节录本	无	无	无	无	无
节略本	无	无	无	无	✓

① 李贽："自古君子为小人所诬者多矣，要其终必自暴白，乃余所深慨者。今世士大夫，高者谈玄理，其次为柔愿，下者直以贪黩奔竞，谋自利其身。有一人焉，出死力为国家平定大乱，而以忌厚诬之，其势不尽驱士类入于三者之途不止，凡为治，不患无事功，患无赏罚。议论者，赏罚所从出也。今天下渐以多事，庶几得人焉驰驱其间，而平时议论如此，虽在贤者，不待赏自劝，彼其激励将来，亦太无具矣。"又，卓吾曰："徐存斋公作记，大有感慨不平之思，以故得时行志将当日所尽夺者，一概给与，虽谓存斋公封先生子孙世袭新建伯可也。不啻口出，徐公有焉！而天之默佑阴鹫，特地生一贤师相为先生暴白中肠，亦可知矣！夫方宸濠之自谓贤王，以礼交于士大夫也，虽孔夫子必不能以遽绝而自招不测之祸，则先生纵与之交，亦岂得不谓之有深意者？拥兵上游，独晋溪公与先生知之耳！使宸濠早知其如此，即七首发矣，谁为之养威蓄锐，以灭宸濠乎！当时诸公，亦岂尽昧此著，特以忌功妒名，假借之以为词也。是故不宜与办。"

续表

版本＼时间	隆庆元年	隆庆二年	隆庆三年	隆庆四年	万历十二年
隆庆本	五月，诏赠新建侯，谥文成	六月，先生嗣子正亿袭伯爵	无	无	无
嘉靖本	无	无	无	无	无
图谱本	无	无	无	无	无
李贽本	√	诏照旧世袭事，李贽有点评①	无	无	无
集要本	√	√	无	无	诏从祀先生孔庙
文钞本	无	无	无	无	无
节钞本	√	√	无	无	√万历十年②
原道本	√	√	无	无	√
年纪本	√	√	无	无	无
节录本	无	无	无	无	无
节略本	√	√	无	无	√

---

① 卓吾子曰："方谗构之间兴，则虽肃皇入继，诸贤满朝，爵既赐而复夺，门下如林，爱莫能助。迨公论既定，则一徐公首肯，无及门者，爵既夺而复世，如指掌耳。虽先生仁心自然、恩泽沦洽，天必世世佑之。然徐公之贤，亦安可掩也。观徐公先生像记可以见公。"李贽"《年谱》后录"部分包括：《刑部主事陆澄辨忠谠以定国是疏》《霍韬地方疏》，钱、王诸及门等搜录《先生征濠反间遗事》，甘泉撰《先生墓志铭》，久庵撰《先生行状节略》《年谱后人》。

② 此本后有选文及其按语，如引《传习录》若干条并时有按语，兹录三条，其他见杨希闵《明王文成公年谱节抄》卷二引文评点："如事父一事，其间温清定省……"及徐爱问"文中子"，闵案："扬雄拟经，前人比之吴楚僭王，韩忠献非之；文中子拟经，尤为宋儒所诋。王文成亦不谓然。秦汉以后，繁文宜去，怪迂无实、枝叶蔓衍之言必当刊削，恨不得圣人复起也。文中子虽非圣人，其意则不悖于圣人，奈之何反讥议之乎？"又，"后世之学，其极至只做得个义袭而取的工夫"条，闵案："此条说尽口耳之学之弊。"又，"（文公）平日许多错处皆不及改正"条，闵案："此条于文公推尊甚至，权衡亦甚平。谓'许多错处'者，此亦贪多著述'不及改正'之一验也。"其后又有《记征宸濠遗事》（钱德洪作）、《谕祭文》、《门人钱德洪年谱序》、《后学罗洪先年谱考订序》、《龙场阳明先生祠碑记》、《少师徐阶阳明先生画像记》、《黄忠端公道周王文成公集序》、《黄藜洲明儒学案》、《明史传赞》等。

王阳明先生图谱序

王宗沐

昔者孔子之没也,游、夏门人以有若貌似孔子,欲以所事孔子事之,而曾子独以为不可,曰:"江汉以濯之,秋阳以暴之,皜皜乎不可尚已。"盖深言之也。本体之在人,流贯圆莹,昭明灵变,所谓建于天地而彻于古今者,一刻未尝息,一毫不可污,其斯以为"皜皜"也。孔子之所以为孔子,全是而已。如徒以其貌也,则涂之人有肖者焉。至语其心,则不极于"皜皜"者,不可以语精,而况于形乎?心无似者也。曾子之称孔子也,不道其绥来动和之所为用,因指其光辉洁白之所以妙。盖自颜子而后,惟曾子得其深,此曾子、游、夏之辩也。虽然,余尝思之矣,曾子盖亦有未尽者。三千笃信,沦浃肌髓,一旦泰山颓坏,众志孑然,如孺子之丧慈母,无所依归,其学不皆曾子。苟一有所存焉,亦足以收其将散之心,而值其未废之教。

故余尝谓项氏梁籍之强,用兵如神,业已破秦,乃从民间求收竖怀王立之,彼安所资哉?楚人思故主,从其心而立之。怀王不足以兴楚而足以系楚,系则由以兴。游、夏之意,何以异此?阳明王先生天挺间出,少志圣贤,出入二氏,晚悟正脉,的然以良知为入门,盖有见于"皜皜"者,故自髫年以比白首,凡所作用,以其学取力焉。忠挠权嬖,志坚拂抑,崎岖甲兵,以及临民处变,染翰吐词,靡不精解融彻,而功业理学,盖宇宙百世师矣!当时及门之士,相与依据尊信,不啻三千之徒。今没才三十年,学亦稍稍失指趣。高弟安成东廓邹公辈相与绘图勒石,取先生平生经历之所及,与功用之大,谱而载焉。

嗟夫！皛皛之体，人人同具，先生悟而用之，则凡后之求先生者于心足矣，而公犹为是，非独思其师，亦以著教也，所谓"系而待其兴焉"者也。据其渐则觉其进，考其终则见其成，而其中之备尝辛苦艰难，仅得悟于百死一生之际者，学之道良在于兹而独载其事耶？余少慕先生，十四岁游会稽，而先生已没。两官先生旧游之地，凡事先生者，皆问而得概焉，然不若披图而溯之为尤详也。以余之尤有待于是，则后世可知，而邹公之意远矣。公遣金生应祥来请余序，为道曾子之未尽者，以明公旨焉。

嘉靖丁巳冬十有一月，长至赐进士出身，中顺大夫江西按察司副使，奉敕再提督学政，临海后学王宗沐书。

王阳明先生图谱跋

瞿镜人

　　阳明之学，在存天理去人欲，进以知行合一之说，要归于致良知，而《全书》其转注也。盖饱更患难，乃确然有此创悟。初固渊源朱子，其从事禅学，亦未尝不同。观其释德洪、汝中问难，谓"利根人直从本原悟入，本体明莹，原是未发之中，一悟本体，即是工夫。人己内外，一齐贯澈，初无善恶可言"，即惠能之"本来无一物，何处有尘埃"也。至谓"利根之人不常有，其始不免有习心在，本体受蔽，姑且教其在意念上，实落为善去恶，工夫熟极，渣滓尽时，本体自明"，即神秀之"时时勤拂拭，勿使惹尘埃"也。奚事逃禅归儒，强生分别？而直诉良知，视朱子之"即物穷理"，不且省却无数葛藤耶？抑尝论之，阳明之所谓"知"，即唯心论也；其所谓"行"，即唯物论也。心物不二无虞空寂也。自人昧夫物我一体，科学日昌而益逞其权谋智术，利害相攻，忿怒相激，戕物纪类，无所不为。斯大乱无有已时，而阳明当日，立志圣贤，漠视薄俗相尚之功名禄利，教人敦本尚实，返朴还淳，且以考据训诂词章不足为，虚文盛而实行衰，天下所以不治，宁非揭微之论。盖本原之地，只有这些子。舍这些子而良知乌由致乎？

　　嗟乎！良知之不讲久矣！欲救时弊，固非师阳明莫由。此程守中君影印是书之微旨也。学者即是而进求诸阳明《大学问》①，更及《全书》，其必能深知阳明乎！若夫《图谱》始末，明王宗沐序之详矣，故不复赘云。

　　中华民国三十年春月，南通后学瞿镜人谨跋于上海寓庐。

---

① 束景南先生指出："《大学问》乃阳明晚年归越后多年心学思考之结晶与产物，亦是阳明对'王门四句教'最全面之阐释。与早年《古本大学傍释》相比较，可见阳明心学由以诚意为主转向以致知（致良知）为主（所谓第一义），故《大学问》乃探'王门四句教'秘蕴之宝钥也。然因其时'阳明王门八句教'（四无教与四有教）新说已在酝酿中，故阳明于其时忽将《大学问》著录成书，或隐然有终结者说之意耶？"（《长编》第1866页）

王阳明先生图谱跋

顾似基

　　阳明先生倡为良知之说，承学之士若孙蒙泉之《传习录》，闻北江之《文录》，黄学正之《东阁私抄》，皆能纪其所闻，推行海内，综其宗旨，本于孟氏，非臆说也。其《图谱》一册，亦当时弟子所辑述者，先生事略具载于斯。明嘉靖间，曾刊而行之。三百年来，遗书零落。程君守中，博迨耆古，得其善本，将付影印，以广其传，庶几姚江之学赖以勿坠。学者诚得斯编，考其与新安论说异同之故而折衷焉，其裨益岂浅鲜哉！

　　顾方宧未子似基未旂谨跋。

阳明先生年谱后语

李 贽

余自幼倔强难化，不信学，不信道，不信仙、释，故见道人则恶，见僧则恶，见道学先生则尤恶。惟不得不假升斗之禄以为养，不容不与世俗相接而已。然拜揖公堂之外，固闭户自若也。不幸年甫四十，为友人李逢阳、徐用检所诱，告我龙溪王先生语，示我阳明王先生书，乃知得道真人不死，实与真佛真仙同。虽倔强，不得不信之矣！

李逢阳，号翰峰，白门人。徐用检，号鲁源，兰溪人。此两公何如人哉？世人俗眼相视，安能一一中矣？今可勿论。即其能委委曲曲以全活我一个既死之人，则亦真佛真仙等矣。今翰峰之仙去久矣，而鲁源固无恙也。是春，予在济上刘晋川公署，手编《阳明年谱》自适，黄与参见而好之，即命梓行，以示同好，故予因复推本而并论之耳。要以见余今者果能读先生之书，果能次先生之谱，皆徐、李二先生之力也。若知阳明先生不死，则龙溪先生不死，鲁源、翰峰二先生之群公与余也皆不死矣！谱其可以年数计邪？同是不死，同是不死真人，虽欲勿梓，焉得而勿梓！

明王文成公年谱序

杨希闵

　　钱绪山作文成《年谱》，与罗念庵诸公往复商榷，盖已无恨。今第节钞之，去其稍繁者而已，亦略有补入者，然不多也。《明史》传赞谓"终明之世，文臣用兵制胜，未有如守仁者"，而引胡世宁言，病其多讲学。吾谓讲学何病？门下杰士出为世用者甚多，中间如龙溪诸公，放言畸行，诚有不免。然末流之弊，非本源然也。且亦只在下位，倾动众人尚不至如邵门之章惇、程门之邢恕、朱门之胡纮，趋炎热而并忘其师，甚或列于奸臣传焉。"与其进，不与其退。"设科自古如此，毋为苛论张武承辈，趋时局作《王学质疑》（国初，竟以斥王学为事，汤文正所谓"趋时局"者），将阳明所说大义微言，一概埋没，单摘"无善无恶"诸语作话头，以为大疵，如深仇积恨，锻炼不遗余力。嗟乎！何必如此。自谓卫道不知斯道，尚非公辈口耳之学所能卫，况又出于私意？千百年后，阳明自在，武承辈煨烬矣。虚谈之与实用，固霄壤判也。

　　吾于《年谱》，凡阳明时时提掇良知宗旨，及论古本《大学》之类，皆不多缀，明道不在此也。《传习录》之粹者，节要附后，而于经理南赣、两广与平逆藩之事功，则不惮详其区画措置之方，以见儒术有实用者，公其最云（近人鲍詹事桂星咏史，至阳明云"莫效蚍蜉撼高树，几人施手正乾坤"，盖有慨乎其言之）。

　　光绪丁丑嘉平月朔，江右新城杨希闵书于台阳海东书院。

王阳明先生遗像识及按语

俞　嶙　刘原道

昔华亭徐少师阶督学江西，于士人家摹得先生燕居像二、朝衣冠像一，此则其朝像也。徐少师尝语人云"此像于先生极肖"，予于吾里所见庙像亦然。今后人仰慕先生，每有不见古人之恨，予特绘而传之，使学者能于有象之面目，求其无形之性情，则语言文字之外，当自有遇之者。自公堂主人识。

按：自公堂主人俞嶙，字嵩庵，为阳明先生乡人，康熙癸丑刊先生全集于粤之从化，卷首追绘遗像，系以隆庆诰命，并于凡例中自识其缘起。兹照原刻，敬谨重摹，增入斯编，俾兴起于百世下者，开卷无异亲炙云。光绪丙午闰四月，皖巢后学刘原道谨志。

阳明先生年谱识

刘原道

按：阳明先生《年谱》之作，昉自明温陵李卓吾贽，析为上、下两卷，稍失烦碎。嗣后，刊先生集者，必补录《年谱》于卷首，大率以温陵为先河，惟互有增损，莫衷一是。兹刻参校诸本，缺者补之，讹者正之，务期详确而无凌杂，俾学者先得综观先生之生平，而后循其年而读其书，庶易晓然于圣贤入德之序云。原道谨识于沪上之蛰庐。

王阳明《年谱》《传习录》节本序

陈筑山

人生之意义，即自我之发展。自我之发展，即人格之上进。人之所以不安于无意义的生活，即是图人格上进之表征。由此，吾人可以断论人格之上进，即是人生之目的。欲达此目的，非有充分的修养不可。

平教总会同人，终岁为"除文盲作新民"之事业而勤勤，举全力以为他我，尤是兢兢业业，惟力不足；而无暇于自修，更觉诚惶诚恐，己之不立，何以立人？于是有修养会之设，在职务倥偬之中，鼓舞众人之余力，考究中外圣哲嘉言懿行，节录其主要者，编纂成集，非有著作之目的，专为心田之灌溉，冀彼此的人格得借此以深滋长养，使他我自我同时上进，庶乎有化相对的无数之小我，而为绝对的整个之大我；达到痛痒相关的世界，万物一体的宇宙之望焉！是即《修养集》之所由来也。

本集之发端，虽起于同人的互励，然其所节录之圣哲言行，对于世之有志修养而少闲暇者，其或略有补益。故每成一种，并印行以供采阅。

本集开首所以选王阳明《年谱》及《传习录》之故，以先生之言行，简切真诚，实为导人入圣之捷径，并多由先生遭遇困厄及政务倥偬之中，磨炼得来。忙中修养者，由此入手，必能确有所获。

本书《传习录》原为日本维新时代之一奇士云井龙雄之抄本，钩元提要，早为彼邦治王学者所称许。兹将其东文解释之处完全删去，仅存其抄录的原文，列为第二编。《年谱》为鄙人所节录，以非先窥阳明一生的经历，则于《传习录》中所记之学说，有难于探见本原之缺憾，特列为第一编。此编倥偬作手，仓卒成就，挂一漏万，知所不免，望阅者教之。

民国十六年十一月，贵筑陈筑山序。

《明王文成公年谱节钞》卷二杨希闵评点

一、《传习录》

《传习录》"为学大病在好名"条,闵案:"好实即不好名,直截了当,无一枝叶;解'没世不称',亦可备一说。"又,"不知能问即是天理节文所在"条,闵案:"此条即是尧舜先务为急意思,不废读书考索,亦不可泛滥考索,自有头脑,自有缓急先后。"又,《传习录》"只要晓得,如何要记得"条,陶春田[①]云:"看行字如此,随处认真,由其心中本只忧一行字也。"又,"问志士仁人章"条,闵案:"'不过做了百千年的禽兽'一语,令人心骨俱悲。"又,"问乐是心之本体"条,陶春田云:"贯串至于如此,可见孔颜乐字即在安处。"又,"问许鲁斋言学者以治生为首务……终日做买卖不害为圣贤,何妨于学,学何贰于治生"条,陶春田云:"许氏说亦夫子富贵贫贱取舍之说,为仁当先于此下手,意但未圆尔。"

又,《传习录》"问知行合一,曰'此须识我立言宗旨……不使那一念不善潜伏在胸中,此是我立言宗旨'"条,黄藜洲曰:"如此说知行合一,真是丝丝见血。先生之学真切乃尔,后人何曾会得?"又,"终日与圣贤印对,是个纯乎天理之心,任他读书亦只是调摄此心而已,何累之有"条,黄藜洲曰:"又举天理二字,如此方真是读书,亦便是真格物处。朱子以读书为格物穷理之要,与先生语不无差别。"又,"仙家说到虚……天地万物俱在我良知发用流行中"条,黄藜洲曰:"是辨三教异同大头脑处,可见惟吾儒方担得虚无二字起,二氏不与也。"

[①] 陶春田与陈龙正、施邦曜等在《传习录》原书上曾作旁批点校,此节钞本《年谱》之评点多依"集要本",其后所引《传习录》原文与点评,也节选了陶春田等阳明学者的一些评语。

又，《传习录》"若草木瓦石之类亦有良知否"条，黄黎洲曰："只为性体原是万物一源，故如人参温，能补人，便是遇父子而知亲；大黄苦，能泻人，便是遇君臣而知义。如何无良知？又如人参能退邪火，便是遇君臣而知义；大黄能顺阴气，便是遇父子而知亲。"李安溪曰："瓦石良知之言似矣，而未畅其说。草木瓦石亦自有良知耳，不资于人也。然气不清，神不灵，则良知亦为之蔽塞。要其不容泯灭者，未尝无也。是以至诚至于贯金石，中孚可以格豚鱼，良知之一体而感通者如此。"陶春田曰："'同此一气'语文须通。看砒鸩豺枭与人中蟊贼，则又吾一体中。血脉偶有不仁之处，重则如痈疽，轻则如疥癣，虽为人害，不得谓非一体也。"

二、《阳明先生文集》

《与陆元静书》"近世格物致知之说，只一'知'字尚未有下落；若'致'字工夫全不曾道着矣。此知行之所以二也"条，闵案："此书虚心平气，务在反己，并能陶镕异己者，真有大儒气象。此书已见五十一岁《年谱》中，嫌尚略，今更补其详。"

《书石川卷》"学者惟当反之于心，不必苟求其同，亦不必故求其异，要在于是而已"条，原评云："说破学人大家深痼之疾，令人可惭、可汗、可涕泪。"

《书顾维贤卷》"警戒者，立志之辅，能戒则学问思辩之功、切磋琢磨之益，将日新又日新，沛然莫之能御矣"条，闵案："是篇见孜孜为善之诚，亦见壁立千仞之概。"

《书诸伯阳卷》"理也者，心之条理也。……知至者，知也；至之者，致知也。此孔门不易之教，百世以俟圣人而不惑者也"条，闵案："此条发明养心穷理、致知力行，同条共贯，极为警切。"

罗洪先《阳明先生年谱考订序》，闵案："念庵欲以枯槁寂寞以救良知末流之弊，然只是龙溪诸公对证之药。若以阳明平日所言立志、力行诸义，实实体究，亦何必尔耶？"

汤斌《汤文正公斌与陆稼书》"先生正学清德，为人伦师表"条，闵案："陆清献与汤文正书自谓是《孟子》好辨章之义，汤公答书是《孟子》经正章之义。然而汤公高远矣！王氏并非杨墨。清献亦尚未至《孟子》何必好辨，居然大声疾呼，几不容于名教，此何为者？时过论定，清献树立如何？文成树立如何？汤陆二书，文正是乎？清献是乎？天下后世必有平议者矣！"

方苞《方望溪侍郎苞重建阳明祠堂记》略节，闵案："此文断制平允揭出立教本指，尤令瞀儒开目。前所云鄙儒肤学，后所云失其本心与穿窬为类者，必有所指，殆即陈建、张武承[①]趋时局一辈人也。"

[①] 陈建（1497—1567）作有《学蔀通辨》，清人张武承作有《王学质疑》，两人均对阳明学说进行批判。

图书在版编目（CIP）数据

王阳明年谱校注/邓凯校注.—宁波：宁波出版社，2019.6
ISBN 978-7-5526-3595-9

Ⅰ.①王… Ⅱ.①邓… Ⅲ.①王守仁（1472-1528）—年谱 Ⅳ.①B248.2

中国版本图书馆CIP数据核字（2019）第141297号

王阳明年谱校注

邓凯◇校注

责任编辑	陈金霞
责任校对	王　苏　金芳萍
内文排版	原色太阳
出版发行	宁波出版社（宁波市甬江大道1号宁波书城8号楼6楼）
印　　刷	宁波白云印刷有限公司
开　　本	787毫米×1092毫米　1/16
印　　张	18.5
字　　数	280千
版　　次	2019年6月第1版
印　　次	2019年6月第1次印刷
标准书号	ISBN 978-7-5526-3595-9
定　　价	68.00元

版权所有　侵权必究